Bibliografische Information der Deutschen Nationalbibliothek:
Die Deutsche Nationalbibliothek verzeichnet diese Publikation in der Deutschen
Nationalbibliografie; detaillierte bibliografische Daten sind im Internet über
http://dnb.d-nb.de abrufbar.

Klimaneutrale Produktion.
Gedruckt auf umweltfreundlichem, chlorfrei gebleichtem Papier.

Der Verlag weist ausdrücklich darauf hin, dass bei Links im Buch zum Zeitpunkt der Linksetzung keine illegalen Inhalte auf den verlinkten Seiten erkennbar waren. Auf die aktuelle und
zukünftige Gestaltung, die Inhalte oder die Urheberschaft der verlinkten Seiten hat der Verlag
keinerlei Einfluss. Deshalb distanziert sich der Verlag hiermit ausdrücklich von allen Inhalten
der verlinkten Seiten, die nach der Linksetzung verändert wurden, und übernimmt für diese
keine Haftung. Alle Internetlinks zuletzt abgerufen 23.2.2023.

Umschlaggestaltung: Weiss Werkstatt München, *werkstattmuenchen.com*
Umschlagabbildung: © shutterstock | Y Salnikova | GaliChe
Druck und Bindung: CPI books GmbH, Leck
Printed in Germany

ISBN 978-3-98790-008-2

Weitere Informationen zum Verlag:
www.bonifatius-verlag.de

SUSANNE RINGEN

Berge, Trolle, tiefe Sehnsucht

Wenn der Weg in die Weite zu innerer Freiheit führt

Eine Erzählung

Für Marlon und Vidar

Inhalt

„*There are many ways of going forward, but just one way of standing still.*"

Franklin D. Roosevelt

Sehnsucht

Ist das schon Norwegen?", fragte ich mich, als unter mir der erste Landstrich zu sehen war. Ich stöhnte und fuhr mir mit den Händen durch Gesicht und Haare. Das Wasser unter mir schimmerte blau. Kräuselnde Wellen bildeten kleine Schaumkronen. Ich entdeckte ein paar Schiffe nahe der Küste, die aussahen wie Spielzeugboote, und konnte immer mehr Land sehen: braunes, bergiges, hügeliges Land. Schroffe Felsen ragten ins Meer und aus dem Wasser. Einladend idyllisch sah das nicht aus.

Ich fühlte mich wie eine Verliererin. Eine Frau, die eine Auszeit brauchte, weil sie sonst nichts mehr gebacken bekam. Und so war es leider auch. Erfolg sah definitiv anders aus. Und fühlte sich irgendwie auch anders an. Wann genau hatte ich eigentlich den Spaß verloren?

Mussten es wirklich gleich fünf Wochen sein? Hätten nicht auch ein paar Tage Ostsee gereicht, um die Batterien wieder aufzuladen? – „Du musst mal raus, so geht es nicht weiter", hatte meine Freundin mir wieder und wieder gesagt. Bis ich es selbst glaubte …

Ja, ich war durch! Erschöpft! Mir war tatsächlich der Spaß abhandengekommen. Ich arbeitete quasi rund um die Uhr. Aber so war das halt, dachte ich. Manchmal. Und aus dem Manchmal wurde, ohne dass ich es gemerkt hatte, ein Immer-öfter. Doch was setzte ich hier jetzt eigentlich aufs Spiel? Alles, was ich mir in den letzten Jahren aufgebaut habe, könnte kaputtgehen, nur weil ich mir in den Kopf gesetzt hatte, dass ich das jetzt einfach mal machen sollte: fünf Wochen durch Norwegen wandern.

Ich bewegte meine Füße in den klobigen Wanderschuhen. Ich sah zu ihnen hinunter. Und plötzlich stiegen Zweifel auf. War ich eigentlich bescheuert? War es wirklich eine gute Idee gewesen, meine Heels gegen diese Dinger einzutauschen? Und wirklich vorbereitet war ich auch nicht. Es musste ja alles ratzfatz gehen. So war ich. Einmal was in den Kopf gesetzt, gab es kein Halten mehr.

Innerhalb von nur drei Wochen hatte ich alles klargemacht. Die Abstimmung im Unternehmen, Tickets gebucht, Ausrüstung recherchiert, zusammengekramt, ausgeliehen und gekauft. „Achtung! Du brauchst unbedingt vernünftige Schuhe", hatte ich in den einschlägigen Wander-Foren gelesen. Die hatte ich jetzt an: schwere, braune Treter.

Ich war nervös. Gespannt. Aufgeregt. Und ich spürte, wie plötzlich das schlechte Gewissen aus Richtung eben dieser Schuhe immer höher kroch bis in meinen Kopf hinein: Was denkst du dir dabei, dein Team so im Stich zu lassen? Doch im gleichen Augenblick freute ich mich, jetzt nicht in Heels vor meinen Mitarbeitern stehen zu müssen … Irgendwie komisch, oder?

Ich lehnte meinen Kopf gegen das Flugzeugfenster. Natürlich könnte ich in Oslo wieder umdrehen und in den nächsten Flieger zurück nach Berlin steigen. Allen sagen, dass es nur eine bescheuerte Idee war. Aber dann würde ich mich erst recht als Verliererin fühlen. Wahrscheinlich würden die anderen denken, ich hätte Schiss bekommen. Schiss vor fünf Wochen wandern durch wilde Natur. – Nein, umkehren konnte ich nicht. Und wollte ich nicht.

Ich sah raus aus dem Fenster. Norwegen schien ein abgefahrenes Land zu sein, schon von oben. Ich erkannte kleine Seen, Wasserlöcher, Flüsse, oder eher Bäche, Nadelwälder und dazwischen ein braunes Irgendetwas. Ob ich wohl auch Rentiere sehen würde? Oder Elche? Die sollten wohl nicht ganz ungefährlich sein. Markus, ein Freund von mir, meinte noch, mich warnen zu müssen. „Pass bloß auf! Da gibt's auch Bären!", hatte er vor ein paar Tagen gesagt. In dem Moment musste ich lachen. Sicherheitshalber recherchierte ich trotzdem im Internet. Einfach wegen des Kribbelns in meinem Bauch mit der kleinen Quote Schiss. Erleichtert las ich, dass es Bären wohl nur sehr weit im Norden geben sollte. Und meine Wanderroute lag im unteren südlichen Drittel des Landes – von Oslo nach Trondheim.

Als Kind habe ich das Wandern gehasst. Ich weiß noch, wie ich ewig gemault habe, nur um meinen Eltern auf jeden Fall die Laune zu verderben, wenn sie mich und meine Geschwister irgendwohin in die Natur schleppen wollten. Manchmal allerdings hatte ich auch Spaß dabei, wenn wir beispielsweise gemeinsam Wanderlieder sangen oder auf einer schönen Wiese picknickten, da konnte ich meine Antihaltung schon vergessen. Nur machten diese Highlights noch lange keine Outdoor-Queen aus mir. Ich bin zwar auch auf dem Land groß geworden, aber stets eine überzeugte Stadtmaus geblieben. Hätte mir jemand damals gesagt, dass ich eines Tages freiwillig solch eine Tour machen würde … ich hätte den Vogel gezeigt.

Traurig oder besorgt hatte eigentlich niemand im Team ausgesehen, als ich erzählte, dass ich fünf Wochen lang weg sein würde. Das wurmte mich. Manche wirkten sogar fast erleichtert. Nun gut, dachte ich, bei dem Stress, den wir vorher miteinander hatten, konnte ich es auch ein bisschen nachvollziehen. „Was soll denn in fünf Wochen schon groß passieren?", versuchte ich mich selbst zu beruhigen. Sie hatten schließlich die Notfallnummer meiner Freundin Sophia. Nur sie besaß meine neue Mobilnummer, meine „Auszeitnummer".

Eigentlich schon bescheuert, extra dafür ein anderes Handy zu nehmen. Aber so konnte ich sichergehen, dass ich wirklich nicht an meine Mails ging. Nicht doch heimlich schaute, ob alles lief. Auf diesem Auszeit-Telefon war kaum etwas installiert. Noch nicht mal Facebook oder Instagram. Typisch ich. Wennschon, dennschon. Nur eine Wetter-App und eine Sprach-App waren drauf und natürlich die norwegische Wander-App „*Ut*". Das hieß so viel wie draußen. Und genau das wollte ich ja sein.

Auszeit. Digital Detox. Rauskommen. Der klassische Weg einer fast gescheiterten Existenz. Zugegeben, ich freute mich nicht nur. Ich schämte mich. Schämte mich, dass ich nicht stark *genug* war, nicht stabil *genug*, dem Stress nicht gewachsen *genug*.

Am schwierigsten war das Gespräch mit den Investoren gewesen. „Ausgerechnet jetzt? Bist du verrückt? Und dann noch nicht mal erreichbar?" – Ja, ausgerechnet jetzt. Weil ich dank Sophia eingesehen hatte, dass ich wirklich nicht mehr konnte. Weil weitermachen nur möglich war, wenn ich auch mal Luft holen konnte. Landluft, nicht Stadtluft. Das Gespräch war ernst, eindringlich und offen gewesen. Offener als die Gespräche zuvor, in denen ich immer betont hatte, alles im Griff zu haben. Aber das hatte ich nun nicht mehr. Eigentlich hatte ich gar nichts mehr im Griff. Weder die Unternehmensziele noch das Team noch mich. Zu oft war ich in den letzten Wochen aus der Haut gefahren. Zu oft missmutig durchs Büro gestapft und hatte Türen geknallt. Trotzdem hatte es mich viel Energie und Mut gekostet, so ehrlich zu sein. Doch was blieb mir anderes übrig? Ich wollte nicht zu den Menschen gehören, die bei Burn-out ein Häkchen im Lebenslauf setzen konnten. „Dafür habe ich nicht gegründet", hatte ich gedacht. Und es auch laut ausgesprochen.

Es folgte ein Schweigen. Dann ein Nicken. Und schließlich Verständnis. Als ich an die Situation zurückdachte, bekam ich wieder einen Kloß im Hals. Im Büro hatte ich den noch runtergeräuspert. Jetzt im Flieger ließ ich ihn hochwandern und aus den Augen kullern. Ich schniefte und wischte mir mit dem Handrücken über die Nase. „Jetzt reiß dich mal zusammen!", sagte ich mir leise, während unter mir ein See nach dem anderen vorbeizog.

Ein „Pling!" ertönte und die Anzeige zum Anschnallen leuchtete auf. Der Pilot oder wer auch immer erzählte etwas in einer Sprache, die ich nicht verstand, aber die ich in den nächsten Wochen wohl öfter hören würde. Klar zur Landung. Ich atmete tief ein: Norwegen, ich komme!

Als ich meinen Rucksack vom Gepäckband nahm, stöhnte ich innerlich. Himmel, der war ja doch ganz schön schwer. Mit dem auf dem Rücken sollte ich jetzt bergauf und bergab latschen? Aber erst einmal ging es mit der Bahn vom Flughafen rein nach Oslo. Die Landschaft zog genauso an mir vorbei wie meine Gedanken …

Berlin. Was hatte ich mir einst erhofft und erträumt! Mit welchen Wünschen, Ambitionen und Vorstellungen war ich in diese Stadt gekommen. War reingehüpft in dieses quirlige Leben, aufgesogen von dem Strudel der Stadt. Clubs, Bars, Menschen, Szene, dazugehören, einen Platz finden. Es war eine wilde Zeit.

Dann die Idee mit der App. Entstanden über ein paar Drinks in einer Bar. Ich erinnerte mich noch genau, wie eine Freundin und ich dasaßen und darüber gesponnen haben. Was hatten wir getrunken? Vermutlich was mit Gin und davon reichlich.

Eine App, die Freunde miteinander verbinden sollte. Aber nicht wie Facebook. Sondern erinnern sollte, sich mal wieder zu melden. Ich kannte das ja nur zu gut von mir selber. Diesen Gedanken „Mist, bei dem oder der wolltest du dich doch längst gemeldet haben". Und dann kam immer der Alltag dazwischen. Irgendwas war ja immer. Wenn dann aber eine App eine Nachricht schicken würde mit „Melde dich doch mal wieder bei Karin, euer letztes Gespräch ist zwei Monate her", das würde sicher helfen. Nicht nur mir.

Andere Gespräche folgten. Mit Ralf, einem Freund, der programmieren konnte. Wir entwickelten einen ersten Ansatz, einen ersten Prototyp. Wie ich mich in Kostümchen geschmissen hatte, um bei Banken Geld aufzutreiben. Wie ich auf Treffen der Berliner Start-up-Szene herumgelaufen bin, um Kontakte zu knüpfen, und so die ganze Berliner Blase kennengelernt habe. Wie oft ich im angesagten St. Oberholz saß und mit Menschen die Köpfe zusammengesteckt und nächtelang über Konzepte und Präsentationen gegrübelt hatte. Dann der erste Vortrag auf einer Bühne – ein Pitch um Fördergelder. Meine Güte, was war ich aufgeregt gewesen. Und als die Zusage über die erste Finanzierungsrunde kam, hatten wir das gehörig gefeiert: Da knallten die Korken die ganze Nacht.

„Wann genau habe ich eigentlich den Spaß verloren?"

Die Frage ließ mich nicht los.

Ich erinnerte mich, wie schön es war, das erste eigene Büro zu beziehen. Die ersten beiden Jahre saßen wir erst zu zweit, dann zu dritt, dann zu viert in einem der Berliner Co-Working-Spaces. Einfach ein paar Tische in einem großen Raum, Laptops, Telefon, fertig – mehr brauchten wir nicht. Um uns herum andere Selbstständige oder Mini-Teams, die so wie wir immer bemüht waren, sich das Monatseinkommen zu sichern. Alle waren wir überzeugt von der eigenen Idee. Aber auch alle nervös auf die anderen schielend: Schaffen die das? Was machen die? Hoffentlich nicht was Ähnliches …

Als die zweite Finanzierung klappte, war klar: Wir brauchten mehr Menschen, ein Team und deswegen ein eigenes Büro.

Auf einmal stiegen auch unsere Kosten: Nicht nur für die Miete, auch Tische, Stühle, eigene Küchenausstattung und natürlich Pflanzen schafften wir an. Wir wollten es ja schön haben. Gleichzeitig konnte ich mich sehr genau erinnern, wie sich mein Magen verkrampfte, als ich sah, wie viel Geld wir jetzt jeden Monat brauchten. So überzeugt wie ich war, so sehr zogen doch auch Zweifel auf, wie wir das alles stemmen sollten. Die Einnahmen gingen rauf und runter und immer wieder schielte ich nervös in meine Exceltabellen. Manche Stunde Schlaf verlor ich beim Grübeln: Was, wenn wir das nicht schafften?

Ein Team gründen. Bei den ersten Bewerbungsgesprächen war ich noch aufgeregt. Wie sollte ich herausfinden, ob der Mensch zu uns passte? Die richtigen Ambitionen hatte? Ich wollte ja alles richtig machen. Doch irgendwie klappte es und schnell waren wir zu zehnt.

Es war ein unglaublich tolles, erhabenes Gefühl, morgens ins Büro zu kommen, die Menschen zu begrüßen und zu denken: „Wow, meine Angestellten." Manchmal musste ich mich kneifen, so stolz war ich.

Doch … wann war es eigentlich so schwer geworden?

Vielleicht als Ralf und ich immer mehr aneinandergerieten? Weil ich immer mehr Druck wegen der Kohle machte und Ralf auf die Qualität unserer App verwies? Ich wusste, dass die Investoren *immer mehr* sehen wollten, wir deswegen *immer mehr* liefern mussten. Und Ralf kam mir *immer mehr* wie eine Bremse vor. Statt Geschwindigkeit war ihm Nachhaltigkeit wichtig. Es wurde *immer mehr* Kampf und Konflikt. *Immer mehr* stemmen müssen.

Auch mit den Mitarbeitenden wurde es anstrengender. Es war ja toll, zu wachsen und ein größeres Team zu haben. Aber manchmal kam ich mir vor wie im Kindergarten. Warum musste man Erwachsenen erklären, dass sie pünktlich sein sollten? Warum ihnen erklären, dass sie ihre Arbeit dokumentieren sollten? Warum bei manchen Sachen zig Mal nachfragen und hinterherrennen? Um sich dann im Gespräch anzuhören, dass man zu sehr kontrollieren, keinen Freiraum geben und nicht vertrauen würde?

Die erste Kündigung, die ich aussprechen musste, war hart. Ich erinnerte mich, wie ich in der Nacht vorher kaum geschlafen hatte und vor lauter Bauchschmerzen am liebsten nicht ins Büro gefahren wäre. Aber ich musste da durch. Ich musste die Tränen und die Vorwürfe ertragen, was ich irgendwie auch stoisch hinbekam.

Ich hatte mir das alles leichter vorgestellt. Aber irgendwann war nichts mehr leicht. Es war nicht mehr leicht, morgens aufzuwachen. Mal schauen, was heute passiert, war oft mein erster Gedanke. Mal schauen, wo es heute brennt. Mal schauen, was sie heute verbockt haben. Mit diesen Gedanken fuhr ich oft ins Büro.

Müde. Ständig müde. Angespannt. Gerädert.

Ich erinnerte mich, wie ich einmal morgens im Spiegel eine Falte zwischen meinen Augenbrauen entdeckte. Wann war die denn aufgetaucht? Ich sah grau aus. Und so fühlte ich mich auch. Und übertünchte sowohl Gesichtsfarbe als auch mein inneres Gefühl mit Make-up. Ich musste frisch wirken. Ich musste frisch sein.

Dann kam das nächste Gespräch mit den Investoren. „Du musst mehr wachsen. Bis Ende des Jahres muss da was passiert sein." Ich bekam das Gefühl zu ersticken. Ich spürte den Druck überall. In der Brust. Im Hals. Im Magen. Im Rücken.

Noch mehr wachsen. Noch mehr Menschen. Noch weniger Überblick. Noch mehr nachfassen. Noch mehr kontrollieren. Noch weniger Zeit, mich um meine eigentlichen Aufgaben zu kümmern.

Verdammt zum Wachsen. Ich fühlte mich gefangen. Im Käfig, im Hamsterrad. Immer mehr. Immer weiter. Immer höher. Immer schneller. Das hatte nichts mehr mit Leichtigkeit zu tun. Nichts mehr mit dem Traum, einfach nur eine coole App zu entwickeln, die Freunde miteinander verbinden sollte. Freunde, für die ich selbst überhaupt gar keine Zeit mehr hatte.

Und dann die Streitereien mit Frank, meinem Freund. Weil ich so lange im Büro blieb, um nachts noch Zahlen abzugleichen, Reportings vorzubereiten. „Du hast keine Zeit mehr für unsere Beziehung", lautete sein ständiges Mantra. Er verstand es einfach nicht, was ich machte, was wichtig war, unter welchem Druck ich stand. Kein Wunder, er war ja auch nicht Chef, nicht Unternehmer. Sein Gehalt kam pünktlich, er musste sich nicht über die nächsten Monate Sorgen machen. Sich fragen, ob man noch alle Gehälter zahlen konnte. Nicht darüber nachdenken, ob man jemanden kündigen sollte, obwohl man ihn dringend brauchte. Er wälzte nicht Nacht für Nacht diese Gedanken. Und war nicht dauernd erschöpft. Statt Vorwürfe zu hören, hätte ich mir mehr Verständnis gewünscht. Und Unterstützung.

Stattdessen ging er abends mehr und mehr allein weg, weil ich eh nie Zeit dafür hatte. Für mich war das okay. Wenigstens keine nörgelnden Sprüche mehr. Kein „Wann machst du Feierabend?", kein „Wann hast du mal wieder Zeit für uns?"

Wir hatten uns immer weniger zu sagen. Dabei war unsere Beziehung am Anfang echt traumhaft gewesen. Ich erinnerte mich an unseren ersten gemeinsamen Urlaub. Wir schliefen am Strand und über uns waren nichts als Sterne. Als ich eine Sternschnuppe sah, wünschte ich mir, dass wir immer zusammenbleiben würden.

Warum hatte sich das geändert?

Ich hatte immer mehr das Gefühl, eine andere Geschwindigkeit zu haben. Was ich anfangs als Ruhe und Ausgeglichenheit an ihm schätzte, wurde immer mehr zur Bremse.

„Du willst dich selbstständig machen? Das ist doch voll riskant!" Richtig entsetzt hatte er ausgesehen und mich angestarrt, als ob ich was Kriminelles vorhätte.

„Deine Energie frisst dich noch mal auf. Mach doch mal langsam." Als er das zu mir sagte, wurde ich richtig wütend. Ja, ich hatte viel Energie. Ja, ich wollte vorankommen. Ich wollte was erreichen. Aber es machte mir ja auch Spaß. Am Anfang zumindest. Er fand das anstrengend, mir dauernd zuzuhören. Nervig, wenn ich spät nach Hause kam. Aber das war doch mein Leben! Am Anfang nahm er mich noch in den Arm, machte mir morgens Kaffee, den ich abwesend schlürfte, während ich die ersten Mails las. Das hörte genauso auf wie unsere Gespräche. Statt Unterhaltung gab es Schweigen. Statt „Wie geht es dir? Ich habe gekocht." fand ich nur noch einen Zettel vor mit „Bin unterwegs". Zwei Ichs statt einem Wir.

Ich weiß noch genau wie es war, als ich an diesem einen Morgen aufwachte. Ich fühlte mich wie immer gerädert und schaute auf den Wecker: 6:22 Uhr. Ich drehte mich um – seine Seite des Bettes war leer. Unberührt.

Sofort zog sich alles in mir zusammen. Magen, Brust, alles ein einziger krampfiger Kloß. Mein Herz raste und schlug mir bis zum Hals. Ich keuchte. Nein, das konnte doch nicht sein! Ich weiß noch, wie ich durch die Wohnung lief und überlegte, ob ich ihn anrufen sollte. Oder lieber schreiben? Fragen, wo er war? Hin und her lief ich, hin und her rasten meine Gedanken. Bis ich aufs Sofa fiel und anfing zu weinen. Zu schluchzen. Zu schreien. Und auf das Kissen einprügelte und immer wieder schrie: „Nein, nein, nein." Mein Kopf fing an zu dröhnen, mein Gesicht quoll immer mehr auf, meine Augen brannten. Da war er nun. Der Anfang vom Ende.

Ich hatte es kommen sehen. Ich hatte es ja gespürt. Aber ignoriert. Anstatt seine Ruhe, seine Ausgeglichenheit als die Balance zu sehen, die mir einmal gutgetan hatte, hatte ich sie und damit ihn weggeschoben. Brauche ich nicht. Steht mir im Weg.

Aber jetzt war es zu spät.

Als Frank seine Sachen packte, war ich bei einer Freundin. Es war schrecklich, danach in die leere Wohnung zu kommen. Nicht nur er fehlte mir auf einmal, auch sein Geruch, seine bloße Anwesenheit. Zurück blieb eine Leere, die ich mit noch mehr Arbeit füllte.

Wachsen und das Unternehmen nach vorne bringen. Das war jetzt umso wichtiger. Das alles sollte nicht umsonst gewesen sein. Und ich schaffte es! Ich schaffte es, die Investoren zu überzeugen und das Team noch mal zu vergrößern. Ich arbeitete rund um die Uhr. Bis es eines Abends an meiner Wohnungstür klingelte. Ich dachte, es sei ein Nachbar, der ein Paket abholen wollte. Doch vor meiner Tür stand Sophia .

Das schlechte Gewissen kroch sofort hoch. So oft hatte ich sie schon versetzt, weil ich einfach keine Zeit hatte.

Das Gespräch war schonungslos. „Du musst damit aufhören! So gehts doch nicht weiter! Du musst mal raus!" Ich weiß nicht mehr, wie oft sie diesen Satz aussprach. Ich weiß nur noch, dass er Tropfen für Tropfen in mein Bewusstsein drang. Tropfen für Tropfen einen Raum einnahm, wo ich ihn wahrnehmen konnte. Einen Raum, den ich nicht mehr gespürt hatte. Der für mich vor lauter machen, machen, machen nicht mehr erreichbar gewesen war.

Und dann floss sie auf einmal aus mir raus, meine ganze Erschöpfung. Ich heulte Rotz und Wasser, schluchzte und zitterte, jaulte und jammerte. Sophia blieb die ganze Nacht, hielt mich im

Arm, redete auf mich ein und kochte mir einen Tee nach dem anderen, bis wir zusammen erschöpft einschliefen.

Am nächsten Tag fuhren wir gemeinsam zum Wannsee. Sophia hatte es tatsächlich geschafft, dass ich alle Termine absagte und dem Team Bescheid gab, dass ich nicht erreichbar sein würde. Ich war aber auch wirklich nicht in der Verfassung zu arbeiten. Ich sah nicht nur scheußlich aus, ich fühlte mich auch so. Scheußlich leer mit verquollenem Gesicht. Wenn ich den leeren Raum, den Frank hinterlassen hatte, nicht mit Arbeit füllte – womit dann? Wer war ich noch, ohne meine Arbeit?

Wir setzten uns in den Sand ans Wasser und schauten auf die Segelboote, die langsam über den Wannsee glitten. Ich wühlte mit meinen nackten Zehen im Sand und grub sie immer tiefer ein. An der Oberfläche war er warm und trocken und im tieferen Bereich feucht und kühl. Ich fing an, mit dem Sand zu spielen und ein Loch mit meinen Händen zu graben. Goss Sand von einer Hand in die andere, ließ den Sand über meine Füße laufen und buddelte einfach nur vor mich hin. Ein schönes Gefühl! Wie früher, als ich als Kind in Spanien am Strand saß und die Welt um mich herum vergessen konnte.

Damals hatte ich noch nicht gewusst, dass ich mich eines Tages danach zurücksehnen würde: einfach buddeln und an nichts anderes denken. Keine Verpflichtungen haben. Kein „Du musst doch".

„Pass auf, du ruinierst noch deinen Nagellack", meinte Sophia und stupste mich an. Ich schaute sie überrascht an. Als ich ihr grinsendes Gesicht sah, fingen wir beide aus vollem Hals zu lachen an.

„Was für ein Quatsch", meinte ich. „Was ist nur aus uns geworden? Nagellack-Tussies." Sophia kicherte. Dann wurde sie ernst.

„Mir ist es wurscht, ob du Nagellack trägst oder nicht. Was mir fehlt, bist du. Die Gespräche mit dir. Du warst immer reflektiert. Immer eine gute Gesprächspartnerin. Und jetzt hab ich das Gefühl, dass du über nichts mehr nachdenkst. Auch nicht über dich. Nur noch über deine Zahlen. Du bist nicht mehr da. Ich vermisse dich."

Ich schwieg. Ja, damals während des Studiums war es anders gewesen. Da hatten wir stundenlang bis tief in die Nacht diskutiert, philosophiert und wirklich tolle Gespräche geführt.

Wann hatte ich zuletzt mit jemandem über das Leben gesprochen?

Ich konnte mich nicht erinnern.

„So ist das halt mit dem Erwachsenwerden. Wir können ja nicht ewig bis morgens früh in Bars rumhängen und philosophieren", murmelte ich.

„Wir müssen uns aber auch nicht kaputtmachen. Du hast eine coole App entwickelt, ein tolles Team aufgebaut. Willst du das alles verlieren?"

„Warum verlieren?"

„Na, wenn du so weitermachst, was glaubst du, wo du dann landest? Du schläfst schlecht, kannst dich nicht mehr konzentrieren und wirst vergesslich. Da klingeln doch alle Burn-out-Alarmglocken!"

„In Tinnitus-Lautstärke, meinst du?", konterte ich mit einem schiefen Grinsen.

„Mindestens. Hör auf, dich darüber lustig zu machen. Ich meine es ernst. Deinem Team ist nicht geholfen, wenn du umkippst. Deine App kannst du dann auch in die Tonne treten. Du hast tolle Ideen, aber du musst auch gut für dich sorgen. *Put your own mask on first*, kennst du doch."

Ich schwieg. In meinem Innern wusste ich ja, dass sie recht hatte. Aber zugeben konnte ich es nicht. Noch nicht.

Ich schaute über das Wasser bis ans andere Ufer. Diese Weite. Danach sehnte ich mich. Nach Weite. Und Leichtigkeit. Ich seufzte.

„Ich würde ja gerne mal raus. Einfach mal abschalten. Über nichts nachdenken müssen. Nicht morgens als Erstes aufs Handy schauen. Aber wie soll das denn gehen? Vielleicht sollte ich mal für ein Wochenende an die Ostsee fahren."

„Du verstehst echt nichts", stöhnte Sophia .

Vielleicht verstehst du mich auch nicht, dachte ich. Was wusste Sophia schon. Sie war wie Frank nur angestellt, ihr saßen keine Investoren im Nacken. Sie musste nicht die ganze Zeit Entscheidungen treffen, die ein ganzes Team betrafen. Entscheidungen über das Leben anderer.

Wie sollte das denn gehen? Einfach mal rauskommen? Jeden Tag passierte irgendwas, auf das ich reagieren musste. Erst gestern hatte ich mitbekommen, wie ein Update unserer App schieflief. Prompt kam ein Anruf von den Investoren: „Martha, ganz ehrlich – was ist los bei euch? Hast du deinen Laden nicht im Griff?" Wütend war ich ins Nachbarbüro gelaufen. Wütend hatte ich meinen ganzen Frust an meinen Mitarbeitenden rausgelassen. Hinterher saß ich in meinem Office und fühlte mich mies. Richtig mies. Ich schämte mich dafür, was schiefgegangen war. Ich schämte mich, solche Rückmeldungen von den Investoren zu bekommen. Aber noch mehr schämte ich mich, wie ich aus der Haut gefahren war und dass ich mich nicht mehr unter Kontrolle hatte.

Ich vergrub meinen Kopf in meinen Händen. Nein – so wollte ich nicht sein. So wollte ich nicht arbeiten. So wollte ich nicht leben.

Später ist dann noch Ralf zu mir gekommen. „Mensch, Martha, was ist los? Das kannst du echt nicht bringen! Nächste Woche ist Monatsende und ich hab keine Lust, eine Kündigung reinzubekommen. Warum hast du dich nicht im Griff?"

„Mensch, ich kann einfach nicht mehr", war es aus mir herausgefahren. „Immer soll ich alles im Griff haben!"

Ralf schwieg und ging raus. Bevor er aber die Tür schloss, meinte er noch: „Meinst du, mir geht es anders? Spaß macht das echt nicht mehr."

Irgendwann hatten wir wohl beide den Spaß verloren.

Die Wannseewellen klatschten leise ans Ufer. Welle müsste man sein. Nichts tun, als den ganzen Tag vor- und zurückrollen.

Wie sollte ich hier rauskommen? Wenn doch alles von mir abhing?

Ich beobachtete eine Entenfamilie. Die Mutter schwamm voneweg, die kleinen Flauschbällchen munter hinterher. Eins brach auf einmal aus, schwamm von der Gruppe weg. Die Mutter quakte aufgeregt und schwamm hinter dem Küken her. Sie flatterte um es herum, bis es sich wieder in der Gruppe einordnete.

Früher war ich auch so ein Küken gewesen, dachte ich. Wollte ausbrechen. Was anderes erleben. Die Welt entdecken. Den schützenden Flügeln der Mutter, des Dorfes entkommen.

„Kind, was willst du denn in der Stadt? Da kennst du doch niemanden." Ich hörte noch förmlich ihre Stimme. – Eben! Niemanden kennen. Von niemandem be- und verurteilt werden. Niemandem Rechenschaft schuldig sein. Das war es, was ich wollte!

„Marketing? Kommunikation? Warum machst du nicht eine Banklehre, was Solides." Meine Mutter konnte mich nicht verstehen. Und mein Vater schwieg, so wie immer.

Meine ältere Schwester hatte eine Stelle im Nachbarort bei der Bank. Die jüngere fing in der Zahnarztpraxis unseres Onkels eine Ausbildung an. Nur ich tanzte aus der Reihe. Oder schwamm –

wie das Küken. Nur, dass meine Mutter noch so sehr mit den Flügeln flattern konnte, ich drehte nicht um.

Ich ging meinen Weg. Weiter und weiter.

„Ich zeige euch, dass ich das schaffe." Dieser Gedanke hatte sich bei mir eingebrannt.

Ich hatte mir sogar eine Postkarte an den Spiegel gehängt, eine dieser 1940er-Jahre-Karten mit der Frau mit dem geballten Arm: *We can do it!* Das Bild hatte mir immer Kraft und Energie gegeben, Mut gemacht.

Oder Energie geraubt? Dieser Gedanke schlich in meinen Kopf, während ich Sand durch meine Finger laufen ließ. Von rechts nach links, von links nach rechts.

Vielleicht hatte ich es doch übertrieben?

Vielleicht wollte ich doch zu viel beweisen?

Wem überhaupt? Mir selbst? Der Mutter? Dem Dorf?

Auf einmal kam ich mir albern vor.

„Es ist nur eine App", hatte mein Freund Frank gesagt. Doch wann war mir diese App wichtiger geworden, wichtiger als alles andere? Als ich anfing zu studieren, hatte ich eigentlich in einer NGO arbeiten und die Welt verbessern wollen. Mit meiner App wollte ich mehr Menschlichkeit in die Welt bringen und Freunde stärker miteinander verbinden. Denn das war es doch, was zählte.

Doch ich selbst? Ich entfernte mich immer mehr.

Von mir selbst. Von meinen Freunden.

Mir kamen die Tränen. Sophia hatte recht. So ging es nicht weiter, so wollte ich nicht leben. Ich legte meinen Arm um sie und drückte sie fest an mich. „Danke", kam es mir heiser über die Lippen, „… dass du da bist."

Sophia schwieg.

„Du musst was ändern", sagte sie nach einer Weile.

„Ja, vielleicht hast du recht. Aber ich weiß echt nicht wie."

Wir mussten wieder los. Auf dem Weg zur S-Bahn kamen wir an einer Plakatwand vorbei: Diashow über den Jakobsweg. „Genau das Richtige für dich", meinte meine Freundin und stupste mich in die Seite. „Das solltest du mal machen. Mal so richtig rauskommen. Nicht nur für ein Wochenende."

„Du spinnst", entgegnete ich und schüttelte den Kopf. So ein Eso-Kram hatte mir echt noch gefehlt.

„Doch, da kannst du endlich mal in Ruhe über dich und dein Leben nachdenken. Viele kommen dann als anderer Mensch zurück. Geläutert."

„Das ist wirklich das Letzte, was ich brauche: eine Horde von Sinnsuchern um mich rum. Ich bin Unternehmerin, keine Eso-Tante. Ich muss mich um Zahlen kümmern, Geld reinholen, Menschen koordinieren – nicht meinen Sinn finden." Ich merkte, wie ich wütend und etwas lauter wurde. Sophia sah mich nur ruhig an und schwieg. Bei der Verabschiedung umarmte sie mich. „Pass auf dich auf! Bitte!", sagte sie leise.

Abends saß ich auf meinem Balkon und sah in den Himmel. Ein Tag ohne Mails, ohne Arbeit. Eigentlich gar nicht so schlecht.

Das Gefühl, mal raus zu müssen, ließ mich nicht mehr los. In mir entstand mehr und mehr eine Sehnsucht. Die Sehnsucht, mich endlich mal wieder leicht zu fühlen. Alles mal hinter mir zu lassen, und wenn es nur für ein paar Wochen war. Sophia hatte recht. Ein Wochenende reichte nicht.

Ich spürte immer mehr: Ja, ich muss raus.

Aber wie sollte das gehen? Ich klappte meinen Laptop auf und gab „Pilgerweg" ein. Ein Artikel nach dem anderen berichtete über den Jakobsweg. Klang ja nicht sooo schlecht. Spanien. Da konnte ich auch mal wieder am Strand buddeln. Bei dem Gedanken musste ich grinsen. Ich fing an, mich durch die Berichte und Erzählungen zu wühlen. Wandern. Jeden Tag. Warum eigentlich nicht? Spät in der Nacht klappte ich den Rechner zu. Um ihn am nächsten Morgen zum ersten Kaffee wie gewohnt aufzuklappen. Ich öffnete die Suchmaschine und sah ein Bild: Grün. Ein paar Berge im Hintergrund. Das sollte Spanien sein? Ich klickte auf das Bild. Norwegen. Klickte auf den Artikel dazu. Ein Pilgerweg. In Norwegen?

Ich scrollte durch den Artikel und sah mir die Fotos an. Auch nett. Aber sicherlich kalt. Das musste ich mir ja nicht auch noch geben.

Später im Büro saß ich lustlos an meinem Schreibtisch und kaute gelangweilt auf einem Kuli herum. Genauso lustlos klickte ich mich durch meine Mails, von denen wie immer viel zu viele in meinem Posteingang waren. Ich merkte, wie ich immer rastloser und genervter wurde. Was wollten die eigentlich alle von mir? Ich weiß noch genau, wie ich in die Küche ging, um mir einen Tee zu holen. Das Radio dudelte. „Take on me …" Sofort hatte ich Teenager-Erinnerungen von wilden Feten und Rumgehopse und summte mit. Wie konnte ein Mann nur so hoch singen? Da fiel mir ein, dass *a-ha* ja auch Norweger waren. Was für ein lustiger Zufall, dachte ich und setzte mich wieder an den Rechner. „Norwegischer Pilgerweg" tippte ich in die Suchmaschine. *Olavsleden* hieß der, fand ich heraus.

Ich ging auf die Bilderansicht und scrollte fasziniert immer weiter. Was für eine seltsame Landschaft. Postkarten-Idylle. Grüne Hügel mit kleinen roten Häuschen. Schmale Trampelpfade, die durch eine schier unendliche Weite führten. Holzstege über Wiesen, Menschen, die mit Rucksack über Gatter kletterten. Wälder. Seen. Berge, die zum Teil noch mit Schnee bedeckt waren. Und sogar Rentiere. Menschen in T-Shirts und Shorts. Vielleicht war es doch nicht so kalt?

Durchschnittstemperatur im Sommer um die 20 Grad. Eigentlich optimales Wanderwetter. Mein Herz fing an zu klopfen. Meine Hände begannen zu zittern.

Ich scrollte weiter durch die Bilder. Rauf und runter. Was für eine Weite. Was für eine Einsamkeit! Da konnte man sicher gut abschalten. Und war nicht von den ganzen Esos umgeben. Einfach nur wandern. Einfach nur draußen sein. Das sah nach wirklichem Rauskommen aus.

Als ich abends auf dem Heimweg war, ging ich nicht direkt nach Hause, sondern in den Park. Ich setzte mich dort auf eine Bank. Schaute durch Baumkronen hindurch in den Abendhimmel.

Echt jetzt? So lange wollte ich weg sein? 32 Tage laufen, stand im Internet. Mit ein bisschen Puffer und Reisezeit würde das fünf Wochen bedeuten. Das Ziel war der Nidarosdom in Trondheim. Dort war der heilige Olav bestattet, weswegen der Pilgerweg auch Olavsweg – Olavsleden – hieß. Fünf Wochen? Ich schloss die Augen und sah die Berge, die Wälder und die Weite. Fast schon konnte ich sie riechen. Fast schon konnte ich sie spüren. Doch was ich noch viel mehr spürte, war diese immer größer werdende Sehnsucht.

Hinter dem Haus in dem Dorf, in dem ich aufgewachsen war, gab es nur Wiesen und Felder und dahinter Wald. Als Kind lief ich oft allein herum, streunte durch die Felder, legte mich auf eine Wiese, kletterte auf einen Baum. Ich genoss es, allein zu sein und einfach nur die Wolken zu beobachten. Ich hatte mich aus diesem Dorf weggeträumt. Weg von diesem Kleinklein. Weg von diesem: „Was sollen denn die Nachbarn denken?" Und lustigerweise war es genau das, wonach ich mich jetzt zurücksehnte. Nach den Wiesen und Feldern. Nach einem Baum, auf den ich klettern konnte. Nach dem Geruch von gemähtem Gras, dem Brummen der dicken Hummeln. Einfach nur die Wolken beobachten.

Nichts anderes machen. Nichts anderes vorhaben.

Keine Verpflichtungen. Keine Sorgen.

Leicht wie eine Wolke.

Ein Wochenende lang bewegte ich den Gedanken hin und her. – Wie sollte das gehen? Auch wenn ich so aus der Haut gefahren war, dieses Update der App war ein wichtiger Meilenstein gewesen, der nun erledigt war. Ich hatte gerade eine neue Mitarbeiterin eingestellt, die Vertrieb und Kundenkommunikation übernehmen sollte, um mich zu entlasten. Vielleicht war das Team ja auch froh, wenn ich mal nicht da war. Vielleicht dachten sie dann ja auch, endlich ist die Meckerziege mal weg.

Sonntagabend schrieb ich Ralf eine Nachricht: „Ich muss was Wichtiges mit dir besprechen. Hast du morgen früh Zeit?" Ein Daumen-hoch kam zurück. Typisch Ralf. Kein Mann der vielen Worte.

Ich schlief schlecht. Wälzte mich hin und her. Zerrissen zwischen Sehnsucht und Verpflichtung. Zwischen rauswollen und nicht können. Zwischen „ich kann nicht mehr" und „aber ich muss doch".

Als ich am nächsten Morgen im Meetingraum saß, raste mein Herz. Meine Hände zitterten. „Was'n los?", meinte Ralf und kam mit einem Kaffee rein.

„Ich", meine Stimme war heiser. Ich räusperte mich und sprach dann immer schneller. „Ich muss mal raus. Ich kann nicht mehr. Ich bin am Ende. Ich will so nicht weitermachen. Also fünf Wochen will ich mal weg. Nach Norwegen. Da gibt es so einen Pilgerweg. Sabine kann meinen Kram übernehmen." Es sprudelte förmlich aus mir heraus. Unkontrolliert, schnell und hastig.

Ich sah, wie Ralf mich anstarrte. Und schwieg. Einen Schluck aus seiner Kaffeetasse nahm und dann Luft holte. Ich hatte Angst, dass er sagen würde, dass ich bescheuert sei. Was, wenn er dagegen war? „Ich glaub, das ist die beste Idee, die ich seit Langem von dir gehört habe", meinte er dann.

Ich schwieg.

Ich hatte eigentlich mit etwas Skepsis und Widerstand gerechnet. Ralf nahm meine Hand. „Ich mag dich, Martha. Du bist 'ne coole Frau. Du hast eine irre Energie. Aber in letzter Zeit nervst du echt. Du stresst nur noch rum. Also, ja, bitte geh mal raus und komm wieder runter. Wir bauen nur eine App. Es geht nicht um den Weltfrieden."

Das saß. Ich merkte, wie sich mein Gesicht verzog. So deutlich hatte er noch nie mit mir gesprochen. Ich guckte auf den Tisch. Sah mir die Maserung der Platte an und kratzte mit meinen Fingernägeln leicht dran herum. Mir kamen Tränen, die ich nur schwer runterschlucken konnte. Erst danach konnte ich ihn anschauen. Meine Stimme zitterte, als ich meinte: „Danke, dass du so ehrlich bist. Auch wenn es gerade echt hart ist."

Wir umarmten uns. Ralf klopfte mir auf den Rücken und wuschelte mir durch die Haare. „Hey, mach mal 'n bisschen einen auf Natur. Erhol dich. Und danach rocken wir's so richtig, okay?"

„Okay".

Jetzt bloß nicht heulen, dachte ich.

Das Team reagierte verhalten. Ich wurde den Verdacht nicht los, dass sie wirklich froh waren, mich mal loszuwerden. Die neue Mitarbeiterin arbeitete ich noch so gut es ging ein, während ich mich schon um Ausrüstung, Packlisten und Proviant kümmerte.

Ich rollte in den Bahnhof von Oslo ein. Der Rucksack fühlte sich noch fremd an. Die Schuhe auch, obwohl ich sie in den letzten vierzehn Tagen bereits etwas eingelaufen hatte.

Nun war ich also hier. Wirklich hier. Hier in einer anderen Welt.

Ich musste mir einen Pilgerpass besorgen und zum Startpunkt des Pilgerwegs gehen. Glücklicherweise war alles in entspannter Laufnähe vom Bahnhof. Da das Pass-Abholen und der Start an unterschiedlichen Orten gelegen waren, bekam ich einen kleinen Eindruck von Oslo. Und ich konnte auch einen Blick auf die berühmte Oper werfen. Besonders lustig aber fand ich die blaue Straßenbahn. Natürlich hätte ich mir noch alles Mögliche anschauen können, wenn ich schon mal hier war. Aber ich war zum Wandern hier, nicht zum Sightseeing. Bis heute Abend wollte ich schon raus aus der Stadt sein und die erste Etappe geschafft haben.

Den Startpunkt fand ich bei einer Kirchenruine, unweit von der Oper. Es hieß, dass es die älteste Ruine Oslos sei. Das Ziel dagegen war der mächtige Dom in Trondheim, der Nidarosdom. Ich stellte mich vor die kleine Steinstele mit dem Pilgerzeichen. „*643 km til Nidaros*", stand da. Zwanzig hatte ich heute noch vor mir. Ich fasste die Stele an. Ehrfurcht war wohl ein gutes Wort für mein Gefühl.

Ich schaute auf meine klobigen braunen Wanderschuhe. Das waren jetzt meine neuen Heels. *Norwegian Heels.*

Ich war da.

Ich war hier.

Ich hatte es geschafft.

Ich war rausgekommen.

Ich wusste nicht, was mich erwarten würde, aber das war egal.

Ich lief los.

Ut.

Stein der Freiheit

So nett die Stadt auf den ersten Blick aussah, so war ich doch froh, als ich endlich wieder raus war. Ich war hier, weil ich Natur wollte. Stadt hatte ich zu Hause, und sogar mehr als genug davon. Nur leider war von Natur, so wie ich sie mir vorstellte, noch nicht viel zu sehen. Stattdessen Landstraße, an der ich entlang musste. Na, toll! Okay, es gab Felder rechts und links, aber das war doch nicht Natur.

Mir kamen Autofahrer entgegen, die mich glücklicherweise weit umfuhren. Als der erste Laster auf mich zuraste, pochte mein Herz stark. Warum konnten die keine Fußwege bauen? Alle Pilgerwanderer mussten schließlich hier lang! Ich drückte mich an den Rand und stieg fast in den Straßengraben hinein. Aber dann sah ich, wie der Laster langsamer wurde und auf die andere Straßenseite ausscherte. Der Fahrer hob die Hand und nickte mir zu. Ich war so verdattert, dass ich ihn nur anstarrte. Einmal hielt ein Auto sogar vor mir an, um den Gegenverkehr durchzulassen. Offensichtlich, um bloß nicht zu nah an mir vorbeizufahren. Das schien hier wohl normal zu sein. In Brandenburg wäre ich vermutlich wüst beschimpft worden, wenn ich an der Straße entlangwandern würde.

Auch sonst war alles sehr freundlich. Menschen lächelten mich an, nickten mir zu. Manche hatten Hunde bei sich, andere schoben Kinderwagen. Die meisten fügten dem Nicken und Lächeln noch ein „*Hei!*" bei. Und alle hatten Sport- oder Outdoorklamotten an und trugen entweder feste Schuhe oder zumindest Sportschuhe. Obwohl, so wie es aussah, sie doch nur spazieren gingen. Norwegen schien ein freundliches und gleichzeitig sportliches Land zu sein. Und meine Schuhe konnten da mithalten. So klobig sie auch waren, sie fühlten sich nun super an. Zwar schwer, aber trotzdem gut drin zu laufen. Ich war ganz zufrieden mit meinen *Norwegian Heels*.

Ich folgte immer dem Pilgerzeichen. Weiße, quadratische Schilder mit einem roten Kreuz und einem verschlungen Knotenzeichen drumherum, die an irgendwelchen Masten, Zäunen oder Holzpfählen angebracht waren. Endlich konnte ich die Straße verlassen und kam auf einen Feldweg, einen typischen Schotterweg mit einer Grasnarbe in der Mitte. Nun ging es sanft auf und ab. Um mich herum Felder, so weit das Auge reichte. Buschreihen säumten meinen Weg. Auf manchen Feldern mampften braune Kühe das sattgrüne Gras. Auf manchen wurde irgendwas angebaut, was, konnte ich nicht erkennen. Irgendein Getreide vermutlich, das noch klein und grün war. Ein bisschen erinnerte mich das an die Landschaft, in der ich aufgewachsen war.

Komplett anders waren aber die Häuser. Sie waren alle aus Holz und in genau dem Rot und Weiß gestrichen, wie ich es im Internet gesehen hatte. Pure Postkartenidylle. Als ob jemand ganz viele Häuschen in die Hand genommen und sie in der Landschaft verstreut hätte. Selbst die Scheunen der Bauernhöfe waren aus Holz und meist rot gestrichen. Der Kontrast zu dem satten Grün war wunderschön. Fast schon kitschig. Bei einem Hof entdeckte ich ein Mini-Haus, das auf Steinen stand. Es hatte keine Fenster, nur eine kleine Leiter führte zu einer Eingangstür. Dafür war weiter oben noch eine große Luke. Das Dach war weder aus Holz noch mit Schindeln bedeckt, sondern bewachsen. Irgendein Gras, Moos oder sonst was wucherte darauf. Sogar ein kleines Bäumchen wuchs da empor. Das sah lustig aus. Je länger ich lief, desto mehr dieser Häuschen sah ich. Nicht nur bei Bauernhöfen, manchmal auch bei normalen Häusern. Irgendwann kam mir der Gedanke, dass sie vermutlich zum Aufbewahren von Lebensmitteln gebaut worden waren. Aber warum waren sie bewachsen? Vielleicht diente das ja der Isolierung …

Das satte Grün, die friedlich weidenden Kühe, die roten und weißen Häuser, die freundlichen Menschen … wie konnte ein Land so niedlich, so idyllisch sein? Die Natur, die ich um mich herum sah, war weit entfernt davon, krass, magisch oder imposant zu sein. Dennoch hatte ich bereits das Gefühl, in einer anderen Welt zu sein, obwohl ich gerade erst losgelaufen war. Schon jetzt spürte ich eine Weite, eine Ruhe. Oder war das nur meine innere Stimmung? Weil ich auf einmal entspannt sein konnte und wusste, dass ich nichts machen, nichts erledigen musste? Weil ich endlich mal alles hinter mir lassen konnte – wenigstens für die nächsten fünf Wochen? Ich bekam Lust, mich einfach in eine Wiese zu legen und in die Wolken zu schauen, so wie ich es als Kind damals geliebt habe. Doch ich hatte ja ein Ziel zu erreichen und das hieß Übernachtung.

Was wohl heute im Büro passiert war, fragte ich mich. Während ich entspannt weiterzog, fingen meine Gedanken an zu kreisen. Es war schon ungewöhnlich, nichts darüber zu wissen. Mein letzter Tag war seltsam gewesen. Ich hatte eine Abwesenheitsnotiz erstellt und die Kunden und Partner vorab informiert. Auch wenn ich meine Vertretung organisiert und instruiert hatte, die steckten ja nicht so tief drin wie ich. Mein „Tschüss, bis in fünf Wochen!"

hatte sich seltsam angefühlt. Fast wie ein Abschied für immer. Ralf hatte mich fest umarmt und mir versichert: „Wir schaffen das, keine Sorge." Sophia hat mich dann zum Flughafen begleitet. Vielleicht wollte sie sichergehen, dass ich auch wirklich flog und nicht heimlich umkehrte.

Plötzlich war vor mir ein Zaun. Besser gesagt ein Holzzaun, der quer über meinen Weg lief und mit einem Gatter versehen war. Hatte ich eine Abzweigung verpasst? War ich zu sehr in meinen Gedanken gewesen? Etwas unsicher ging ich darauf zu. Dahinter führte der Weg weiter. Ich ging gedanklich den Weg zurück, doch mir fiel keine Kreuzung ein, an der ich entlanggekommen sein könnte. Also musste ich hier wohl weiter – da durch. Ob das richtig war? Durfte ich das überhaupt? Ein Metallbolzen sicherte das Gatter. Ich zog ihn vorsichtig raus, es schwang mir entgegen. Ich merkte, wie ich nervös wurde. Wozu war hier überhaupt ein Gatter? Das bedeutete doch, dass da Tiere frei herumliefen. Und da musste ich durch?

Ich schloss das Gatter hinter mir und ging langsam weiter. Nervös schaute ich in alle Richtungen. Auf einmal war alle Ruhe, alles Idyllische weg. Ich fühlte mich wie ein Mensch in der Urzeit, der Ausschau hielt nach wilden, gefährlichen Tieren. Und ich spürte, wie mein Herz schneller klopfte. Der Weg verlief nun leicht bergauf, zu meiner Linken erhob sich ein Wald, rechts fiel das Grün bergab. Gleich vor mir ging es links um eine Kurve. Was dahinter kam, konnte ich nicht sehen.

Ich näherte mich der Kurve. Mein Herz klopfte noch schneller. Und dann sah ich sie. Direkt am Weg. Eine stand halb auf dem Weg. Eine andere sah mich kommen und drehte den Kopf zu mir. „*Muuuuuuh*", tönte es mir entgegen. Die anderen Köpfe drehten sich langsam zu mir. Zwölf Augenpaare glotzten mich an. Zwölf

Kühe standen da und sahen zu mir rüber. Die einzigen Bewegungen waren die ihrer Schwänze, die gemächlich Fliegen verscheuchten. Und die ihrer großen Mäuler, die ebenso gemächlich vor sich hin kauten. Ich blieb stehen. Ich sah schon die Schlagzeile: „Deutsche Touristin von Kühen totgetrampelt." Kühe auf der Weide sahen ja immer friedlich aus – wenn ein Zaun zwischen ihnen und mir war. Aber ich hatte schon gehört, dass Wanderer angegriffen worden waren. Oder jemand im Stall zerquetscht wurde.

Was sollte ich tun?

Ich holte tief Luft, ging drei energische Schritte auf die Kühe zu und wedelte mit meinen Armen. Die eine Kuh auf dem Weg hob den Kopf und stieß ein langes *Muuuuuuh* aus. Sie stapfte ein bisschen auf der Stelle. War das jetzt ein Scharren? Ein Warnzeichen? Eine andere Kuh schnaubte. Ein paar fingen an, sich unruhig vor- und zurückzubewegen. Mein Herz raste.

Nur weg.

Sollte ich rennen? – Das war mit dem Rucksack schlecht möglich. Auch wollte ich ihnen nicht den Rücken zukehren. Den Rückzug anzutreten war auf jeden Fall eine gute Option. Doch wohin? – Rechts ging es die Weide runter, die, wie ich jetzt sehen konnte, von Kuhfladen übersät war. Links ging es in den Wald hoch. Ein Nadelwald, vermutlich Kiefern. Auf der Weide wäre ich ihnen ausgeliefert, im Wald könnte ich mich zumindest hinter Bäumen verstecken.

Ich ging ein paar Meter halb rückwärts, die Kühe immer im Blick, und bewegte mich vorsichtig in den Wald. Eine leicht feuchte Luft empfing mich. Der Waldboden war weich und moosig. Die Kühe folgten mir nicht. Ich stolperte über Wurzeln, kletterte über umgestürzte Bäume. Ich stieg die leichte Anhöhe weiter hoch, um noch mehr Distanz zu den Kühen zu bekommen. Leise war ich nicht gerade und einfach war das mit dem riesigen Rucksack auch nicht wirklich. Mehrfach blieb ich an Ästen hängen, einmal stieß ich mir den Kopf. Scheiß Kühe. Scheiß Natur. Scheiß Idee. Ich fluchte.

Durch die Bäume hindurch sah ich, dass ich nun mit den Kühen auf einer Höhe war. Sie standen immer noch an der gleichen Stelle, glotzten und kauten vor sich hin. Immerhin kam keine hinter mir her. Wann konnte ich wohl wieder zurück auf den Weg? Ich brauchte einen sicheren Abstand. Also kämpfte ich mich weiter durch das Dickicht. Brach durch eng stehende Bäume, fluchte weiter vor mich hin.

Irgendwann traute ich mich wieder nach unten. Der Untergrund war durch Blätter und Moos so rutschig, dass ich mehrfach fast das Gleichgewicht verlor. Als ich kurz vor dem Weg war, sah ich, dass ich durch einen Graben musste. Na super. Konnte ich springen? Mit dem dicken Ding auf dem Rücken? Ich entschied mich dagegen und stieg vorsichtig hinab. Ich merkte, dass ich nicht mit einem eleganten großen Schritt wieder rauf kam. Also ging ich auf allen vieren und krabbelte rauf. Hoffentlich kam jetzt keiner. Ich hatte Glück. Rechts und links alles leer – auch keine Kühe. Ich atmete auf.

Plötzlich merkte ich, dass meine Knie zitterten. Meine Hose war dreckig. Ein Ast hatte mir eine Schramme ins Gesicht gewischt. Was für eine Schnapsidee, hier allein durch die Gegend zu stiefeln. Ich spürte, wie viel Energie mich das gekostet hatte. Eine Pause wäre jetzt genau das Richtige. Aber dafür brauchte ich einen besseren Platz und vor allem mehr Distanz zu den Kühen. Ich ging den Weg weiter und sah auf einmal wieder ein Gatter vor mir. Hurra! Sicherheit zwischen mir und diesen wilden Tieren war genau das, was ich jetzt brauchte. Dieses Mal musste ich eine Kette über den Pfosten heben, um es zu öffnen. Ich schloss es hinter mir und prüfte, ob es wirklich zu war. Ja, ich war sicher.

Was für eine Aufregung! Wegen Kühen! Wegen Kühen? – Eigentlich schon bescheuert. Aber so richtig konnte ich die halt nicht einschätzen. Ich war zwar auf dem Land groß geworden, aber mit freilaufenden Kühen hatte ich bisher noch nicht zu tun gehabt.

Ich ging erschöpft weiter und sah nach kurzer Zeit vor mir eine kleine überdachte, zu einer Seite offene Holzhütte. Das musste ein Rastplatz sein. Hoffentlich war die Hütte nicht versifft oder voller Gestank. Ich kam näher und sah, dass sie aus hellem Holz grob gezimmert war. Innen verlief eine Sitzbank an den Wänden entlang, in der Mitte stand ein Tisch. Vor der Hütte befand sich eine Feuerstelle samt Schwenkgrill. Alles war picobello. Kein Müll, kein Gestank und kein Graffiti, wie ich das in Berlin erwartet hätte.

Erleichtert legte ich meinen Rucksack ab und betrat neugierig den Innenraum. In einer Ecke war Holz ordentlich gestapelt, an der Wand hingen eine kleine Axt und eine Säge. In einem Beutel entdeckte ich ein bisschen Zeitung, Kleinholz und einige Streichhölzer. Alles, was man brauchte, um ein Feuer zu machen. Wie cool war das denn? So was gab es in Deutschland nicht! Wer sich wohl darum kümmerte, dass immer Holz vorrätig war?

In der Ecke entdeckte ich einen Briefkasten. Vorsichtig öffnete ich ihn und zog eine Plastiktüte heraus. Darin fand ich ein Notizbuch und zwei Stifte. Gespannt setzte ich mich hin und schlug es auf: ein Gästebuch! Ich las die Namen: Guro und Per. Solrun, Line und Morten. Morten – hieß nicht so auch der Sänger von *a-ha*? Schwupps, hatte ich wieder den 80er-Jahre-Klassiker „*Take on me …*" im Kopf. Ich fing an, ihn zu summen. Mildrid, Gunn und Jostein. Espen, Arild und Hege. So viele Namen, die ich noch nie gehört hatte. Schwungvoll schrieb ich meinen dazu. Und fühlte mich ein bisschen stolz. Schließlich hatte ich mein erstes Abenteuer mit wilden norwegischen Tieren überstanden.

Ich setzte mich so auf die Bank, dass ich einen guten Blick in die Landschaft hatte, und begann meine Stullen zu essen. Vor mir erstreckte sich Norwegen: sanfte, grüne, wellige Weite. Schön. Wirklich schön. Aufregend schön. Was ich wohl noch alles erleben würde?

Die Pause hatte mir gutgetan. Ich musste noch ein paar Stunden laufen, bis ich an meine erste Unterkunft für die Nacht kam. Ob ich da wohl alleine wäre? Richtig Lust auf andere Menschen hatte ich ja nicht. Ich genoss das Alleinsein. Das Für-mich-Sein. Ich hatte das Gefühl, es war genau das, was ich jetzt brauchte.

Meine Füße brannten, die Beine wurden immer schwerer, die Schultern schmerzten, mein Rücken fühlte sich steif an. So langsam wollte ich einfach nur ankommen. Und das wollte ich jetzt wirklich mehrere Wochen lang jeden Tag machen? Schon ganz schön bescheuert …

Von Weitem lachte mich ein kleines rotes Holzhaus mit zwei weißen Türen an. Über den Türen hing ein Geweih. Die Enden der roten Querbalken waren weiß angemalt, was sehr lustig aussah. Mein Herz hüpfte vor Freude, als ich an der Tür das Pilgerkreuz sah. Endlich! Hier, in diesem niedlichen Häuschen, durfte ich schlafen. Wie irre war das denn? Ich sah, dass das ganze Häuschen auf Steinen und Holzpfählen stand. Das musste eins dieser ehemaligen Vorratshäuser sein. Umgebaut zu einer Herberge? Ich war gespannt. Die Tür stand offen. Eine Klingel konnte ich nicht sehen. Wie machte man das nun hier? Einfach hineingehen? Klopfen?

Aus dem Inneren hörte ich ein Klappern und Husten. Ich holte tief Luft, klopfte an die Tür, öffnete sie noch etwas weiter. Vorsichtig blickte ich in das Häuschen.

Ich sah direkt in eine kleine Küche mit einem Holztisch und ein paar Stühlen. Eine Frau stand drinnen am Herd und hantierte mit einem Topf. Sie hatte wie ich Wanderklamotten an. Ob sie eine echte Pilgerin war? Sie hatte halblange graue Haare, ein wettergegerbtes Gesicht und strahlend blaue Augen. Sie sah irgendwie zufrieden aus.

„Just come in", meinte sie mit leicht rauchiger Stimme, die gut zu ihrem Äußeren passte. Wir stellten uns einander vor. Sie kam aus England, wie sie mir erzählte, und ging den Pilgerweg bereits zum dritten Mal. Dann zeigte sie mir die drei Schlafräume, von denen sie schon einen bezogen hatte. Ich legte meinen Rucksack in einen der leeren Räume. Stöhnend zog ich die klobigen Schuhe aus und bewegte vorsichtig die Zehen. Alle noch am Leben, keine Blasen. Dann schaute ich mich um. Das ganze Haus schien aus Holz zu sein. Die beiden Betten in meinem Zimmer waren aus Holz, die Wände waren holzgetäfelt. Alles war einfach und rustikal. Und irgendwie urig.

In dem Häuschen gab es ein kleines Bad mit Dusche. Ich ließ das Wasser über meine schmerzenden Schultern prasseln. Das tat gut! Erfrischt ging ich anschließend in die kleine Küche. Die Frau saß dort am Tisch, aß und las in einem Buch. Sie nickte mir freundlich zu und zeigte mir, wo ich einen Topf und Geschirr fand. Es sah so aus, als ob wir die Einzigen in diesem Häuschen bleiben sollten, was mich sehr freute.

Während ich anfing zu kochen, Nudeln mit Tütensauce, plauderten wir ein wenig. Ich stellte ihr auch allerlei Fragen, sodass ich hinterher wusste, dass diese Häuschen wirklich ehemalige Vorratshäuser waren, in denen die Menschen früher sowohl Viehfutter als auch eigene Lebensmittel aufbewahrten. Dadurch, dass sie auf Steinen oder Pfosten standen, konnten keine Mäuse und Ratten eindringen. Gleichzeitig waren sie so hoch gebaut, dass der Boden von unten nicht feucht werden konnte. Inzwischen waren viele dieser *Stabbur* zu kleinen Herbergen oder Heimatmuseen umgebaut worden.

Als ich ihr begeistert von dem schönen Rastplatz erzählte, den ich entdeckt hatte, nickte sie. Die gab es überall im Land und hießen *Gapahuk*. Freiwillige aus der Umgebung brachten Holz hin und schauten nach dem Rechten. Die eigentliche Devise war „Bring mit, was du verbrauchst", aber nicht jeder hatte ja Holz bei sich. Auch erzählte sie, dass diese Gästebücher, auch Tourbücher genannt, an vielen Orten zu finden seien. Es sei Tradition, sich immer und überall einzuschreiben. Als ich sie fragte, warum das Pilgerzeichen diesen eigentümlichen Knoten um das Kreuz hatte, wusste sie es auch nicht genau.

„Es ist das Olavskreuz", sagte sie. „Ich kann nur vermuten, dass es irgendwann im Mittelalter entstanden ist. Die Spitzen des Kreuzes sehen aus wie Speerspitzen. Das soll an die Kämpfe erinnern, die Olav hier gegen die Heiden geführt hat. Warum dieser Knoten drumherum ist, kann ich dir nicht sagen. Man nennt ihn auch ‚Tristramsknoten', frag mich nicht warum. Hier in Norwegen kannst du den auch auf braunen Straßenschildern sehen. Damit werden immer Sehenswürdigkeiten ausgeschildert. Dem Olav werden ja einige Heldentaten nachgesagt. Er soll mit seinem Stab Quellen geschaffen, Menschen geheilt und Trolle in Stein verwandelt haben." Sie schmunzelte dabei. „Trollsagen gibt es viele, was mich bei dieser Landschaft auch nicht verwundert. Aber die wirst du noch selbst entdecken …" Sie lächelte geheimnisvoll und verabschiedete sich dann, um schlafen zu gehen.

Ich genoss es, wieder allein zu sein. Ich machte mir einen Tee, zog meine Jacke an, setzte mich draußen auf die Stufen des Häuschens und lauschte in die Stille. Keine Autos, nichts. Nicht einmal Vögel hörte ich. Ich war müde und erschöpft. Wie spät es wohl war?

Ich schaute auf meine Uhr. Was? Schon elf Uhr? Es war doch noch so hell! Ich konnte sogar noch die Sonne sehen. Was für ein komisches Gefühl. An so helle Abende und vor allem Nächte musste ich mich wohl auch noch gewöhnen.

Meine erste Nacht in Norwegen. Was ich wohl träumen würde? Hoffentlich konnte ich überhaupt schlafen, wenn es doch gar nicht dunkel wurde. Die karierten Gardinen in meinem Zimmer sorgten wenigstens für eine leichte Verdunklung.

Ich packte meinen Schlafsack aus, da es kein Bettzeug gab. Er roch noch neu und ein bisschen chemisch. Aber er war mollig, was echt gut war. Inzwischen war es recht frisch geworden. War halt nicht Spanien. Ich war froh, dass ich allein im Zimmer war. Und ich war froh, mich hinzulegen und zu schlafen. Es war unglaublich, was ich an einem Tag schon alles gesehen und erlebt hatte. Nach nur einem Tag war ich in einer anderen Welt. Erst heute früh war ich gestartet. Berlin und alles, was dazugehörte, waren auf einmal sehr weit weg. Und das, obwohl ich noch gar nicht in der wirklichen Natur war, dachte ich bei mir, bevor ich einschlief. Wer weiß, was mich noch alles erwartete.

Als der Wecker klingelte, stöhnte ich. Alles tat mir weh. Ich fühlte mich wie gerädert und wünschte mir eine heiße Wanne herbei. – Wie bescheuert war ich eigentlich? Mein Unternehmen im Stich lassen und mich hier abplagen? Warum war ich nicht in einem Wellness-Hotel? Half nichts, jetzt war ich hier.

Die Engländerin war schon weg, ich hatte das gar nicht mitbekommen.

Ich machte mir einen Kaffee und eine Schüssel Porridge. Das sollte für die nächsten Wochen mein Grundnahrungsmittel sein.

Ich setzte mich wieder draußen auf die Eingangsstufen und schaute mich um. Die Sonne stand schon ungewöhnlich hoch, obwohl es noch früh war. Ich hörte Vögel zwitschern und irgendwo weit weg musste ein Traktor fahren, zumindest vernahm ich leise sein Brummen. Ansonsten war es still und friedlich. Schön. Vielleicht war es doch nicht so eine bescheuerte Idee, hier zu sein …

Die Landschaft am zweiten Tag ähnelte der des ersten: Feldwege wechselten sich mit Landstraßen ab. Gatter auf, Gatter zu. Das kannte ich mittlerweile schon. Einmal kam ich an Schafen vorbei, aber die hoppelten mit ihren dicken wolligen Hintern und munterem Glockenklang blökend davon, als ich mich ihnen näherte. Keine Gefahr für mich. Rote und weiße Häuser überall. Kleine Kirchen aus Holz. Bushaltestellen aus Holz. An Straßenkreuzungen waren Holzunterstände für Briefkästen gebaut. Alte Milchkannenhäuschen – auch aus Holz. Alles war aus Holz. Ich glaube, das ganze Land bestand nur aus Holz. Und immer wieder diese bewachsenen Dächer. Auf den *Stabbur*, den Bushaltestellen, den Briefkastenhäuschen und auch auf normalen Häusern oder Garagen. Ich sog das alles in mich auf.

Auch wenn mir immer noch alles wehtat, ich genoss die Einförmigkeit des Laufens. Mein Kopf dagegen ratterte und ich erwischte mich immer wieder in Berlin bei meinem Team. Loslassen klappte noch nicht wirklich.

In der nächsten Unterkunft erwartete mich eine große Gruppe von Menschen. Manche schienen sich zu kennen, andere gesellten sich dazu. Ich war überfordert von dem ganzen Lärm, den Gesprächen, der Anwesenheit von so vielen Körpern. Die leider auch sehr unterschiedlich rochen. Ich machte mir schnell etwas zu essen und zog mich früh zurück. In den Zimmern gab es Etagenbetten. Ich musste in ein oberes Bett klettern, da die anderen schon belegt waren. Auch hier war alles aus Holz und vor den Fenstern hingen karierte Gardinen. Das schien wohl Standard zu sein.

Ich mümmelte mich in meinen Schlafsack und schloss die Augen. Trotz der Gardinen blieb es hell. In diesem Land wurde es einfach nicht dunkel.

Wieder stiegen Zweifel in mir auf. War das wirklich eine gute Idee? Fünf Wochen mit dem Rucksack unterwegs zu sein? Ich hatte erst zwei Tage hinter mir und fragte mich ernsthaft, ob ich das durchhalten würde. Und ich merkte, wie wenig Lust ich auf Smalltalk hatte. Keine Lust auf „Wer bist du?" und „Was machst du?". Eigentlich fand ich diese Anonymität toll …

So war es auch damals in Berlin gewesen, als ich frisch dort ankam. Niemanden zu kennen, hatte was. Ich hatte mich komplett neu erfinden können. Ich war nicht mehr die Tochter von …, die Schwester von …, kein „Ich kenne noch deine Großeltern". Keine Schubladen. Keine Erwartungen.

Ich kam bestimmt kratzbürstig rüber. Aber egal. Ich kannte doch keinen und würde die Menschen hier nie wiedersehen. Sollten die doch denken, was sie wollten. Ich war nicht in Norwegen, um Menschen kennenzulernen, sondern um mal rauszukommen.

Ich stand früh auf und sah zu, dass ich noch vor der großen Gruppe loskam. Auf gar keinen Fall wollte ich mit denen zusammen wandern müssen. Ich wollte für mich sein. Doch natürlich begegnete ich trotzdem einigen Menschen.

Auch wenn dieses freundliche „*Hei!*" eher leise, zurückhaltend, mit einem leichten Lächeln, oft den Kopf geneigt, ausgesprochen wurde und wirklich das Gegenteil von aufdringlich war, fühlte ich mich auf einmal scheu. Und klein. Und unsicher. Dieses Gefühl war mir fremd. In Berlin gab es das nicht, dass Menschen einen grüßten. Da schauten Menschen geradeaus, ins Leere, nach unten, weg. Nur von zu Hause, vom Land und von den verhassten Wanderungen mit den Eltern kannte ich das. Da gab es immer dieses schmetternde „Grüß Gott", „Servus" oder „Hallo". Ich begann, freundlich zurückzunicken, sah aber zu, dass ich nicht den Eindruck machte, ein Gespräch anfangen zu wollen. Deswegen kam mir das „*Hei!*" zunächst auch nicht so recht über die Lippen.

Das Gehen aber war großartig. Das genoss ich inzwischen wirklich. Auch mein Kopf wurde etwas leichter. Meine Gedanken kreisten zwar immer noch, aber inzwischen ruhiger und gemächlicher. Als ob sie sich diesem Trott des Gehens anpassen würden. Manchmal hatte ich sogar das Gefühl, ich würde gar nicht denken.

Feld und Wald wechselten sich genauso ab wie breite Waldwege und schmale Trampelpfade. Ein Trampelpfad führte mich an einer Wiese entlang und endete an einem Zaun. Diesmal war da kein Gatter. Stattdessen gab es eine kleine Holzleiter, die auf meiner Seite rauf und auf der anderen Seite runterführte. Da sollte ich jetzt drüber klettern? Mit dem Rucksack? Hoffentlich verliere ich nicht das Gleichgewicht, dachte ich, als ich Sprosse für Sprosse hochstieg. Oben angekommen, versuchte ich mich zu drehen, damit ich rückwärts heruntergehen konnte. Als ich anfing, kurz die Balance zu verlieren, fluchte ich vor mich hin. In was für einem Land war ich eigentlich gelandet? Konnten die nicht vernünftige Wanderwege bauen? Ohne solche Konstruktionen?

Ich schaffte es auf die andere Seite und wischte mir die Stirn ab. Wieder etwas überwunden, wieder eine Erfahrung mehr gemacht.

Dann musste ich über mich selbst lachen. „Hör doch mal auf, bei jeder Kleinigkeit zu schimpfen, Martha! Freu dich doch, dass du hier sein kannst!", ermahnte ich mich selbst. Mit diesem Gedanken ging ich weiter und merkte, wie ich still vor mich hinlächelte und anfing zu summen. Hoppala! Und das als Berlinerin. Mein Lächeln wurde zu einem breiten Grinsen. Dabei wird uns doch das Muffeligsein als typischer Berliner Charakterzug nachgesagt. Berliner Schnauze halt.

Meine Laune stieg trotz brennender Füße, an die ich mich irgendwie auch schon gewöhnt hatte. Wenigstens hatte ich immer noch keine Blasen. „So Martha, nun entspann dich mal richtig. Du wolltest das, du wolltest hier sein. Du wolltest rauskommen. Nun mach dich mal locker und stell dich nicht so an. Die nächsten Menschen grüßt du gefälligst richtig. Was soll bitte schön passieren?"

Ich kam in ein Waldstück. Schlanke Kiefern reckten sich in den Himmel. Hier wuchs vermutlich das Holz für die ganzen Häuser, Bushaltestellen, Briefkastenhäuschen und Rastplatzhütten. Der Waldboden war moosig-grün und bedeckt von kleinen weißen Blümchen. Ich bückte mich. Die waren echt überall. Sahen aus wie Anemonen. Sehr hübsch. Was sonst in diesem Land, wo alles niedlich war?

Ich sah auf, als ich Stimmen hörte.

Etwas weiter entfernt auf dem Weg stand eine Gruppe Wanderer, zwei Frauen, zwei Männer. Sie hatten Outdoorklamotten an, wie alle, die hier unterwegs waren. Einer trug einen Strickpulli, der sehr norwegisch und sehr selbstgestrickt aussah. Ich konnte nicht verstehen, was sie sagten, aber mit Blick auf den Pulli mussten das Norweger sein.

Sollte ich echt was sagen? Was, wenn die dann ein Gespräch anfingen? Ich sie nicht verstehen würde? „Oh Mann, Martha, stell dich nicht so an! Vorsatz ist Vorsatz." Ich stand auf und ging auf sie zu. Mein Herz klopfte. Voll albern. Was sollte schon passieren? Es waren doch keine Kühe!

Ich holte tief Luft, lächelte und intonierte ein „*Hei!*" – und merkte, wie unsicher meine Stimme klang. Sofort ärgerte ich mich über mich selbst. So viele Vorträge hatte ich schon vor Menschen gehalten und nun zitterte meine Stimme. Echt jetzt?

Zwei aus der Gruppe drehten sich zu mir um und antworteten: „*Oh hei*", und dann irgendwas, was ich nicht verstand. Na, toll! Genau das wollte ich ja vermeiden: mich blöd fühlen. Mir doof vorkommen.

„*Ünnschüld, jey är tüsk*", versuchte ich es auf Norwegisch und lächelte schräg-unsicher. Dank der Sprach-App konnte ich zumindest das schon mal sagen. Das war etwas, was ich von meinen Eltern gelernt hatte. Egal, in welchem Land du bist, ein paar Wörter kannst du immer vorher lernen: bitte, danke, die Zahlen. Deswegen hatte ich mir im Flieger schnell noch ein paar Sätze zusammengelegt.

Sprechen Sie Englisch? *Snakker du engelsk?*

Danke. *Takk.*

En, to, tre, fire, fem, seks ... was hieß noch mal sieben? ... *åtte, ni, ti.*

„*Oh, you are from Germany – so nice!*" meinte einer der Männer. „Ein Bier bitte", fuhr er fort und alle lachten. Haha, sehr lustig, die Norweger. Ich lachte etwas schief mit und wollte dann weitergehen. War doch nicht so mein Fall, das mit dem Smalltalk, merkte ich.

„*So, what do you want to find?*", fragte mich der andere aus der Gruppe. Ich sah ihn fragend an. Was sollte denn diese Frage. Was ich finden will? Jetzt kam ich mir erst recht doof vor, weil ich keine Antwort wusste und auch die Frage nicht wirklich verstand. Hätte ich mich bloß wie sonst einfach vorbeigedrückt. Aber jetzt stand ich hier. Ich merkte, wie ich nervös mit den Füßen hin und her rutschte.

„Na ja, alle, die den Olavsweg laufen, wollen doch irgendwas finden …", erklärte er auf Englisch.

Ah, uff, ich lachte erleichtert. Nein, ich war ja nicht eine von denen. Keine Sinnsucherin. „Ach so, nein, ich wollte nur weg und mal raus. Ich bin einfach nur so hier", antwortete ich schnell. Hoffentlich waren das keine Sinnsucher, die mir jetzt ihren Quatsch aufdrücken wollen, dachte ich. Schnell weiter.

„Verstehe", grinste der Mann. „Dann ist dein ‚Weg-von' schon klar, aber dein ‚Hin-zu' noch nicht. Aber das wird schon kommen. *Lykke til! God tur!*"

„Äh, *takk*", meinte ich und ging weiter. Puh! Kurve bekommen. Jetzt einfach weitergehen. *Weg von.* Ja, schnell weg von dieser Gruppe und den komischen Fragen.

Hin zu. Was willst du finden? – Damit können sich andere gerne beschäftigen.

Der Wald wurde etwas dichter. Die Bäume standen enger zusammen. Auf dem Boden lagen kreuz und quer komplett bemooste, irgendwann umgefallene Bäume. Urig unaufgeräumt. Gut, dass ich da nicht wieder durchstapfen musste. Was für ein Zeug hing da eigentlich von den Bäumen? Spinnennetze? Ich ging näher ran. Nein, das war was Pflanzliches. Ich fasste es an. Fühlte sich wie eine Mischung aus Blättern und Ästen an. Ich zerrieb ein Stück zwischen meinen Fingern und roch. Es roch nach Wald. Komisches Zeug. Es hing überall von den Kieferästen. Sah ein bisschen gespenstisch aus. Spinnennetzpflanzen. Dann gab es hier bestimmt auch Waldgeister und Trolle. Kein Wunder, dass man hier auf solche Ideen kam.

Ich hörte ein Gluckern und Plätschern. Ein Bach. Der kam genau richtig. Meine Flasche war fast leer. Es hieß, das Wasser könne man überall ohne Bedenken trinken. Zeit für eine Pause.

Ich legte den Rucksack ab, streckte mich. Nahm die Flasche und ging zum Bach. Der Boden des Baches war übersät mit großen und kleinen Steinen. Das Wasser war ganz klar. An einer Stelle bildete ein größerer Stein einen Miniwasserfall. Perfekt, um die Flasche aufzufüllen.

Was ich finden will? – Die Frage ging mir nicht aus dem Kopf. Na, auf jeden Fall immer Wasser, dachte ich und musste lachen.

Ich trank einen Schluck. Das Wasser war kalt. Klar. Lecker. Kalt, klar und lecker. Dass Wasser so gut schmecken kann, war mir bislang nicht bewusst gewesen. Das hier schmeckte dazu noch … rein. Es hatte keinerlei Nachgeschmack. Wie frisches Quellwasser. Fantastisch!

Ich schaute auf die Uhr. *Hoppala!* Vielleicht doch keine Zeit für eine Pause. Wenn ich meine nächste Unterkunft erreichen wollte, musste ich dranbleiben. Noch wollte ich keine Nacht draußen verbringen. Ich hatte zwar ein Zelt, Schlafsack und Isomatte dabei, doch noch war ich nicht so tief im Landesinnern, als dass ich es gebraucht hätte. Also, Müsliriegel, eine Handvoll Erdnüsse, einen Riegel Schokolade und einen Apfel auf die Faust und weiter ging's.

Die Fragen des Norwegers von vorhin spukten weiter in meinem Kopf herum. *Weg von. Hin zu.* Ja klar, ich wollte weg. Mal rauskommen. Nach drei Jahren Dauerstress und kaum Urlaub hatte ich schließlich auch mal eine Pause verdient. Ich konnte einfach nicht mehr. Weg von der Arbeit und dem ganzen Druck. Weg von …

Ein Team von 20 Leuten, die ständig was von einem wollten, konnte echt anstrengend sein. „Martha kannst du dies?", „Martha kannst du das?" Um alles musste ich mich kümmern, selbst Klopapier zu kaufen, war manchen zu viel. Wie die das wohl im eigenen Haushalt hinbekamen? Ich schüttelte den Kopf bei dem Gedanken.

„Du musst lernen abzugeben", hatte meine Coachin gesagt. Am Anfang, als das Team größer wurde, hatte ich mir ab und zu eine Coachin geleistet. Schließlich hatte ich vorher noch nie ein Team geführt und wollte alles richtig machen. Aber nach ein paar Sitzungen hatte ich ihr dann abgesagt. Die Gespräche waren zwar gut und durchaus hilfreich, aber ich hatte einfach kein Geld dafür. Und auch keine Zeit. Die eine Stunde des Quatschens mit ihr bedeutete letztlich ja auch, dass ich diese Stunde nacharbeiten musste. Und irgendwie hörte ich irgendwann immer dasselbe: „Du musst abgeben. Auf dich selbst achten."

Pfff, wie denn? Dafür brauchte ich mehr Geld, um erfahrenere Leute einzustellen. Das bedeutete harte Arbeit für die nächste Finanzierungsrunde. Aber die hatte ich zumindest erreicht.

„Das hab ich alles in meinen High Heels gestemmt." Bei dem Gedanken musste ich grinsen. „Da hätten mich diese klobigen Galoschen nicht hingebracht." Ich schaute runter auf meine braunen *Norwegian Heels*. Schon was anderes als die Pumps, die ich sonst im Büro trug.

Aber endlich war ich mal draußen. Auch wenn ich immer noch zuweilen zweifelte, ob das wirklich so eine schlaue Idee war. Fünf Wochen sind lang. Doch es musste wohl sein. Ich musste jetzt auch mal dran sein.

Weg von. Check!

Hin zu? – „Na ja, ich muss nach Trondheim kommen." Ich kicherte. So einfach war das.

Was willst du finden?

Da klebte ich jetzt an diesem Gedanken und kam nicht mehr von ihm los.

Was wollte ich finden?

Was wollte ich eigentlich von meinem Leben? – Eine coole Idee. Ein cooles Team. Erfolg. Kohle. Die Firma groß machen und dann verkaufen. So wie andere das auch geschafft haben. Und dann? Wenn ich den Laden für ein paar Millionen verkaufen könnte – was dann? – So weit hatte ich bisher nie wirklich gedacht. Vielleicht reisen. Eine Weltreise. Und dann vielleicht doch ein bisschen die Welt verbessern.

Und wenn ich den Laden nicht verkauft bekäme? Was, wenn ich scheitern würde? Wären dann alle Anstrengungen umsonst gewesen? Was würden dann meine Eltern sagen? Ich hörte schon ihre Stimmen: „Kind, ich hab's dir doch gleich gesagt." – Nein! Ich musste erfolgreich sein!

Also: *Hin zu* – Erfolg!

Check!

Nun hatte ich es.

Weg von Dauerstress. *Hin zu* Erfolg.

Ging doch!

Ich kaute auf den Nüssen herum. Doch … so richtig echt und gut fühlte sich das nicht an. Eher anstrengend. Aber so war es ja auch. Ohne Fleiß kein Preis. Ein Meister war noch nie vom Himmel gefallen.

Ich biss in den Apfel. Er war unglaublich lecker, der Saft lief mir am Kinn entlang.

Als ich Kind war, wuchsen hinter unserem Haus an der Landstraße ein paar alte, knorrige Apfelbäume. Meine Freundinnen und ich sammelten im Herbst immer ein paar Äpfel von dort und aßen sie in unserem Versteck. Obwohl sie mehlig und sauer waren, liebten wir sie und freuten uns jedes Jahr darauf. Einfach, weil es uns so viel Spaß machte.

Ja, als Kind hat vieles Spaß gemacht. Sogar saure, mehlige Äpfel essen.

Was machte mir jetzt noch Spaß? Woran hatte ich jetzt noch Spaß? Ich biss noch mal ab.

Spaß. Spaß und Erfolg passten halt nicht zusammen. Entweder oder.

Das Laufen gerade machte irgendwie Spaß. Mir die Natur anschauen. Die Landschaft. Zwischendurch einfach sitzen und schauen. Wasser aus einem Bach trinken. Spinnennetzpflanzen an Bäumen entdecken. Ja, das machte Spaß. Kühen begegnen dagegen weniger. Aber mit dieser Pause, dieser Auszeit riskierte ich auch meinen Erfolg. Wer wusste schon, was gerade zu Hause alles los war? Vielleicht war es auch ganz gut, dass ich das nicht mitbekam.

Ich nahm den abgenagten Apfel und holte aus. Natur zu Natur. Die Apfelkitsche flog in hohem Bogen durch die Luft und plumpste in eine Lichtung.

Ich fühlte mich ... frei.

Freiheit.

Auf einmal war dieser Gedanke da. Einfach so. Aus dem Nichts. Ich blieb aufgeregt stehen, es kribbelte überall. Ich probierte es leise: „Freiheit."

Meine Brust zog sich zusammen, mein Atem ging schwer. Ich bekam einen dicken Kloß im Hals.

„Freiheit!"

Lauter!

Der Krampf in der Brust kroch hoch in meinen Hals. Der Kloß wurde dicker. Und dann schossen Tränen in die Augen.

„Freiheit." Ich schluchzte, bekam kaum Luft, fühlte mich zugeschnürt. Schniefte. Was passierte hier mit mir? Ich atmete heftig.

Aus. Ein.

Aus. Ein.

„Freiheit."

Ich schloss die Augen. Breitete die Arme aus.

Einatmen. Ausatmen.

Ich drehte mich mit ausgebreiteten Armen. Das Gefühl, zu fliegen. Leicht sein.

„FREIHEIT!!!"

Hysterisches Lachen. Kreischen. Schreien. Wenn mich jetzt jemand hörte … So was von egal.

Mir wurde schwindelig. Ich musste mich setzen. War überwältigt. Und spürte ein klares Ja in meinem Körper. Mein Körper sagte Ja. Als ob er reden könnte. Verrückt! Ich konnte atmen. Frei atmen.

JA! FREIHEIT. JA!

Ich schloss die Augen. *Was willst du finden?* – Freiheit.

Hin zu. Frei sein.

Ja, das fühlte sich richtig an. Echt an.

Ich öffnete meine Augen.

Ja, hier fühlte ich mich auf einmal frei. So wie ich mich lange nicht frei gefühlt hatte.

„Dieses Gefühl würde ich gerne behalten", dachte ich. Rauskommen, um frei zu sein.

Weg von, hin zu.

Ich schaute mich um. Schaute auf meine *Norwegian Heels*. „Galoschen der Freiheit", kicherte ich albern. Und sah neben meinen Schuhen einen Stein. Ich bückte mich und nahm ihn in die Hand. Betrachtete ihn. Ein stinknormaler, grauer Stein. Wie ein kleines, zerdetschtes Ei. Auf der einen Seite entdeckte ich einen längeren, feinen Riss. Neben dem Riss zwei schwarze Punkte. An der Unterseite war ein heller Fleck. Ich drehte ihn um. Auf der anderen Seite waren ein paar rote Punkte, sie sahen ein bisschen aus wie ein Sternbild. Hübsch!

Ich ließ den Stein fallen, stand auf und ging weiter.

Freiheit.

Was für ein gutes Gefühl!

Nach zehn Schritten blieb ich stehen. Mist. „Mein Stein! Ich hätte ihn behalten sollen. Den finde ich nie wieder." Ich ärgerte mich und ging dennoch zurück an die Stelle, wo ich eben gesessen hatte. Ich bückte mich und schaute … auf viele graue Steine. Verdammt, die sahen alle gleich aus. Einer wie der andere.

Doch dann sah ich ihn. Das rote Sternbild. Krass! Ich hatte den einen Stein unter anderen wiederentdeckt. Ich nahm ihn und hielt ihn fest, ganz fest. Und steckte ihn ein. „Nun hab ich meine Freiheit immer bei mir", dachte ich mir.

Ich ging weiter und sog dieses neue Gefühl immer tiefer in mich ein. Ich betrachtete die Landschaft mit ganz anderen Augen. Zweifel hatte ich auf einmal keine mehr, sondern das Gefühl, dass ich genau zur richtigen Zeit am richtigen Ort war. Hierher gehörte ich. Genau jetzt!

Ich kam aus dem Wald raus. Vor mir erstreckten sich wieder Felder, weiter hinten konnte ich ein Dorf mit einer weißen Holzkirche sehen. War das schon *Eidsvoll*? Dann war ich ja fast da. Die meisten Kirchen, die ich bisher gesehen hatte, waren aus Holz, manche aber auch aus Stein. Was alle gemein hatten, war, dass sie klein und fast schon niedlich waren. Und weiß, wie diese hier. Ungewöhnlicherweise war das Dach des Kirchturms grün und die abgerundeten Fenster in dem Turm rot – als ob da Fensterläden waren.

So eine Kirche hatte ich bisher noch nicht gesehen. Vor ihr standen ein paar große Birken, um sie herum war ein Friedhof, der von einer niedrigen, verwitterten und bemoosten Steinmauer umgeben war. Da ich gut in der Zeit lag, ging ich hin.

Friedhöfe in anderen Ländern zu entdecken, fand ich schon immer spannend. Sie zeigten einen ganz speziellen Teil der Kultur. Ich sah, dass es keine abgegrenzten Gräber wie in Deutschland gab, sondern freistehende Grabsteine. Vor ihnen lagen teils frische, teils vertrocknete Blumen. Manche der Grabsteine sahen recht neu aus, andere waren schon recht verwittert. Eine große Stele war von einem kleinen, schmiedeeisernen Zaun umgeben. Hier musste wohl jemand Besonderes liegen. *Nicolai Wergeland* las ich – *Sogneprest*. Ein Priester? Darunter stand noch ein Name, *Alette Dorothea*, das muss seine Frau gewesen sein. Weiter entfernt fand ich noch eine Statue – *Camilla Collett* stand auf dem Schild. Wer sie wohl war? Warum stand sie hier, direkt an dem Friedhof? Stolz und selbstbewusst sah sie aus.

Ich ging von Stein zu Stein, las die Namen, die Geburts- und Todestage. Manche Menschen waren alt geworden, andere jung gestorben. In einen Grabstein waren Berge und eine Sonne gemeißelt, manche waren mit Rosen oder anderen Blumen verziert. Ich las Namen, die eigenartig fremd wirkten. Paare, deren Kinder und vielleicht sogar Enkelkinder schienen am gleichen Platz beerdigt zu sein. Es war sehr still. Andächtig. Der Friedhof erschien mir wie eine große Wiese, in die Steine gestellt waren. Schön, so ganz ohne Zäune, Hecken, Grenzen. Dabei fiel mir auf, dass ich generell bei den Häusern noch nie Zäune gesehen hatte. Nur für die Kühe, aber sonst nirgends.

Zäune waren wohl nichts für Norweger. Die wollten vielleicht auch einfach frei sein.

Wege und Straßen gingen in Grundstücke über und diese in die Nachbargrundstücke. Und hier ging ein Grab in das andere über.

Alles schien hier offener zu sein. Niemand wollte eingegrenzt oder abgegrenzt sein.

Oder ausgegrenzt. Alle frei – und trotzdem miteinander verbunden. Das fühlte sich schön an.

Zu meiner Unterkunft war es nicht mehr weit. In der Information zum Haus hatte es geheißen, dass in einer Box vor dem Haus irgendwo der Schlüssel sein sollte. Man brauche sich sonst nur in ein Buch einzutragen und sein Geld einzuwerfen. Sympathisch. Die vertrauen einem ja wirklich. Ob die da nicht schon mal übers Ohr gehauen werden?, fragte ich mich. Oder sich jemand mal Geld rausnahm?

Ich war gespannt. Es klang sehr urig. Ich freute mich.

Das kleine Haus war dunkelbraun. Ein großer Apfelbaum stand vor dem Haus, neben dem Eingang stand eine kleine rote Bank. Ein Garten mit vielen verschiedenen Büschen und Pflanzen und einer Wiese erstreckte sich um das Haus herum. Es sah sehr einladend aus. Den Schlüssel brauchte ich nicht mehr zu suchen – die Tür stand auf. Ich war wohl nicht die Erste hier. Hm, wieder Menschen …

Ein Mann trat aus dem Haus heraus, und ich fühlte, wie meine Kinnlade nach unten klappte. Es war einer der Männer aus der Gruppe von vorhin. Wie hatten sie es geschafft, mich zu überholen?

Ich lachte und winkte ihm zu. Erst schaute auch er verdutzt, dann schien er mich zu erkennen und winkte zurück.

Die anderen saßen drinnen um einen alten Holztisch. Als ich reinging, gab es ein fröhliches „Hei-Hei!“

Ich legte meinen Rucksack in eines der Zimmer und ging zurück in den kleinen Essraum. Ich grinste und sagte zu dem Mann, der mir diese erst seltsame und auf einmal für mich so wichtige

Frage gestellt hatte: „*Freedom! I want to find freedom!*" Ich muss dabei wie das berühmte Honigkuchenpferd gestrahlt haben.

„*Yeah, high five*", rief er, lachte und hielt mir seine offene Hand zum Abklatschen hin. „*Sit down with us*". Die beiden Frauen und Männer stellten sich vor: Leif, Kjell, Beritt und Marit. Lustige Namen. Sie liefen nicht den offiziellen Olavsweg, sondern kreuzten ihn nur ab und zu. Sie hatten Zelte und Angeln dabei und wollten am nächsten Tag zu einem See in der Nähe wandern und dort auch übernachten. Heute aber wollten sie sich noch eine Unterkunft gönnen.

„Was machst du denn nun mit deiner Erkenntnis?", fragte mich Leif. Er war es auch, der mir diese Frage gestellt hatte.

„Keine Ahnung", antwortete ich und zuckte die Schultern.

„Du wirst es schon herausfinden", meinte Marit. „Es scheint dir ja wichtig zu sein."

„Ja, mal schauen. Bei meiner Arbeit ist nicht wirklich viel Freiheit drin", brummte ich. „Ich habe mir mit Ach und Krach diese Auszeit nehmen können, aber das ist eine *Once-in-a-lifetime*-Kiste. Wenn ich zurück bin, weiß ich schon jetzt, was mich erwartet."

„Das klingt ja nicht gerade freudig", meinte Beritt. „Macht dir das wirklich Spaß? Und wieso kannst du dich nicht frei fühlen und trotzdem arbeiten?"

Ich starrte sie an. Wie sollte ich mich bei der Arbeit frei fühlen? Es ging doch um Erfolg! Nicht um Spaß! „Na ja, ich muss sehr viele Entscheidungen treffen, immer da sein, Fragen beantworten ... da bleibt nicht viel Zeit für Freiheit."

„Musst du?", fragte Kjell. „Oder willst du?"

Die drei anderen grinsten. Ich merkte, wie ich wütend wurde. Was wussten die schon von harten Finanzierungsrunden, Mitarbeitenden, die kaum Berufserfahrung hatten und wegen jedem Kleinkram ankamen.

Ich musste wohl auch wütend ausgesehen haben. Leif jedenfalls legte mir auf beruhigende Art die Hand auf die Schulter. „Hey, easy, du wirst deinen Weg schon finden. Aber jetzt …"

„Jetzt erst mal ein Aquavit", tönten die drei anderen.

Leif zog eine kleine Flasche aus seinem Rucksack, die anderen zauberten für jeden kleine Gläser aus der Küche herbei. „*Skål!*"

Puh, Schnaps! Aber was sollte es … Ich probierte einen Schluck. Brannte ganz schön, das Zeug. Schmeckte aber auch nach Kräutern. Gar nicht so schlecht, also. Der Geschmack der Freiheit, dachte ich und musste grinsen.

Nach dem Essen saßen wir noch zusammen. Anders ging es in dieser kleinen Unterkunft auch gar nicht. Ich merkte plötzlich, wie sehr ich die Gesellschaft genoss. Diese vier Norweger waren wirklich angenehm sympathisch. Lustig, aber nicht aufdringlich. Und Beritt, die neben mir saß, fragte mich: „Was verstehst du eigentlich unter Freiheit?"

Ich dachte nach. „Na, mich einfach frei fühlen."

„Und wie merkst du das? Dass du dich frei fühlst?"

Ich schwieg. Wann hatte ich mich zuletzt frei gefühlt? Wie konnte ich dieses Gefühl erklären?

Meine Gedanken flogen in meine Vergangenheit. Und auf einmal hatte ich einen Geruch in der Nase. Den Geruch von würzigen Kräutern. Ich schloss die Augen. Woher kam dieser Geruch? Er war nicht von hier, aus diesem Raum, nur in mir drin …

Frankreich!

Ich saß in einem Auto und fuhr über eine Landstraße. Die Sonne schien, mein Fenster war heruntergekurbelt. Irgendeine Musik spielte. Wie alt war ich da? Musste Anfang 20 gewesen sein. 23, um genau zu sein. Als ich zum ersten Mal mit dem kleinen Wagen meiner Mutter allein in den Urlaub gefahren war, ganz ohne

Freund oder Freundin. Ich hatte keinen Plan, fuhr einfach durch die Gegend. Schlief, wo es schön war oder wo ich einen Campingplatz fand. Hielt an, wo es mir gefiel. Das war kurz vor Ende meines Studiums. Ich hatte nicht viel Geld, weit reisen war nicht drin …

„Ich fühle mich frei, wenn ich frei entscheiden kann, was ich tun will. Und wie ich es tun will. Wann ich was tun will. Wenn ich nicht gezwungen werde, einen bestimmten Weg zu gehen. Wenn ich nicht Dinge tun muss, weil Menschen sie von mir erwarten. Wenn ich Dinge tue, weil ich sie tun möchte."

Beritt nickte. „Ja, macht Sinn. Aber warum fühlst du dich gerade nicht frei? Du sagtest doch, dass dir eine Firma gehört. War das nicht deine Entscheidung? Machst du da nicht, was du willst?"

Beim Gedanken an meine Arbeit zog sich mein Bauch zusammen. Wie lange hatte ich jetzt nicht mehr intensiv darüber nachgedacht? Ich war erst ein paar Tage unterwegs. Und dennoch schon so weit weg.

„Am Anfang war es schon so. Am Anfang hab ich mich sehr frei gefühlt. Und cool." Ich lächelte schief. „Aber das hat sich dann geändert! – Es gab immer mehr Druck von außen. Und schließlich ist es mir einfach zu viel geworden. Aber so ist das wohl als Unternehmerin." Ich streckte mein Kinn vor und merkte, dass ich fast trotzig klang.

„Ist das so? Wer sagt das denn? Wenn du doch die Inhaberin bist, kannst du doch entscheiden, welche Menschen du einstellst, was du wie machen willst. Wann du was machen willst. Wieso ist das bei dir nicht so?" Beritt musterte mich fragend.

Ich merkte, wie ich mich mehr und mehr genervt fühlte. Musste ich mich jetzt erklären? Mich schon wieder rechtfertigen?

„Ich sehe, dass dich die Frage nervt", meinte Beritt ruhig und legte ihre Hand auf meinen Arm. „Das bedeutet, dass dir die Antwort schwerfällt. Aber auch, dass es eine gute Frage ist, die dich irgendwo berührt. Genervt zu sein, ist okay. Es ist ein spannendes Gefühl. Welchen Nerv trifft denn die Frage?"

Uff! Das hatte gesessen. So hatte ich das noch nie gesehen. Genervt sein – den Nerv getroffen. Welcher Nerv war das?

Ich schwieg. Ich betrachtete die Maserung des alten Holztisches, an dem wir saßen. Schaute mich um. Natürlich war alles hier aus Holz. Tisch, Stühle, Wände, Betten, Haus, Fußboden. Alles rustikal. Schlicht und einfach. Und mit den bereits bekannten karierten Gardinen an den Fenstern. Ein bisschen erinnerte mich das an den Achtzigerjahre Partykeller meiner Eltern. Diese Holzvertäfelungen. Fehlten nur noch die Discokugel und die selbst gezimmerte Bar. Bei dem Gedanken daran musste ich grinsen.

Und auf einmal wusste ich, warum ich so genervt war. Welchen Nerv die Frage getriggert hatte. *Weil ich selbst keine Antwort darauf hatte.* Den Keine-Antwort-Nerv.

Ich konnte immer nur erklären, mich rechtfertigen und was von „ist-halt-so" erzählen. Aber es fühlte sich nicht echt an.

Echt war: Ich wollte das auch so nicht.
Echt war: Ich wusste nicht genau, wie ich da rauskommen sollte.
Echt war: Ich fühlte mich gefangen. Das Gegenteil von frei.
Echt war: Ich wollte es anders haben.
Echt war: Ich wusste nicht wie.

Ich holte tief Luft.

So offen hatte ich noch mit niemandem gesprochen, und diese Frau kannte ich ja gar nicht. Aber irgendetwas hatte dieses Land schon mit mir gemacht. Frei sein und trotzdem verbunden.

„Weißt du Beritt, ich habe es mir anders vorgestellt. Entspannter. Cooler. Ne tolle Geschäftsidee zünden und dann Menschen finden, die da auch Bock drauf haben. Mit denen es Spaß macht, die Köpfe zusammenzustecken, Ideen auszutauschen. Gemeinsam Erfolge zu feiern. Gemeinsam Krisen zu überwinden. Das war mein Traum. Aber jetzt ist alles anders. Manchmal möchte ich alles hinschmeißen. Oder alle hinausschmeißen."

Ich dachte an die Anfangstage zurück. Da hatte es sich noch leicht und spannend angefühlt. Erst als sich das Team vergrößerte, wurde es anders. Schwer und anstrengend.

„So ein Team zu führen, ist halt nicht so einfach", meinte ich. „Vor allem, wenn ich das Gefühl habe, niemand will Verantwortung übernehmen." Ich erzählte ihr von der Situation, als das Update schiefging, und ich merkte, wie mich die Erinnerung daran wütend machte, wie ich mich immer mehr aufregte.

„Und wer hatte ihnen gesagt, dass sie das machen sollten?", fragte Beritt ruhig.

Ich sah sie an. „Na ich! Das stand so im Milestone-Plan. Wir mussten das machen, um den Plan zu erfüllen."

„Aber so können sie doch keine Verantwortung übernehmen. Sie haben ja nur deine Anweisung befolgt. Dann trägst du ja die Verantwortung, nicht sie."

Ich sah sie entgeistert an.

„Darf ich dir eine Geschichte erzählen?", fragte Beritt.

Ich atmete aus. Versuchte mich zu entspannen. „Okay, mach mal." Ich versuchte zu lächeln, merkte aber, dass es krampfig aussah.

„Ich bin Lehrerin an einer weiterführenden Schule. Wir haben da auch eine Holzwerkstatt. Mit meiner Klasse wollte ich Stühle bauen. Klingt kompliziert, aber wir haben dafür ein recht simples Prinzip entwickelt. So lernen die Schüler sägen, feilen, bohren und lackieren – und können den Stuhl dann mit nach Hause nehmen.

Einmal, gerade als wir anfangen wollten, sah ich, dass wir kein Holzöl mehr hatten. Wie blöd von mir, dachte ich, das hätte ich vorher prüfen sollen. Also bat ich einen Schüler, in den Baumarkt um die Ecke zu gehen und welches zu kaufen. Ich gab ihm meine Kreditkarte, schrieb ihm die PIN auf und schickte ihn los. Ich gab meinem Kollegen Bescheid, dass der Schüler eventuell zu seiner Stunde etwas verspätet kommen würde. Mein Kollege meinte: ‚Was, du hast ihm die komplette Verantwortung übergeben?' Ich antwortete: ‚Nein, wieso? Die Verantwortung trage ich – ich habe ihm genau gesagt, was wir brauchen. Er muss also nichts entscheiden. Ich vertraue ihm – und traue ihm auch zu, dass er das hinbekommt."

Ich schwieg.

Dann fragte ich nach: „Du meinst, weil er eine klare Aufgabe bekommen hat, muss er keine Verantwortung übernehmen? Aber er hatte deine Kreditkarte. Er hätte sich sonst was kaufen können. Dann ist es doch schon verantwortungsvoll von ihm, wenn er das nicht macht."

Beritt schüttelte den Kopf. „Nein. Er führt meine Anweisung aus. Wenn er das richtig macht, ist er gehorsam. Macht er es nicht, ist er ungehorsam und missbraucht mein Vertrauen. Aber die Verantwortung liegt bei mir. Weil ich das so entschieden habe. Selbst wenn er das falsche Holzöl gekauft hätte, wäre es meine Verantwortung gewesen. Weil ich ihm das nur gesagt, aber nicht aufgeschrieben habe. Er hätte einen Fehler gemacht, aber ich wäre verantwortlich gewesen. Weil ich es entschieden habe. Er führte nur aus."

Ich dachte nach. So hatte ich den Begriff Verantwortung noch nie gesehen.

„Was ist denn dann Verantwortung?"

„Wenn du jemandem den Raum lässt, eigene Ideen zu entwickeln. Raum, in dem jemand eine Entscheidung treffen muss, ohne zu wissen, was dabei rauskommt. Dann muss der Mensch für diese Entscheidung die Verantwortung übernehmen."

So richtig konnte ich mir darunter nichts vorstellen. „Hast du auch dafür ein Beispiel?"

Beritt dachte kurz nach. „Die Schüler meiner Klasse hatten sich überlegt, dass sie einen größeren Geldbetrag an eine Organisation spenden wollten. Sie wussten noch nicht, wie sie an das Geld kommen sollten, ohne einfach ihre Eltern zu fragen. Also haben sie Ideen entwickelt und umgesetzt. Einen Basar und einen Spendenlauf organisiert. Ob das klappen würde, wussten sie nicht – aber es war ihre Idee, ihre Entscheidung, ihre Verantwortung."

Ich dachte nach. „Du meinst, mein Team konnte keine Verantwortung übernehmen? Weil ich die Anweisung gegeben habe? Und sie nicht selbst die Idee hatten?"

„Ja", grinste Beritt. „Und noch viel schlimmer. Du hast eine Anweisung gegeben, obwohl du keine Ahnung von der Umsetzung hast. Du hast Verantwortung an dich gerissen, um deinem Plan zu folgen. Und als es schiefging, das Team dafür verantwortlich gemacht."

„Autsch." Ich schwieg zunächst, dann verteidigte ich mich. „Aber wir mussten das machen. Es stand im Plan. Die Investoren hatten den und haben darauf gewartet."

„Wer hat den Plan gemacht?"

„Ich. Für die Finanzierung."

Beritt schwieg.

Ich stöhnte. „Okay, verstanden. Auch meine Verantwortung. Wenn ich dich richtig verstehe, hätte das Team den Plan machen sollen und ich nur die Kommunikation übernehmen?"

Beritt nickte. „Vermutlich ja. Dann hätten sie zumindest die Verantwortung dafür getragen, wenn es schiefgegangen wäre."

Ich dachte nach. „Das fühlt sich ein bisschen klarer an, wenn man das so macht. Und irgendwie auch freier."

Beritt lächelte und legte mir die Hand auf die Schulter. „Danke, dass ich dir meine Geschichte erzählen durfte. Und dass du zugehört hast. Trotz genervt sein. Aber jetzt gehe ich schlafen. Gute Nacht."

Ich blieb noch etwas sitzen und dachte nach. War es wirklich so? Konnte man nur Verantwortung für eigenes Handeln übernehmen, wenn man auch die Wahl und Möglichkeit eigener Ideen hatte? So richtig überzeugt war ich noch nicht. Aber ich merkte, wie ich die Situation in meinem Team anders betrachtete. Vielleicht hatte ich wirklich dazu beigetragen, dass es so gekommen war.

Als ich am nächsten Morgen aufstand, waren die anderen schon weg. Ich musste sehr tief geschlafen haben oder die anderen waren extrem leise gewesen. Schade, ich hätte mich gerne noch für den netten Abend bedankt. Vor allem bei Beritt.

Nachdenklich trank ich meinen Kaffee.

Ich schaute aus dem Fenster.

„Willst du? Oder musst du?"

Die beiden Fragen gingen mir nicht aus dem Kopf. Auch nicht das Gespräch mit Beritt. Da war vielleicht doch was dran. Ich beschwerte mich oft bei Ralf, das Team würde keine Verantwortung übernehmen. Wie hatte Berrit das mit der Verantwortung erklärt? „Verantwortung entsteht dann, wenn es keine Anweisung gibt. Keinen Plan für eine Lösung und auch kein vorhandenes Wissen."

Genau das war ja das Problem. Jedes Mal, wenn nicht klar war, wie man was machen sollte, kamen sie zu mir angedackelt. Dann musste ich mir ja was überlegen, oder?

Ich kaute auf meinem Brot rum. Schaute in den Garten. Diese Stille. Diese Ruhe. Einfach herrlich.

Ich musste weiter.

„Los kommt, ihr *Norwegian Heels*", sagte ich laut, als ich meine Schuhe schnürte.

Ich lief so vor mich hin. Hügel rauf, Hügel runter. Wald rein, Wald raus. Häuser, Kühe, Wiesen. Doch die Gedanken an das Gespräch mit Beritt ließen mich nicht los. Ich nahm meinen Freiheit-Stein in die Hand und betrachtete ihn. Den feinen Riss, die roten Punkte, die wie ein Sternbild aussahen.

„Na, hast du eine Antwort für mich? Du bist doch mein Freiheit-Stein. Wie soll ich das machen?"

„Ich habe ihnen zugetraut, dass sie Ideen entwickeln und diese umgesetzt bekommen." Ich hörte noch Beritts Stimme. Und schnappte nach Luft. Sah ich mein Team so?

Vertrauen.

Zutrauen.

Ich stöhnte.

„Ich mache weder das eine noch das andere", dachte ich. Und auf einmal erkannte ich den Unterschied. Beritt hatte ihrem Schüler vertraut und ihm ihre Kreditkarte gegeben. Sie hatte ihrer Klasse zugetraut, eigene Ideen zu entwickeln und diese auch umzusetzen. Und sie hatte sich nicht eingemischt.

Ich dagegen handelte komplett anders.

Ich setzte mich auf einen Baumstamm und nahm das kleine Notizbuch aus dem Rucksack, das mir meine Freundin am Flughafen noch zugesteckt hatte. „Meine Erkenntnisse" hatte sie draufgeschrieben.

Ich blätterte die erste Seite auf. Drehte den Stift zwischen meinen Fingern. Und dann schrieb ich rein:

„Ich vertraue.

Ich traue zu.

Damit ich freier bin."

Fühlte sich gut an.

Und irgendwie richtig.

Ich wünschte mir, ich könnte das Beritt erzählen und mich noch einmal bei ihr bedanken. *Musst du oder willst du?* Ich musste nicht alles selbst machen. Ich musste auch nicht alles selbst entscheiden. Aber ich wollte auch nicht. Ich hatte einfach nur noch nie so richtig darüber nachgedacht. Und wenn ich zugeben würde, dass auch ich keine Lösung hatte, müsste ich vielleicht auch nicht alles selbst machen. Und wäre freier.

Irgendwann ist jetzt

Das Gehen tat mir weiterhin gut. Ich spürte, wie meine Gedanken mit jedem Tag, mit jedem Schritt ruhiger wurden. Schauen und gehen. Nur noch darum ging es. Einen Schritt nach dem anderen zu machen. Der Weg allerdings war eher eine Schotterpiste als ein uriger Wanderweg. Er führte mich über Felder und durch Wälder, entlang an Häusern und Höfen mit und ohne *Stabbur*, vorbei an Briefkastenhäuschen mit und ohne bewachsene Dächer. Rot, Weiß, Grün waren wie immer die vorherrschenden Farben. Braune, grasende oder vor sich hin kauende Kühe lagen oder standen hinter Zäunen.

Es war diese Mischung aus gleichförmiger Bewegung und gleichzeitigem Nichtstun, die eine entspannte Leere in mir entstehen ließ. Einfach mal nichts tun müssen, außer zu gehen. Keine Verpflichtungen. Die wichtigsten Fragen waren: Habe ich genug Essen und wo werde ich heute Nacht schlafen? Ich fühlte mich zurückgeworfen auf Ur-Bedürfnisse, auf Dinge, die wirklich zählten im Leben. Daneben verblassten andere Fragen und wurden merklich kleiner.

Auf einmal sah ich eine riesige Wasserfläche, die sich rechts und links vor mir ausdehnte und auf der anderen Seite an einer Hügelkette endete. Felder mit klitzekleinen Häuschen zogen sich hoch bis an die Nadelwaldgrenze. Ich blieb stehen. Ja, das war schon eher das Norwegen, wie ich es mir vorgestellt hatte. Das müsste der *Mjøsa* sein, der größte See in diesem riesigen Land. Die nächsten Tage sollte er mein ständiger Begleiter sein. Tief blaugrün schimmerte sein Wasser. Ich war auf einer Anhöhe und konnte auf ihn herabblicken. Unter mir, auf meiner Seite, sah ich eine Eisenbahnlinie dicht am Ufer, daneben eine breite Landstraße, auf der ungewöhnlich dichter Verkehr war. Ich hatte gelesen, dass ein uralter Raddampfer über den See fuhr und man den als Pilger auch nehmen konnte – als Abkürzung quasi. Aber das wollte ich nicht. Für mich hätte sich das nicht echt angefühlt, eher wie schummeln. Leider sah ich den Dampfer nicht, nur ein paar wenige Boote, die gemütlich vor sich hin tuckerten. Begeistert ging ich weiter.

Mein Weg führte mal oberhalb des Sees entlang, durch den Wald, mal führte er mich direkt ans Ufer. So nah am See wäre es an sich schön gewesen, nur verlief genau neben mir die Landstraße, auf der Autos, Laster und Wohnmobile entlangbrausten. Das war zwar wenig idyllisch, aber schön, direkt auf das nicht enden wollende Wasser zu schauen. Schwäne und Enten tummelten sich in Ufernähe. Vielleicht warteten sie auf jemanden, der ihnen Brot zuwarf.

Ich lief immer weiter am See entlang. Nach ein paar Tagen hatte ich das Gefühl, nicht wirklich voranzukommen, da dieser See einfach nur lang war. Ich übernachtete und lief, übernachtete und lief … immer weiter.

Irgendwann aber merkte ich, dass ich mich einer Stadt nähern musste. Der Verkehr wurde dichter, mehr und mehr Häuser säumten die Straße. Das musste *Hamar* sein. Mein Weg führte mich gemeinsam mit der viel befahrenen Landstraße über eine Bucht des langen *Mjøsa*. Der Lärm des Verkehrs irritierte mich. Waren Autos wirklich immer so laut? Am Ufer des Sees ging es weiter vorbei an einem wenig hübschen Gewerbegebiet, der Eisenbahnanlage und dem wiederum schöneren Hafen. Stege ragten dort ins Wasser, an denen größere und kleinere Boote hin und her schaukelten. Rechts von mir lag die Stadt. Auch wenn ich nicht mitten durch sie lief, spürte ich ihre Atmosphäre, den Trubel – ein komisches Gefühl. Vertraut und dennoch ungewohnt. Die wenigen Tage auf Wanderschaft schienen schon erste Spuren hinterlassen zu haben.

Weiter ging es am Ufer des Sees entlang, den nun ein Sandstrand säumte. Eine Frau schmiss Stöckchen für ihren Hund ins Wasser. Die Stadt rückte etwas in den Hintergrund, stattdessen erstreckte sich ein schöner großer grüner Park am See entlang, der in einer Wohnsiedlung endete. Familien spielten mit ihren Kindern Fußball, andere führten Hunde aus, Jogger waren unterwegs. Ganz gewöhnlicher norwegischer Alltag, während ich hier zur gleichen Zeit etwas ganz Besonderes erlebte. Ob sich diese Menschen dachten: „Ach schau mal, wieder so eine, die mal rauskommen muss?" Einige von ihnen lächelten mich an, nickten mir zu, wechselten mit mir ein freundliches *„Hei!"*. Ob Menschen in dieser Idylle überhaupt Probleme hatten?

Auf einmal sah ich von Weitem ein riesiges Glaskonstrukt, das wie eine Pyramide geformt war. Sah ein bisschen aus wie der Eingang zum Louvre. Das musste diese alte Kirchenruine sein … Ich hatte von ihr im Reiseführer gelesen. Ein gewaltiges Glasdach wölbte sich über dem, was von dieser Kirche übriggeblieben war. Viel war es nicht, eigentlich nur ein paar Bögen und Reste von Steinmauern. Das Glas schimmerte. So etwas hatte ich noch nie gesehen. Stahlstrebe neben Stahlstrebe wuchs in den Himmel und bildete einen gitterartigen Rahmen für unzählige Glasscheiben. Was musste das für eine Arbeit gewesen sein!

Neben der Pyramide stand eine kreuzförmige Konstruktion mit zwei Glocken. Vermutlich die originalen aus der Ruine? Die Pyramide war umsäumt von schlanken Birken, Richtung See standen ein paar uralte braune Holzhäuser mit roten Fenstern. Das alles passte nicht wirklich zusammen. Eine seltsame Kombination von Alt trifft Neu.

Ich beschloss hineinzugehen. Langsam schlenderte ich durch die Ruine. Ich erfuhr, dass dies die alte Domkirche von *Hamar* war, die im 12. Jahrhundert gebaut worden war. Nach der Reformation, nach der Norwegen nicht mehr katholisch war, wurde sie nicht mehr genutzt. Im 16. Jahrhundert fing sie während eines Krieges gegen die Schweden Feuer und brannte aus. Seitdem standen nur noch ihre Grundmauern, die immer mehr verwitterten. Bis seit den 1990er-Jahren dieses Glasdach, das wie ein richtiges Kirchendach errichtet war, die Ruine schützen sollte. *Hamar-Dom* wurde sie nun genannt. Wie immer, wenn ich an so alten Orten war, wurde ich ergriffen. Nachdenklich. Ruhig.

Ich konnte erkennen, wie riesig diese Kirche mal gewesen sein muss. Wie viel Leben sie mal beherbergt hatte, wie viel Arbeit Menschen in ihren Bau gesteckt hatten, und nun waren nur noch ein paar Mauerreste übrig. Was für eine tolle Idee, auf diese Art, mit dem Glasdach, einen neuen Raum zu schaffen. Einen Raum, in dem wieder Begegnungen möglich waren.

Ich las, dass hier auch Konzerte und religiöse Veranstaltungen stattfanden. Das Alte mit dem Neuen zu verbinden und dadurch etwas komplett Neues entstehen zu lassen – der Gedanke gefiel mir und begleitete mich noch eine Weile, während ich die Stadt wieder verließ.

Ob ich das auch könnte? Das Alte mit etwas Neuem verbinden? Nach den bisherigen Gesprächen mit den Norwegern hatte ich den Gedanken, alles hinzuschmeißen und einfach neu anzufangen. Einen Schlussstrich zu ziehen und wieder zurück auf null, zurück auf Los zu gehen, um dann mit neuen Ideen und neuen Vorsätzen neu zu starten. Aber war das nicht eigentlich eine Flucht? Würde mich das Alte nicht doch wieder einholen? Würde ich dann nicht wieder an dem Punkt landen, an dem ich mich gefangen und unfrei fühlte?

Vielleicht war es gar nicht so einfach, etwas abzuschütteln. Es hörte sich vermutlich nur einfach an: Das Alte los- und hinter sich lassen. Wie sollte das gehen?

Sollte ich versuchen, es so wie bei der Kirche zu machen? – Etwas Neues entstehen lassen und es mit dem Alten verbinden, weil dann etwas ganz anderes, Einzigartiges wachsen konnte? – Das fühlte sich irgendwie besser an. Das Alte wäre dann integriert.

Ich spürte, dass hinter meiner eigentlichen Intention, „einfach mal rauskommen", mehr stecken musste. Dass sie nur ein Deckmantel war. Ein Deckmantel meiner Unzufriedenheit. Deckmantel meines Stresses, meines Abgehetzt-Seins …

Danach normal weitermachen? Wieder rein in den Erfolgsstrudel, der mich herabzog und mir die Luft nahm? – Nein, wenn ich wirklich was ändern wollte, musste ich einen Weg finden, das Alte mit dem Neuen zu verbinden. Denn zu negieren, wer ich war, das ging nicht. Negieren, was mich auszeichnete, war Schauspielerei. Und das fühlte sich nicht echt an, alles andere als frei. Was könnte mein Glasdach sein? Nachdenklich ging ich zurück in die Natur.

Endlich spürte ich wieder weichen Waldboden unter meinen Wanderschuhen. Und statt Autoabgasen roch ich wieder Bäume. Gras.

Moos. Ich genoss das Schattenspiel und wie die Sonne ab und zu durch die Bäume blitzte. Den See konnte ich nicht mehr sehen, aber ich wusste, dass er sich unweit von mir weiter durch die Landschaft wand.

Vor mir lichtete sich der Wald, eine Wiese tat sich auf. Am Rand saß ein Mann auf dem Boden und kramte gerade in seinem Rucksack. Ich lächelte mein inzwischen sehr natürliches und gut geübtes Begrüßungslächeln und schmetterte ihm ein fast schon norwegisch klingendes „*Hei!*"entgegen.

„Oh, hallo", kam als Antwort.

Ich blieb stehen und sagte auf Deutsch: „Das klang aber sehr deutsch."

„War es auch", grinste der Mann zurück. „Ich bin Sebastian".

Ich stellte mich auch vor und wir begannen mit den üblichen Fragen: *Woher kommst du? Wie lange bist du schon unterwegs? Was macht du hier?* Inzwischen hatte ich mich an diesen Smalltalk gewöhnt und fand mittlerweile sogar etwas Spaß daran. Manchmal war es halt auch schön, wenn es um nichts ging.

Sebastian kam aus Süddeutschland und lief nur einen kleinen Teil des Olavswegs, für mehr hatte er keine Zeit. Den Rest wollte er ein anderes Mal laufen. „Intervall-Pilgern", meinte er grinsend.

Wir gingen zusammen weiter. Er erzählte, dass er ein Unternehmen leitete und er lieber statt eines langen Urlaubs mehrere kurze im Jahr machte. Ich lachte und meinte „Gut, dass unsere Teams uns so nicht sehen können." Ich zeigte demonstrativ auf seine Kleidung: fleckige Trekkinghose, Holzfällerhemd, relativ alte Wanderschuhe, ein Rucksack, der auch schon bessere Tage gesehen hatte. Ich selbst hatte etwas modernere und noch ein bisschen sauberere Sachen an. „Wenn mein Team mich so sehen würde, Himmel, die würden Augen machen, wie ich hier rumlaufe. Die kennen mich ja nur in meinen schickeren Büroklamotten."

„Och nö", meinte Sebastian. „Meins kennt mich so. Ich will mich ja nicht verstellen."

„Aber in dem Aufzug nimmt dich doch keiner ernst, ich bitte dich!", antwortete ich leicht entgeistert.

„Wieso denn nicht?"

Ich schwieg und kam mir auf einmal total spießig vor. Ich klinge wie meine Mutter, dachte ich. Und mir kam gleich der Song von den Ärzten in den Kopf *„Und wie du wieder aussiehst …"* Ich fing an, ihn zu summen.

Sebastian sang spontan mit: *„Löcher in der Hose, und ständig dieser Lärm …"*

Wir mussten beide lachen.

„Na, bist du gerade zu deiner eigenen Mutter geworden?", fragte er.

„Touché", sagte ich und schlug meine Hände vors Gesicht. „Früher hat mich das wahnsinnig gemacht. ‚Kind, wie läufst du rum!', ‚Was sollen die Nachbarn denken?', ‚Schrei nicht so laut!', ‚Mach das Fenster zu', wenn ich mal stinkig war und laut meckerte. Deswegen bin ich ja auch nach Berlin gezogen. Ich musste von zu Hause raus. Aber jetzt ist es halt anders. Ich habe Verantwortung, Termine mit Banken und Investoren, muss Vorträge halten. Da macht ein gewisser Stil halt Sinn. Du wirst sonst einfach nicht ernst genommen."

„So'n Quatsch. Du kannst doch rumlaufen, wie du willst. Du wirst ernst genommen, wenn du dich selbst ernst nimmst. Du wirst ernst genommen, wenn du weißt, worüber du sprichst. Wenn du nur Schwachsinn verzapfst, bringt dir ein schickes Outfit auch nichts."

Ich schwieg für einen Moment. „Das sehe ich anders", meinte ich dann. „Ich bin Chefin. Mein Team hat bestimmte Erwartungen. An mich, aber auch an mein Auftreten. Wenn ich da so lumpig rumlaufen würde, hätten sie weniger Respekt vor mir. Da macht ein Outfit schon einen großen Unterschied." Ich merkte, wie meine Stimme immer strenger klang. Ja, so sprach ich auch zu meinem Team.

Sebastian lachte schallend. "Wenn mein Team mich nur wegen meiner Klamotten respektieren würde, würde ich meinen Job falsch machen. Das hat doch nichts mit Kleidung zu tun, sondern mit Auftreten, mit Haltung. Wie ich wirke. Was ich ausstrahle. Und ob ich echt bin. Ich möchte mich nicht verbiegen und mich nicht verstellen. Für nichts und niemanden. Das bedeutet nicht, dass ich mich nicht anpassen kann, sondern nur, dass ich mir selbst treu bleiben will. Ich bin wie ich bin – egal ob in der Firma, zu Hause, mit Familie oder mit Freunden. Ich bin ja *ein* Mensch und nicht viele."

Ich schwieg. So hatte ich das noch nie gesehen. Ich wollte schon ein cooles Team haben, wollte aber auch Respekt. *Dienst ist Dienst und Schnaps ist Schnaps* schoss es mir durch den Kopf. Deswegen hatte ich sehr wohl verschiedene Outfits für das Büro. Die mir auch eine gewisse Sicherheit gaben und mir in schwierigen Situationen auch eine gewisse Kraft und Energie verliehen. Ich hatte das Gefühl, dann klare Entscheidungen treffen zu können. So als ob mich die Kleidung zu einem anderen Menschen machte.

Im *Norwegian-Heels-Look* ins Büro? Never ever!

Gleichzeitig spürte ich, wie unwohl ich mich damit manchmal fühlte. Wie neidisch ich war auf die Kollegen, die im Kapuzenpulli kamen. Oder auf die Kolleginnen in lässigen Jeans und Sneakers, während ich mir in den Berliner Heels Blasen stöckelte. Bisschen verkleidet fühlte sich das schon an. Verkleidet als Chefin. Immer alles im Griff.

"Immer muss ich alles im Griff haben!" Ich erinnerte mich, wie ich Ralf angefahren, ihm das an den Kopf geworfen hatte. Und fühlte mich auf einmal ganz zerrissen. Ja, Hand aufs Herz: Ich würde auch gerne in normalen, lässigen Klamotten ins Büro gehen. Und nicht die ganze Zeit einen auf diszipliniert-alles-im-Griff machen.

Ich hatte eh nicht alles im Griff. Beziehungsweise in den letzten Jahren fast gar nichts. Meine Beziehung nicht, mein Unternehmen nicht, meine Freundschaften nicht. Von wegen, perfekte Chefin. Auf einmal kam ich mir wie eine Lachnummer vor. Ein Clown, der vorspielte, etwas zu sein, was er gar nicht war. Eine Verliererin im Bürokostümchen. Und ich bemerkte erst jetzt an meinem Schniefen, dass da ein, zwei Tränen anfingen zu laufen. Oh nein, doch jetzt nicht vor diesem fremden Mann heulen, dachte ich und wischte mir fix mit dem Ärmel über mein Gesicht. Wir gingen schweigend nebeneinanderher.

Sebastian summte: *„Und wie du wieder aussiehst …"* Ich musste lachen. „Weißt du," fing er an, „ich möchte glücklich sein im Leben. Ich möchte morgens aufstehen und mir sagen: ‚Ja, dieses Leben gefällt mir.' Dazu gehört, dass ich das, was ich tue, gerne mache, dass es für mich Sinn ergibt, ich es halbwegs gut hinbekomme. Gleichzeitig möchte ich lernen, neue Erfahrungen machen. Natürlich möchte ich auch genug Geld haben, um mir so schöne Urlaube zu leisten, um so tolle Menschen wie dich zu treffen."

Ich verzog etwas das Gesicht. So toll fand ich mich gerade gar nicht und er kannte mich ja auch erst ein paar Minuten. Hoffentlich war das jetzt keine blöde Anmache. „Ganz schön viele Wünsche auf einmal", meinte ich skeptisch distanziert. „Was meinst du mit dem Sinn? Etwa spirituell und so?" Hoffentlich war das nicht so ein Sinnsucher.

Er lachte und sagte: „Mir sind ein paar Dinge wirklich wichtig im Leben. Da soll mir der Job nicht im Weg stehen. Meine Freunde und meine Familie zum Beispiel. Ein anderer Punkt ist, dass das, was ich auf der Arbeit mache, sinnvoll ist. Im Sinne dessen, was wir mit dem Unternehmen erreichen möchten, wofür dieses gegründet wurde. Ich habe keine Lust auf irgendeinen Bullshit, nur weil man das angeblich so macht. Ich glaube, viele Menschen sind auf der Arbeit mit irgendetwas beschäftigt, was eigentlich nicht nötig wäre. Was gar nichts mit dem eigentlichen Ziel, der Vision, den Kunden zu tun hat. Reportings, die nicht nötig sind. Meetings, die zu nichts führen. Dinge, die keinen wirklich erkennbaren Nutzen haben. Das führt dann dazu, dass sich die Arbeit sinnlos anfühlt und man vor allem sich selbst leer fühlt. Weil man nicht wirken kann. Dann ist mir aber auch wichtig, was ich gebe. Ich möchte, dass mein Team zufrieden ist, dass sie sich nicht verbiegen müssen. Dass sie ihre privaten Interessen, Wünsche und Ziele verfolgen können. Und ein bisschen was will ich auch der Gesellschaft geben. Wir sind in Deutschland sehr privilegiert, da möchte ich ein bisschen was zurückgeben. Und weißt du, was mir am wichtigsten ist? Dass ich *jetzt* schon so lebe. Nicht erst später. Dass das kein Vorsatz für irgendwann ist. Nicht erst, wenn ich in Rente gehe. Irgendwann ist jetzt!"

Ich schwieg. Das klang nun zwar etwas pathetisch, aber glücklicherweise wenig spirituell. Ich merkte, wie ich mich wieder entspannte und meine Skepsis wich. Ich war beeindruckt von seiner Klarheit und fühlte mich klein und unklar. Das wiederum ärgerte mich. Ich fragte mich, wie all das denn gehen sollte. Vielleicht erzählte er mir ja auch nur von irgendeinem Wunschtraum. Ich schüttelte den Kopf. „Aber als Geschäftsführer *musst* du doch viel arbeiten."

„Quatsch. Das sind doch Geschichten aus den Fünfzigern. Es liegt doch in deiner Hand, wie du deine Organisation aufbaust. Wir sind doch nicht mehr wie unsere Großväter, die den ganzen Tag einen auf hart machen mussten. Heute dürfen wir doch unsere

Gefühle zeigen, selbst wir Männer. Ich kann nicht *ich* sein, wenn ich mich verstelle, wenn ich einen auf hart mache. Ich bin verletzlich, ich bin sensibel, ich bin einfühlsam. Ich finde es großartig, wenn ich das auf der Arbeit zeigen darf. Ich wäre doch bescheuert und noch nicht mal ein guter Chef, wenn ich ein Arbeitsumfeld schaffe, in dem ich nicht sein kann, wie ich wirklich bin. Ich bin doch eins – ein Mensch. Ich bin Sebastian, nicht der private Sebastian und der Geschäftsführer Sebastian. Ich bin jetzt nicht anders als auf der Arbeit. Der einzige Unterschied ist, wie viel von mir ich den Menschen erzähle. Meine engen Freunde wissen natürlich mehr über mich als mein Team."

Ich atmete aus. Ich spürte, wie etwas in mir ansprang, sich bewegte. Ich schaute mich um und nahm die Landschaft in mich auf. Wir gingen ein gutes Stück oberhalb des Sees, der gerade aber nicht zu sehen war. Wald und Wiesen wechselten sich ab.

Ich flüsterte: „Ja, das hätte ich auch gerne."

„Was hast du gesagt?"

Ich wiederholte meine Worte etwas lauter.

„Entschuldige, ich habe dich nicht ganz verstanden. Was hast du gesagt?"

Ich wiederholte meine Worte noch lauter. War er auf einmal taub geworden? Dann sah ich sein Grinsen. Ich blieb stehen, holte tief Luft und schrie:

„ICH WILL DAS AUCH!

Ich will mich auch so fühlen – als eins. Ich will mich nicht mehr verstellen! Ich will kein Unternehmen haben, in dem ich nicht ich selbst sein kann. Bin ich denn bescheuert? Ich hab es schließlich gegründet, dann kann ich doch auch entscheiden, wie ich es haben will."

Mir fiel ein, dass es genau das war, was mich Beritt am Anfang meiner Reise staunend gefragt hatte: *Wenn es doch deins ist, warum gestaltest du es nicht so, dass du dich wohlfühlst? Musst du – oder willst du? Was willst du finden?*

Die Fragen quirlten durch meinen Kopf. Mir wurde schwindelig. Ich streifte den Rucksack ab und ließ mich auf den Boden plumpsen, auf einmal fühlte ich mich komplett erschöpft. Mein Kopf drehte sich vor lauter Fragen, mein Herz schlug laut und schnell, meine Beine zitterten. Was war los mit mir?

Sebastian setzte sich neben mich und schwieg. Eine ganze Weile sagte keiner was.

Ich merkte, wie sehr ich kurz vorm Heulen war, doch ich wollte nicht. Nicht jetzt, nicht hier, nicht vor ihm. Ich atmete mehrfach tief ein und aus, spielte mit meinen Händen, um mich abzulenken.

Irgendwann sagte er: „Es ist doch gut zu wissen, was man will, wo man hinwill. Dann ergeben sich die Schritte von ganz allein."

Kjells Worte schossen mir durch den Kopf: *„Weg von, hin zu."* War es das? Wusste ich nun, was ich nicht mehr wollte – und sogar, was ich stattdessen wollte? Was ich mit Freiheit meinte? Kein Verstellen mehr. Kein Verkleiden mehr. Keine langen Büroabende mehr. Keine durchgearbeiteten Wochenenden mehr. Keine schlaflosen Nächte mehr.

Stattdessen frei sein. Mehr Zeit haben. Entspannt sein. Spaß haben. Sinnvolle Arbeit. Kein Bullshit.

Was würde ich dann mit meiner Zeit machen?

Auf einmal spürte ich eine unfassbare Leere. Was würde ich dann machen? Mir fiel nicht wirklich was ein. Vielleicht mehr Sport. Freunde treffen. Das alles klang aber jetzt nicht wirklich aufregend.

„Sebastian, was machst du nach Feierabend?"

Mittlerweile lagen wir auf dem Rücken und schauten in die Wolken. Dieser fremde Mann fühlte sich auf eine angenehme Art und Weise vertraut an. Meine anfängliche Sorge, dass er mich anmachen könnte, war verschwunden. Ich betrachtete ihn von der Seite. Nett sah er aus mit seinen dunklen, leicht lockigen Haaren, warmen braunen Augen und seinem Stoppelbart.

„Verschiedenes: lesen. Podcasts hören. Sport. Freunde treffen. Langweilig ist mir nie. Was ich definitiv nicht mache, ist viel Fernsehen schauen oder in Netflix-Serien versinken. Das bringt mir nichts. Ich habe viele Interessen und deswegen auch viele Hobbys. Ich mag es, viele unterschiedliche Sachen auszuprobieren, zum Beispiel beim Sport. Ich werde da wohl nie in etwas richtig, richtig gut werden, aber darum geht es mir auch nicht. Ich lerne einfach wahnsinnig gerne und beschäftige mich mit vielem."

Hobby. Ich schüttelte mich innerlich. Wieder so ein Wort, was sich nach Eltern und Verein anhörte. Nach Druck und Zwang. Ich erinnerte mich, wie ich als Kind mal Querflöte lernen wollte. Nachdem ich genug gebettelt hatte, meldeten meine Eltern mich in der dörflichen Musikschule an. Ich selbst sah mich schon im Spielmannszug mitmarschieren, in einer hübschen Uniform, lustige Melodien musizierend. Allerdings kamen aus diesem blöden Ding nicht die Töne raus, die ich hören wollte. Ich pustete wie eine Irre, spitzte die Lippen mal stärker, mal weniger stark. Wenn überhaupt ein Geräusch entstand, ertönte ein Quietschen. Jeden Tag sollte ich üben. Meine Güte, war das langweilig. Nach zwei Wochen konnten die meisten im Kurs schon Tonfolgen spielen, während ich selbst eher Krämpfe in Lippen und Fingern bekam. Der Musiklehrer wurde zunehmend ungeduldiger. „Martha, du musst jeden Tag üben!" Auch meine Eltern stressten. „Martha, wir zahlen schließlich dafür!" In der darauffolgenden Woche hatte ich Kopfschmerzen und konnte nicht hingehen. Behauptete ich. Es kostete mich einiges an Überwindung, mit meinen Eltern zu sprechen. Dass es mir keinen Spaß machte, dass ich mir das anders vorgestellt hatte. Natürlich gab es die entsprechenden Vorwürfe und Vorhaltungen, aber ich durfte aufhören. Und als ich ein paar Jahre später Tennis lernen wollte, brauchte ich ziemlich viel Überzeugungskraft, dass meine Eltern mir das ermöglichten. „Meinst du, dass du das wirklich machen willst?" Dieses Mal hielt ich immerhin drei Monate durch. Aber auch nur, weil meine Freundin mit hinging. Und der Tennislehrer irgendwie süß war. Aber immer dieses „Du musst üben!". Ich wollte einfach nur können, nicht üben.

„Hobbys sind nichts für mich", meinte ich daher. „Ich bin viel zu ungeduldig und hab keine Lust, mich diesem Zwang auszusetzen."

„Was denn für ein Zwang?"

„Na, dauernd üben zu müssen."

Sebastian lachte schallend. „Ich weiß ja nicht, mit welchen Ambitionen du an so was rangehst. Aber ich für meinen Teil halte die auf einem entspannten Niveau. Ich setze mir kleine, erreichbare Ziele. Zum Beispiel Skateboard: Ich hab nicht vor, irgendwann coole Tricks in der Halfpipe zu machen. Aktuell freue ich mich, dass ich überhaupt drauf stehen kann und übe an ein paar Turns. Aber auch nicht dreimal die Woche, sondern nur, wenn mir danach ist. Das ist viel entspannter. Schritt für Schritt im eigenen Tempo, aber mit einem Ziel vor Augen. Wenn es sich wie Müssen anfühlt, ist es nicht das Richtige. Es soll ja Spaß machen."

Ja, das hörte sich weniger stressig an, dachte ich. Vielleicht musste ich nur etwas finden, was mir wirklich Spaß machte … Was könnte das sein? Und wann sollte ich das machen? „Wie schaffst du es, dafür Zeit zu haben? Gerade komme ich noch nicht mal zum Einkaufen, geschweige denn zum Kochen. Wo soll da noch Platz für ein Hobby sein?", fragte ich.

„Viele Menschen betrachten das falsch ", antwortete Sebastian. „Stell dir eine Wippe vor. Auf einer Seite sitzt ein dünnes Männchen, auf der anderen ein dickes. Jetzt kannst du natürlich dem dicken Männchen sagen: ‚Sei mal leichter', aber das geht ja nicht. Du kannst, um die Wippe in Balance zu bringen, also nur mehr Gewicht zu dem dünnen Männchen packen. Statt zu versuchen, zu reduzieren, was du zu viel tust, fang an, mehr davon zu machen, was du zu wenig tust. Dann ergibt sich automatisch eine Balance – denn das Zuviel wird automatisch weniger werden. Das Gesetz des Gewichts sozusagen …"

Ich schaute Sebastian mit gerunzelter Stirn an. „Sorry, das hab ich nicht kapiert."

Sebastian stand auf. „Nicht schlimm. Bleib mal bei dem Bild und denk darüber nach. Worauf du mehr Gewicht legen möchtest. Alles andere bekommt dann weniger Gewicht. Ich muss weiter. Ich wünsche dir alles Gute!"

Ich sah auf die Uhr. Wie schnell die Zeit verging.

„Danke Sebastian. Auch, dass du mich ausgehalten hast."

Sebastian lachte und klopfte mir auf die Schulter. „Hey, wir sind alle Menschen. Und keine Wanderung hier lässt mich kalt. Daher kann ich das gut nachvollziehen, wenn da mal was hochkommt. Besser hoch- und rauskommen, als drin stecken bleiben und sich im Körper einfressen." Er grinste mich an und ging los.

Ich blieb noch etwas sitzen und schaute ihm nach. Was für ein Typ! Dann kramte auch ich meine Sachen zusammen und ging weiter.

Wirklich schräg, dieser Sebastian. Aber entspannt. So wäre ich auch gerne. Vielleicht nicht unbedingt schräg, aber entspannt.

„Dass es für mich Sinn ergibt", hatte Sebastian gesagt. Aber wann ergibt denn etwas Sinn? Wann ist etwas sinnvoll? Voll mit Sinn? Erfüllt mit Sinn? Was ist überhaupt Sinn?

Sinnsucher … Nun war ich auf einem Pilgerweg und suchte meinen Sinn. Na toll! Ich musste laut lachen. Dabei wollte ich doch diesen Sinnsuchern gar nicht erst begegnen, mit ihnen nichts zu tun haben. Und nun war ich selbst eine. Und begegnete mir selbst.

Sebastian hatte seinen Sinn beschrieben – was für ihn Sinn machte.

Was machte für mich Sinn? Das Gleiche? Das würde ja wiederum keinen Sinn machen. Wir sind schließlich alle unterschiedlich.

Ein gutes Leben führen – ja, da konnte ich mitgehen. Auch der Gesellschaft was zurückgeben, wie Sebastian gesagt hatte. Letztendlich war es ja das, was ich mit meiner App bezweckte – dass Menschen mehr Zeit füreinander fanden. Einander wieder mehr Aufmerksamkeit schenkten. Nur, dass ich das selbst gar nicht lebte. Das Einzige, was viel Aufmerksamkeit von mir bekam, war meine Arbeit. Eigentlich bescheuert …

Vieles, was ich tagsüber machte, fand ich selbst sinnlos. Manchmal hatte ich das Gefühl, dass ich nur noch managte und verwaltete, aber nicht einen Beitrag leistete. Nicht wirkte . ..

Sinnlos.

Bullshit hatte Sebastian es genannt.

Musst du das? Oder willst du das?

Ich kaute auf meiner Lippe herum. Ich wollte das eigentlich nicht. Doch wer sagte mir, dass ich das musste? Da hatte Sebastian ja recht. „Der Job soll mir nicht im Weg stehen", hatte er gesagt.

Für mich war der Job der Weg. Der einzige Weg. Vielleicht sollte ich mich selbst als Weg betrachten. Mir selbst nicht im Weg stehen, sondern meinen Weg gehen.

„Wenn du weißt, wohin du willst, ergeben sich die Schritte von allein," hörte ich Sebastian sagen.

Ich ging. Und sah auf meine Füße. Mit diesen klobigen Galoschen.

Der Trampelpfad veränderte sich nun in Morast, über den lose gelegte Holzplanken führten. Schritt für Schritt versuchte ich auf Zehenspitzen zu balancieren, so wie ich das als Kind oft gemacht hatte. Mit den Wanderschuhen und dem fetten Rucksack war das schwierig. Planke für Planke. Ein Schritt, noch ein Schritt. Ich breitete die Arme für eine bessere Balance aus. Bis ich drüben war.

Ich wollte rüber. Die Schritte haben sich ergeben, dachte ich bei mir. Und ich hab nicht die Balance verloren.

Was hatte Sebastian über Balance gesagt? Dem dünnen Männchen mehr Gewicht geben. Mehr von dem machen, was zu kurz kommt. Also nicht erst Zeit freischaufeln, um die dann zu füllen. Sondern ...?

So ganz verstanden hatte ich das noch nicht. Musste ich mir nicht erst mal Zeit freischaufeln, um überhaupt was anderes machen zu können?

Balance.

Ich sah mich um und entdeckte einen Baumstumpf. Ich legte den Rucksack ab und stellte mich auf ihn drauf. Vorsichtig hob ich das rechte Bein an. Und stellte es wieder ab. Ich hob es wieder an und versuchte so lange es ging, auf einem Bein zu stehen. Mit den Armen wedelte ich hin und her, bis ich fast umkippte. Ich setzte das Bein ab und versuchte es noch einmal. Als ich es anhob, bemerkte ich, wie mein Oberkörper etwas nach links kippte. Was kam eigentlich zuerst? Konnte ich mein rechtes Bein anheben, ohne nach links zu kippen?

Richtig gut ging das nicht, ich musste mich stark konzentrieren.

Ich fokussierte mich stattdessen auf das linke Bein, spannte die Muskeln an, kippte leicht meinen Oberkörper nach links – das rechte Bein hob sich fast automatisch.

„Dann geht es beim Beinheben gar nicht darum, das rechte zu heben, sondern darum, auf der linken Seite mehr Spannung zu haben. Es geht darum, sich auf links zu fokussieren, damit das rechte hochkommen kann", fuhr es mir in den Sinn.

Ich wurde ganz aufgeregt. Wir sagen es immer falsch: Ich will das rechte Bein heben. So ein Quatsch! Ich möchte links stabil sein, muss es heißen. Sonst kann ich das rechte gar nicht heben.

Ich kann nicht Zeit freischaufeln, um etwas zu tun, ich muss es einfach tun, darauf den Fokus legen. Und nicht warten, bis es passiert. Gewicht auf das legen, was ich vorhatte, und nicht versuchen, Gewicht von dem runterzunehmen, was ich loslassen wollte.

„*Wenn ich mehr Zeit habe, dann …* " – so konnte es nicht funktionieren. Ich mache es und dann findet sich auch die Zeit dafür. Weil dann automatisch was anderes wegfällt. Was, das ergibt sich. Meine Schritte ergeben sich. Weil ich mein Ziel weiß.

Auf einmal verstand ich, was Sebastian gemeint hatte. Ich war ganz aufgeregt. So als ob ich ein wichtiges Rätsel, eine große Nuss geknackt hatte.

Damit weiß ich zwar immer noch nicht, *was* ich dann machen will …, dachte ich.

Aber was soll's, das finde ich auch noch raus.

Ich schaute auf die Uhr. In einer Stunde wollte ich an der nächsten Unterkunft sein, da musste ich mich beeilen. Da es nicht viele Betten gab und wieder Selbstversorgung angesagt war, hatte ich reserviert.

Weg von – hin zu. Sinnvoll versus Bullshit. Gewicht auf etwas legen. Ganz schön viel für einen Tag. Diese Wanderung machte wirklich etwas mit mir.

Ich näherte mich einem kleinen, urigen Holzhäuschen. War das meine Unterkunft? Es war nicht rot, nicht weiß, sondern schwarz. Das war selten. Immerhin war die Eingangstür rot, und neben der Tür lachte mich das Pilgerzeichen an. Und es hatte ein kleines Türmchen mit einer Glocke. Aber es sah wirklich extrem winzig aus und schien kaum Fenster zu haben. Ich runzelte etwas irritiert die Stirn. Bis ich den Blick wandte und das größere Haus sah. Das musste die Herberge sein. Ich erkannte nun, dass das Häuschen, vor dem ich stand, eine Art Kapelle war. Puh, ich hatte schon gedacht, ich müsste in einer dunklen Kammer schlafen. Das größere Haus sah dagegen richtig einladend aus. Es war umgeben von einem großen, gepflegten Garten. In einer alten Holzschubkarre blühten Blumen, ein Tisch und mehrere Stühle standen auf dem gemähten Rasen.

Ich fand mein Bett unterm Dach, alles war sauber, roch nach Holz, war aus Holz. Was sonst?

Eine Stunde später war ich geduscht, satt und zufrieden. Und körperlich merklich erschöpft. Aber ich spürte auch ein innerliches Lächeln. Als ob meine Seele lächelte. Oder eher breit grinste. Was für ein schöner Zustand. Gab es dafür ein Wort? Seelengrinsen?

Außer mir waren noch eine Gruppe und eine andere einzelne Frau da. So richtig Lust auf Unterhaltung hatte ich nicht. Ich hatte genug im Kopf für heute. An der Wand stand ein Regal mit Büchern. Man konnte dort sein eigenes Buch für andere Gäste dalassen und sich selbst eins mitnehmen. Schöne Idee!

Ich ging die Buchrücken der Reihe nach durch. Fast alle Bücher waren norwegisch. Natürlich. Einen englischen Liebesroman entdeckte ich, dessen kitschiger Einband mich allerdings eher abschreckte.

Ich zog meine Jacke an und ging raus, runter zu dieser kleinen Kapelle und setzte mich auf die Stufen. Es war schon fast neun Uhr abends und die Sonne stand immer noch hoch am Himmel. Diese hellen Nächte fand ich immer noch seltsam.

Hinter mir hörte ich ein Geräusch. „Darf ich?"

Die andere Frau, die auch allein da war, zeigte auf den Platz neben mir. Wir hatten vorhin bereits herausgefunden, dass wir beide Deutsche waren.

Ich seufzte innerlich. Schluss mit der Ruhe. Aber ich nickte. „Ja, klar".

Wir schwiegen. Beide schauten wir einfach nur vor uns hin.

„Welche Frage beschäftigt dich gerade am meisten?" Die Frage fiel wie aus heiterem Himmel.

„Uff, na das ist ja mal ein Gesprächseinstieg", sagte ich lachend.

„Ja, sorry. Ich stehe nicht so auf Smalltalk," sagte die andere Frau mit einem schiefen Lächeln. „Aber ich mag Gespräche."

Ich dachte nach. Sollte ich mich wirklich darauf einlassen? Hatte ich Lust, mit einer fremden Frau meine innersten Fragen zu besprechen? Warum nicht, sagte ich mir und holte tief Luft.

„Mich beschäftigt das Thema Sinn. Aber jetzt weniger, was mein eigener persönlicher Sinn ist, sondern mein beruflicher."

„Wo soll da der Unterschied sein?"

Hoppala, das würde kein Plaudern werden. Wollte ich das wirklich? Ich könnte jetzt noch aufstehen und sagen, dass ich müde sei, oder Kopfschmerzen vortäuschen. Aber etwas in mir sagte mir: Bleib sitzen! Lass dich drauf ein!

Ich erzählte ihr von dem Gespräch mit Sebastian und was für ihn Sinn bedeutete. Dass ich mir über meinen eigenen noch gar nicht so klar war. Und dass, wenn ich wollte, dass auch meine Mitarbeitenden Sinn empfinden, ich überhaupt nicht wüsste, wie ich diese vielen verschiedenen Ansichten von Sinn unter einen Hut, unter den Hut meines Unternehmens kriegen sollte.

Die andere Frau schwieg.

„Ja sorry, kompliziert. Aber du wolltest es ja wissen."

„Ja, es klingt kompliziert. Aber vielleicht stellst du die Frage auch falsch", meinte sie dann. „Nicht, dass es falsche Fragen gibt. Aber manchmal kann man eine Frage umformulieren und bekommt auf einmal die Antworten, die man eigentlich gesucht hat. Dann passte die Frage vorher nicht zum Problem."

Auf so einen Gedanken war ich noch nie gekommen. „Und wie müsste die Frage dann lauten?", fragte ich neugierig.

„Lass sie uns entdecken", sagte die andere Frau grinsend. „Wann macht etwas, was du tust, Sinn?"

„Wenn ich nicht das Gefühl habe, meine Zeit zu verschwenden."

„Und stattdessen?"

„Na ja, wenn das, was ich tue, einen Beitrag leistet. Eine Auswirkung hat. Ein Problem löst. Jemandem hilft. Etwas verändert. Das muss nichts Großes sein."

„Und was machst du, was sich sinnlos anfühlt?"

„Nervige Gespräche mit den Geldgebern führen. Reportings. Meetings. Der ganze Kram halt …"

„Und geht es dir dabei um einen tieferen Sinn?"

„Nein, da geht es mir nur um Zeitverschwendung und die beste Lösung für ein Problem. Das hat mit tieferem Sinn nichts zu tun."

„Aber trotzdem ist das eine sinnvoll und das andere sinnlos?"

Ich schwieg. So hatte ich das noch nicht betrachtet. Dann musste gar nicht alles einen tieferen Sinn haben, was wir tun? Solange es einen Beitrag gab, auch wenn er noch so klein war – und wozu auch immer?

„Vermutlich sehen das deine Mitarbeitenden auch so", meinte die Frau grinsend.

Ging es bei Sinn dann gar nicht immer darum, die Welt zu verbessern?

Ich schwieg.

Das war ja das, was Sebastian als Bullshit bezeichnet hatte. Ging es wirklich nur darum?

„Na ja, so ganz doof sollten sie nicht finden, was ihr da macht. Aber ich denke nicht, dass das für sie der ultimative Lebenssinn sein muss. Ich finde, das kann man von einem Job nicht erwarten, solange du die Welt nicht schlechter machst mit dem, was ihr tut. Alle bieten doch Dienstleistungen oder Produkte an, die irgendein Mensch kaufen will. Und erfüllen dadurch Wünsche, Sehnsüchte oder Bedürfnisse. Wenn niemand auf der Welt das brauchen würde, würde es niemand kaufen oder nutzen – dann hat das Unternehmen auch keinen Sinn."

„Dann sind der Markt, die Nutzer, die Kunden die Sinnstifter?"

„Ja, so in etwa kannst du das sehen."

Das war noch mal eine ganz neue Perspektive. Nicht der Lebenssinn, sondern der Sinn des Unternehmens mit Blick auf die Kunden.

„Ich denk jetzt mal laut", sagte ich. „Wenn also meine Kunden die Sinnstifter sind, dann macht ja alles Sinn, was ihnen zugutekommt. Und alles keinen Sinn, was ihnen nicht zugutekommt. Je mehr ich mich darauf fokussiere, desto mehr Sinn kann entstehen. Richtig?"

„Klingt zumindest sinnvoll", meinte die andere Frau grinsend.

„Und dann müssten meine Mitarbeitenden ja auch das Gefühl haben, etwas Sinnvolles zu tun. Weil es dem Sinnstifter dient."

„Ja, auch das klingt sinnvoll."

„Dann geht es ja mehr darum, dass ich meine Zeit sinnvoll für den Kunden nutze, als meine Zeit zu verschwenden. Dass ich nicht wie so oft in blöden Diskussionen hänge, sondern Lösungen für wirkliche Probleme finde."

„Ja, auch das klingt sinnvoll."

Ich dachte an all die Dinge, die ich jeden Tag tat. War da nicht doch ziemlich viel Zeugs dabei, was nach dieser Definition sinnlos war? Weil es nicht dem Kunden nutzte. Wem nutzte es denn dann?

„Also weniger Bullshit und stattdessen wirklich arbeiten?"

„Ja, vermutlich. Macht das dann Sinn für dich?", fragte die Frau.

Ich streckte mich. Was für ein Tag. So viel Sinn. Mir rauchte der Kopf.

Ich schaute die Frau neben mir an. „Du, ich weiß gar nicht, wie du heißt."

„Ich weiß auch nicht, wie du heißt", sagte die andere Frau lachend. „Für gute Gespräche ist das aber auch nicht relevant. Da ist es egal, wie man heißt, wer man ist, wo man herkommt. Da geht es nur um Gedankenaustausch."

„Ja, du hast recht."

„Ich bin Barbara", sagte die Frau.

„Martha", sagte ich.

„Hat mich gefreut, Martha. Danke, dass wir reden durften. Aber jetzt gehe ich mal pennen," sagte Barbara.

Eine Weile blieb ich noch sitzen und hing meinen Gedanken nach. Ich schaute über die Hügel auf eine Baumreihe. Ich genoss die Stille. Auch die andere Gruppe war schon zu Bett gegangen. Jeden Tag wandern und frische Luft atmen, machte einfach müde. Aber gerade wollte und konnte ich noch nicht schlafen gehen.

Das Gespräch mit Barbara ließ mich nicht los. Doch statt weiter zu grübeln, schaute ich mich um. Lauschte. Leichtes Rauschen. Plätschern. Ein Bach.

Ich ging dem Plätschern nach. Ein recht schmales Rinnsal gluckerte durch die Wiese. Ich hockte mich hin und nahm meine Trinkflasche. Tauchte sie unter Wasser und hörte dem gluckernden Geräusch zu, als das Wasser in die Flasche lief. Ich trank und füllte die Flasche noch mal auf. Dieses klare, kalte Wasser war so gut.

Auf einmal formte sich da ein klarer Gedanke in mir.

„Mein Job ist es, dafür zu sorgen, dass sie mit dem, was sie tun, einen sinnvollen Beitrag leisten können. Mit dem Unternehmen leiste ich etwas für Kunden. Und damit auch einen Beitrag zur Gesellschaft."

Ja, das machte Sinn. Ich hatte das Gefühl, eine zweite Nuss geknackt zu haben.

Ich atmete auf.

„Und jetzt will ich darüber echt nicht mehr nachdenken! Sinnsuche Ende!"

Ich ging zurück zur Hütte und legte mich schlafen. Endlich fanden auch meine Gedanken wieder Ruhe.

Kleine Wellen

Am nächsten Morgen bedeckten graue Wolken den Himmel. Mir fiel nun auf, dass es nicht ein einziges Mal geregnet hatte, seit ich hier war. Die Wolken waren hell, daher schien ich wohl weiterhin verschont zu bleiben.

Ich machte mir meinen Kaffee, mein Porridge, packte alles zusammen und zog wieder los. Diesen morgendlichen Rhythmus kannte ich inzwischen, er war mir vertraut. Anders als nach meiner ersten Nacht, wo mir alles wehtat, wachte ich morgens nicht mehr gerädert auf. Ich spürte eher eine neugierige Vorfreude auf den Tag.

„Schön, wenn man sich morgens um nichts anderes kümmern muss. Keine Mails. Keine Nachrichten. Nur schauen, wie lang die nächste Strecke ist – ein einfaches Leben", dachte ich, als ich losmarschierte. Meine Augen streiften Bäume, Häuser, Kühe. Gesprächsfetzen und Erinnerungen wuselten durch meinen Kopf. Wie das Wasser in einem der Bäche plätscherten meine Gedanken munter vor sich hin.

Viele Fragen, die ich gehört hatte, hatten mich bewegt. Und was für Menschen ich getroffen hatte. Wie kam es, dass ich mit diesen fremden Menschen so tiefe Gespräche führen konnte? Ich sie so in mein Inneres schauen ließ? Letztendlich hatte ich nichts zu verlieren. Den meisten würde ich nie wieder begegnen, nur vielleicht noch mal in einer der nächsten Hütten. Einige liefen so wie ich die ganze Strecke, andere so wie Sebastian nur Teile.

Wem würden diese Menschen von mir erzählen? Und was würden sie über mich erzählen? Dass sie so 'ne komische Deutsche getroffen hätten, die ihr Leben nicht im Griff hatte? Vielleicht lästerten sie ja auch über mich ... Oder dachten: „Von einer Unternehmerin hätte ich nicht gedacht, dass sie so wenig weiß, was sie will."

Ich merkte, wie ich ins Grübeln kam. „*Was soll'n die Nachbarn sagen ...*" – auf einmal war er wieder da, der Ohrwurm der Ärzte. Ich seufzte. Ich hatte die gleichen Gedanken wie meine Mutter.

Was war daran schlimm, wenn andere Menschen so über mich dachten? Was veränderte das in meinem Leben? – Nichts. Einfach mal nichts. Die Gedanken anderer Menschen änderten nicht mein Leben. Nur meine eigenen Gedanken konnten das. Nur meine eigenen Taten beeinflussten mein Leben. Hatte mich denn irgendeiner dieser Menschen komisch oder doof behandelt? Nein. Im Gegenteil, alle waren offen, freundlich und interessiert gewesen. Warum also unterstellte ich ihnen dann sowas? Ich schüttelte den Kopf über mich selbst.

Ich erinnerte mich an ein Gespräch mit meiner Coachin zu Beginn meiner Selbstständigkeit. Damals hatten wir darüber gesprochen, dass ich mich vor wichtigen Terminen zu sehr stresste, mir immer ausmalte, was alles schiefgehen könnte. „*Katastrophen-Denken*" hatte sie das genannt.

Ihr Tipp damals war gewesen, mir Dinge gut auszumalen. Beides sei dann ja Fantasie, die schlimmen Szenarien wie die guten. Nur, dass sie unterschiedliche Hormone freisetzen würden und ich entscheiden konnte, ob ich meinen Körper mit Stress- oder mit Glückshormonen fluten wolle. Seitdem übte ich mich im Schön-Ausmalen, es klappte mal besser, mal schlechter.

Wie vielen Menschen war ich nun schon begegnet? Und worüber hatte ich mit ihnen gesprochen? Schuldbewusst fiel mir mein kleines Notizbuch ein. Ich hatte erst einmal etwas reingeschrieben und dabei war schon so viel passiert.

Ich setzte mich auf einen Baumstumpf, kramte es aus meinem Rucksack und schlug es auf.

Ich las den Satz, den ich reingeschrieben hatte: *Ich vertraue. Ich traue zu. Damit ich freier bin.* Ach ja, das war das Gespräch mit Beritt gewesen.

Was könnte ich noch reinschreiben? Ich kaute auf meinem Stift herum. So richtig wusste ich nicht, wie ich anfangen sollte. *„Liebes Tagebuch"* klang dann doch zu albern. Besser fand ich, die Namen der Menschen aufzuschreiben, die ich bisher getroffen hatte. Die lustige Aquavit-Truppe um Beritt: Leif, Kjell und Marit. Sie hatten mich ja mit der ersten Frage konfrontiert, die überhaupt diese Gedankenflut ausgelöst hatte.

Leif: Weg von – hin zu. Hin zu FREIHEIT!

Freiheit schrieb ich fett und groß.

Kjell: Musst du oder willst du?

Was sollte ich dazu schreiben?

Ich dachte an das Gespräch mit Sebastian. Und schrieb:

Ich entscheide. Ich muss nichts. Ich entscheide, was ich will.

Mit Beritt hatte ich ja auch noch über Verantwortung gesprochen. Und darüber, ob es denn schon eine Lösung für eine Aufgabe gab oder nicht. Ich schrieb:

Wenn es keine Lösung gibt, führen viele Wege zum Ziel. Meiner muss nicht der richtige sein.

Und Sebastian?

Ich darf ich sein, schrieb ich auf.

Wie konnte ich das mit der Balance festhalten? Es ging ja um Zeit. Meine Zeit. In der ich nichts musste, in der Raum war für ein

Ich-kann und Ich-will. Mir fiel nichts dazu ein, wie ich das kurz und knapp ausdrücken könnte. Stattdessen zeichnete ich das Bild einer *Wippe*, das würde mich immer daran erinnern.

Gewicht nicht wegnehmen, sondern auf der anderen Seite hinzu-fügen.

So, und jetzt noch Barbara. Wir hatten über Sinn gesprochen. Und dass ich so viel Unsinniges machte. Ich kicherte und schrieb:

Sinn entsteht, wenn kein Bullshit stattfindet.

Ich las alles noch mal durch. Ganz schön viele Erkenntnisse für so eine kurze Zeit.

Ich fühlte mich ein bisschen stolz. Sophia würde sicher auch stolz auf mich sein. Zufrieden packte ich das Büchlein ein und zog weiter.

Der ewig lange *Mjøsa* ging in ein ewig langes Flusstal über. Ich kam in das *Gudbrandsdalen*. Langweilig wurde es nicht. Ich kam immer mehr in Gegenden, die mich beeindruckten, mir imponierten. Es fühlte sich für mich langsam, aber sicher wie das „richtige" Norwegen an. Mal war das Flussbett breiter und hatte kleine Inseln in der Mitte. Mal war es schmaler und reißender. Mal ragte eine steinige Steilwand am anderen Ufer empor, mal war Platz für Wiesen und Höfe. Was immer gleich blieb, waren die Nadelbäume und die Birken. Anderes schien hier nicht gut wachsen zu können. Meine anfängliche Enttäuschung darüber, dass die Natur nicht so krass aussah wie die Bilder im Internet, verschwand. Ich begann, die vielen großen und kleinen Unterschiede wahrzunehmen. Auch merkte ich, wie ich aufmerksamer für Kleinigkeiten wurde … Ein alter Milchkannenunterstand, natürlich aus Holz, an den jemand eine Blumenampel gehängt hatte. Häuser, deren Eingänge mit

Schnitzereien versehen waren. Immer mal wieder hingen Geweihe von Elchen oder Rentieren an Hauswänden, neben oder über den Eingängen.

Auch die Natur selbst geriet viel stärker in meinen Blick. Ich fragte mich, wie die ganzen Blumen hießen, die ich sah. Da waren diese hochgewachsenen Stauden mit den vielen kleinen rosa Blüten, die überall am Wegesrand wuchsen. Kleine gelbe Blumen, die ein bisschen wie Löwenzahn aussahen, aber es nicht waren. Die kleinen weißen Anemonen im Wald konnte ich ganz gut zuordnen. Und die Vögel, die ich sah und hörte. Ich ärgerte mich, dass ich, von den üblichen Stadtvögeln mal abgesehen, kaum Ahnung hatte, was da so rumflog. Es war schon blöd, dass ich nicht wusste, wer da mit mir sprach, wenn ich still auf einer Wiese saß und es zwitschern hörte.

Amsel, Drossel, Fink und Star … und natürlich die frechen Berliner Spatzen. Oder die nervigen Stadttauben, die ich hier bisher noch nicht gesehen hatte. Dann hörten meine Ornithologiekenntnisse auch schon auf.

Wie konnten wir in dieser Welt leben und sie gar nicht kennen? Wie so achtlos sein, unsere direkten Nachbarn in der Natur nicht beim Namen nennen zu können? Wir Menschen sind der Natur so entfremdet. Kein Wunder, dass uns alles immer mehr egal wird. Wenn ich nicht weiß, wie etwas heißt, warum dann drum kümmern?

Um mich herum streckten sich hohe, schlanke Kiefern in den Himmel. Dazwischen versuchten kleine Laubbäumchen irgendwie Platz zu finden. Wieder und wieder sah ich diese Spinnennetzdinger an den Nadelbäumen hängen. „Vielleicht eine Art Flechte?", fragte ich mich. Insgesamt umgab mich ein ruhiges Idyll. Der Geruch von feuchtem Moos, von Kiefern, von Wald war mein ständiger Begleiter. Meine Nase schien sich allerdings inzwischen an ihn gewöhnt zu haben. Ab und zu blieb ich stehen, um bewusst einzuatmen, damit ich den Geruch wieder richtig wahrnahm. Es ging nun ordentlich bergauf … atmen, tief Luft holen!

Vor mir öffnete sich eine Lichtung, und ich blieb verblüfft stehen. Was war das? Eine riesige Skulptur mitten im Wald? Irgendein Insekt musste das sein. Ich ging näher heran. Dieses komische Vieh hatte irgendeine Kiste auf dem Rücken und eine Art Kamera vor den Augen. Was schaute es sich an? Einen riesigen Ameisenhaufen! – War diese Skulptur eine riesige Ameise? Die Kamera hielt sie mit den Kneifzähnen fest, sie schien wohl ihre eigene, viel winzigere Art zu beobachten. Neugierig ging ich näher zu diesem metallischen Gebilde, was so gar nicht in die verwunschene Waldatmosphäre passte. Von der Kiste auf dem Rücken liefen Schläuche zu dem Kopf. Ich war sprachlos. Die Ameise hatte einen Helm auf! Das mussten Atemschläuche sein. Der Helm sah ein bisschen aus wie ein Astronautenhelm. Okay, also eine Riesen-Ameise aus dem All mit Astronautenanzug kommt zur Erde und entdeckt winzige Artgenossen, die sie mit einer Kamera beobachtet oder filmt? Was genau will mir der Künstler damit sagen? Auf was für Ideen manche Leute kamen.

Sollten wir uns ab und zu selbst beobachten? Uns nicht so groß fühlen, obwohl wir doch eigentlich im Vergleich zum Universum so klein sind? Uns aber für die Größten hielten? Mal innehalten, beobachten und reflektieren, statt sofort in blinden Aktionismus zu verfallen?

Bei meinen täglichen Picknickpausen saß ich manchmal nur da und schaute, schaute, schaute und beobachtete dieses trubelige Leben um mich herum: Ameisen und Käfer, die eifrig beschäftigt hin und her wuselten. Bienen und Hummeln, die brummend von Blume zu Blume flogen. Fliegen, die um mich rumschwirrten oder das Salz von meiner Haut lecken wollten. Oder von meinem Essen naschten.

Da war so viel Leben im Kleinen. So viel zu sehen und zu entdecken.

Wie konnte es langweilig sein, draußen zu sein?

Wie konnte es sein, dass es spannender war, das Handy in der Hand zu halten, um Bilder oder Filmchen von unbekannten Menschen anzuschauen, wenn direkt vor der eigenen Nase das wirkliche, das echte Leben stattfand?

Meinte der Künstler das damit?

Ich merkte, wie ich hier in dieser Natur immer mehr zur Ruhe kam. Wie wenig es mich interessierte, was draußen in der großen weiten Welt geschah. Wie sehr ich im Hier und Jetzt weilte. Und wie wenig ich mein altes Leben vermisste. Ich fühlte mich sorgenfrei. Leicht.

Mir fiel eine buddhistische Weisheit ein: Wenn du ein Problem hast, und du kannst es lösen, warum machst du dir Sorgen? Und wenn du es nicht lösen kannst, und du weißt das auch, warum machst du dir Sorgen? So in etwa ging sie.

Ja, zu Hause machte ich mir immer viele Gedanken, viele Sorgen. Drehte und wälzte alles Mögliche in meinem Kopf. Malte mir aus, was passieren könnte, ohne zu wissen, ob es jemals passieren würde. *Katastrophendenken.* So erschreckend, wie das Wort war, so zutreffend war es.

Einfach dasitzen und Ameisen beobachten. Mit einem Stöckchen Hindernisse bauen und beobachten, wie die Ameisen damit umgingen. Manchmal war ich tief versunken wie ein kleines Kind und genoss es vermutlich in ähnlicher Weise. Statt mit elterlicher Eile Kinder in ihrem staunenden Schauen zu unterbrechen, sollten sie vielleicht lieber selbst ab und zu innehalten. Es würde ihnen sicher guttun, sich einfach mal hinzusetzen und mitzuschauen. Allen Menschen würde das guttun. *Schnell, schnell, wir müssen weiter. Höher, schneller, weiter* bedeutet, sich immer gehetzt fühlen, statt innehalten und genießen.

Ich genoss, dass ich innehalten konnte. Und ich merkte, was dies in mir und mit mir machte. Mir war inzwischen sehr klar, was mein „*Weg-von*" war.

Vielleicht brauchte ich wie dieser Ameisen-Astronaut regelmäßige Momente des Innehaltens, Verschnaufens, Schauens. Beobachten und reflektieren – das war auf jeden Fall in den letzten Jahren zu kurz gekommen, in denen ich in dem Rad des Schneller-Weiter-Höher strampelte. Ohne zu merken, dass es ja gar kein Höher gab, sondern nur ein Im-Kreis-Laufen war. Keine Richtung, kein Ziel, nur immer im Kreis abhetzen. Ich kam mir ganz schön bescheuert vor, dass mir das nicht früher aufgefallen war.

Ich ging um den Ameisen-Astronauten herum. Strich ihm nachdenklich über den Körper, die Beine. Spürte die Kühle seines grau-blau schimmernden, metallischen Körpers.

Ob er in seinem Innehalten und Beobachten auch diese Gedanken hatte? Ob er auch aus einer Welt der Hektik kam?

Oder wunderte er sich über die Hektik der kleinen Ameisenbrüder und -schwestern und dachte sich: Warum kommen die einfach nicht zur Ruhe?

Emsig sein. Wie Ameisen oder Bienen. Fleißig sein. Ohne Fleiß, kein Preis. – Ja, das hatte mich mein Leben lang begleitet und es mir in vielen Teilen vermiest. Mich selbst an den Rand der Erschöpfung gebracht und fast darüber hinaus.

Gab es nicht noch etwas anderes?

Was war eigentlich wirklich wichtig im Leben?

Und wenn wir schon erfolgreich sein wollten, konnten wir nicht erfolgreich sein, ohne abgehetzt zu sein? Was war es in uns, das uns immer antrieb, noch mehr und noch mehr und noch mehr zu tun, zu geben, zu machen – nur nicht uns selbst? Warum nahmen wir uns selbst nicht ernster? Nicht wichtiger?

Ich setzte mich auf einen Baumstumpf, nahm den Rucksack ab. Da ich etwas Hunger hatte und Zeit zum Essen war, nahm ich meine Lunchbox raus. Das Leben war schon ein Sonderbares. Da musste erst eine Freundin kommen, mir die Hölle heiß machen, ich mir nichts, dir nichts Reißaus nehmen, in diesem Land in der Natur landen, um mir solche Gedanken zu machen. Gedanken, die ich nie verlieren wollte. Ich wollte mich immer daran erinnern. Ans Innehalten und Reflektieren. Mich selbst beobachten. Vielleicht schaute diese Astronauten-Ameise ja innerlich auch in einen Spiegel. Wie konnte ich mir das bewahren?

Ich dachte an meinen Stein und holte ihn heraus. *Freiheit.* Sofort war der Gedanke da. Ich schaute mich um und sah einen kleinen Kiefernzapfen. Na bitte! Der würde mich immer an die norwegischen Wälder erinnern. Und an diese Lichtung, diese Astronauten-Ameise. Ich roch an ihm. Ja, so roch Wald. Bitter-würzig-frisch. So roch Innehalten.

Ich betrachtete den Kiefernzapfen zusammen mit dem Stein in meiner Hand. Ich wusste, dass ich solche Erinnerungen, solche Anker brauchte, wenn ich zurück in mein altes Leben kehrte. Wenn der Strudel wieder anfing, mich herunterzuziehen, wenn das Hamsterrad wieder schneller wurde, dann brauchte ich den Stein und den Kiefernzapfen.

Freiheit. Innehalten.

Ich umschloss sie mit meinen Händen, steckte sie zusammen in meine Jackentasche und schwang den Rucksack wieder auf meinen

Rücken. Der Astronauten-Ameise klopfte ich noch mal auf ihr Hinterteil: Danke, du!

Stunden später kam ich endlich an meiner Unterkunft in *Ringebu* an. Ich setzte mich auf ein freies Bett und zog meine Schuhe aus. Ein Stöhnen entwich mir. Die letzte Etappe war echt hart gewesen. Nicht, weil es steil bergauf ging; richtig steil war bisher nichts gewesen. Aber die Etappe war viel länger gewesen als die bisher üblichen. Meine Füße brannten, aber zum Glück hatte ich immer noch keine Blasen. Heute spürte ich meine Schultern und meinen Rücken etwas, ich fühlte mich merklich steif an.

Die Aussicht von meiner Unterkunft belohnte mich aber: Ich schaute auf eine *Stabkirche*. Das war mal was ganz anderes!

Ich packte schnell das Nötigste aus, hängte mein verschwitztes Shirt zum Trocknen über einen Stuhl und ging in Flipflops zu der Kirche. So eine Kirche hatte ich noch nie gesehen. Die anderen Holzkirchen bisher waren meistens weiß getüncht. Diese war braun – ein komisches Dunkel-und-dennoch-golden-glänzendes-changierendes-Braun-und-ein-bisschen-Schwarz-dazwischen-auch-noch-Mischmasch. Der Turm dagegen war knallrot, so rot wie die norwegischen Holzhäuser.

Als ich näher kam, schnupperte ich. Ein intensiver, fast schon strenger Geruch schlug mir entgegen. Es roch ein bisschen nach Straßenarbeit … nach Teer! Je näher ich kam, desto intensiver wurde der Geruch. Ich fasste das Holz an. War das wirklich geteert? Ich rieb meine Finger über das Holz und roch. Ja, das musste wirklich geteert sein. Die dunkle Farbe des Holzes musste auch daher kommen.

Aber warum Teer? Das brannte doch.

Irgendeinen Grund musste es ja geben. War das Holz dadurch länger haltbar? Konnte es so besser den harten Wintern standhalten? Diente es der Konservierung? Ich konnte es nur vermuten.

Da die Kirche geschlossen war, konnte ich sie nur umrunden. Der Bau war seltsam anders als bei den Kirchen, die ich sonst kannte. Der knallrote Turm bildete mit den vier von ihm abgehenden Seiten den Mittelpunkt eines Kreuzes. Alle vier Seiten hatten Giebeldächer. Auf den Giebelspitzen war irgendeine Holzverzierung, die ich von unten nicht gut erkennen konnte. Die Fenster waren rot lackiert.

Ich hatte gelesen, dass diese Stabkirchen irgendwann im Mittelalter entstanden waren und es nur noch wenige gab. Sie hießen so, weil sie rund um ein paar zentrale Stäbe konstruiert waren. Das muss eine ganz eigene Bautechnik gewesen sein. Vermutlich war deswegen der Turm auch in der Mitte. Wobei sich der Eingang an einer Seite befand und nicht vorne wie bei normalen Kirchen. Was das wohl für einen Grund hatte?

Ich umrundete diesen außergewöhnlichen Bau mehrfach. Die roten Fenster erinnerten an ganz normale norwegische Häuser. Sie waren nicht wie gotische oder romanische Fenster spitz oder rund, sondern ganz normal rechtwinklig. Viele gab es davon aber nicht, nur an den Seiten, und sie waren auch recht klein. Als diese Kirchen gebaut wurden, tobte zum Teil noch der Kampf der Heiden gegen die Christen.

War der Bau vielleicht eine Art Kompromiss gewesen? In dem Versuch, das Alte mit dem Neuen zu verbinden? Ich hatte mal irgendwo gelesen, dass es an diesen alten Kirchen auch noch heidnische Symbolik und Ornamentik gab. War vielleicht auch das Pilgerzeichen, das Kreuz mit diesem Knoten drumherum, eine Verschmelzung alter und neuer Kulturen? Wikinger und Christen? Es wurmte mich nun etwas, dass ich so wenig wusste über Norwegen und seine Geschichte. Ich lief hier einfach durch, genoss die Natur und hatte so gar keine Ahnung.

Um die Kirche herum zog sich ein Friedhof. Wie sonst auch mit freistehenden Steinen, mit und ohne Blumen. Namen, die mir bisher noch nicht begegnet waren, und andere, die ich mittlerweile schon öfter gelesen hatte. Diese alte, seltsam anmutende Kirche, die kreuz und quer verteilten Grabsteine – ich fühlte mich in eine andere Zeit versetzt. In eine Zeit vor meiner Zeit. Ob dieser Olav hier wohl wirklich entlanggeritten war? Eine eigentümliche, andächtige Stille ging von diesem Ort aus, die sich auch in mir breitmachte. Trotz schmerzendem Rücken, trotz brennender Füße begann ich, mich in mir selbst wohlig zu fühlen.

Gerne hätte ich mich auf eine Bank gesetzt und noch ein bisschen diese Atmosphäre genossen, aber ich hatte Hunger. Als ich mich meiner Unterkunft näherte, hörte ich das Gezupfe einer Gitarre. „Hippies gibt es echt überall", seufzte ich. Es klang etwas blechern und nicht wirklich nach Gitarre. Jemand hatte ein Lagerfeuer gemacht, was mit Blick auf die hellen Nächte irgendwie witzlos war, aber trotzdem gemütlich aussah.

Am Feuer saß ein blonder Wuschelkopf und hielt eine Mini-Gitarre zwischen seinen Händen. Ich setzte mich ihm gegenüber ans Feuer und lächelte ihn an. Mein Hunger war erstaunlicherweise verschwunden, meine Neugier war nun wohl größer. „Das ist die kleinste Gitarre, die ich je gesehen habe", meinte ich.

„Ist ja auch keine ... das ist eine Ukulele."

Aha, wieder was gelernt.

Ich schwieg, hörte und schaute ihm zu. Er übte an einem Song, blieb mehrmals an einer Stelle hängen. „Ich hätte das Ding schon längst ins Feuer geschmissen," dachte ich. Er wiederholte die Stelle noch mal und noch mal und noch mal und fing dann noch mal von vorne an … Ich merkte, wie ich begann mitzufiebern, drückte ihm die Daumen und dachte, „Come on, jetzt schaffst du es", und ja, als die schwierige Stelle kam, schaffte er es, ohne sich zu verspielen. Er legte die Ukulele weg, streckte sich etwas und schüttelte die Handgelenke. Ich klatschte leicht und meinte: „Wow, deine Geduld hätte ich gerne."

Er grinste und meinte, „Schon okay, ich bin Surfer", und hielt mir die Ukulele hin. „Willst du mal probieren?"

Prompt dachte ich an meinen verzweifelten Versuch mit der Querflöte.

„Nee, lass mal", meinte ich.

„Na, komm, probier mal. Ich seh doch, dass du sie mal halten willst", sagte der Wuschelkopf lachend. „Sie beißt nicht."

Ich seufzte innerlich. Sollte ich mich jetzt wirklich blamieren?

Was hatte Sebastian noch gleich gesagt? Dass ich vielleicht zu viele Ambitionen hatte? Dass es doch primär um Spaß ging? Immerhin hatte ich so was noch nie gemacht – was erwartete ich eigentlich von mir? Sei mal locker …

„Ok, gib her."

Ich nahm die Mini-Gitarre in die Hand. Der Wuschelkopf kam zu mir rüber und zeigte mir, wie man sie hielt und wo ich meine Finger hinlegen sollte. „Und jetzt fährst du mit deinem Daumen runter und wieder hoch über die Seiten. Bleib locker im Handgelenk … Je steifer du im Handgelenk bist, desto steifer hört es sich an. Je lockerer, desto cooler … Konzentriere dich auf den Sound, nicht auf dein Handgelenk … Cool soll es klingen."

Ich schloss die Augen und fuhr mit den Fingern über die Saiten. *Ratsch-ratsch-ratsch.* Ich versuchte, noch lockerer im Handgelenk zu sein, und merkte, wie sich der Klang veränderte. Ich fokussierte mich komplett auf den Klang, der dann leichter wurde. Cooler wurde. Ich versuchte, noch lockerer zu werden. Und auf einmal klang es echt ... cool. Ich öffnete die Augen und strahlte „Wow. Wirklich cool! Kannst du mir das ganze Lied beibringen, das du eben gespielt hast?"

Der Wuschelkopf lachte schallend. „Nein, du musst erst mal ein paar Fingerübungen machen und an deiner Handhaltung üben." Er sah meinen frustrierten Blick. Da war sie wieder, meine Ambition. Er schlug mir grinsend auf die Schulter. „Ey, relax! Surfen lernt man auch in kleinen Wellen."

Ich sah ihn fragend an.

„Kennst du diese riesigen Wellen in Portugal, in Nazaré? Im Winter werden die locker 30 Meter hoch und nur richtige Big-Wave-Surfer lassen sich da mit Jetskis reinziehen."

Ich nickte, ja, ich hatte mal eine Doku darüber gesehen, mit einem deutschen Surfer sogar.

„Würdest du mit mir da rausgehen und surfen lernen wollen? Am ersten Tag?"

Ich lachte schallend. „Quatsch, ich bin doch nicht irre!"

„Siehst du, surfen lernt man auch in kleinen Wellen. Viele verwechseln Wissen mit Können. Du kannst dir Filme und Tutorials anschauen und dann weißt du, wie die Bewegungsabläufe sind. Das heißt aber nicht, dass du es kannst. Damit aus Wissen Können wird, muss man es tun, und zwar oft. Deswegen fängt man beim Surfen mit einfachen Balanceübungen an. Und du musst es halt noch mal und noch mal und noch mal versuchen, egal wie oft du vom Brett fällst. Aber wenn du dann das erste Mal stehst, ist das mega. Und dann wirst du süchtig. Dann bleibst du dran, egal wie anstrengend es ist. Bis man aber so cool eine Welle surfen kann, wie du es von YouTube kennst, können Jahre vergehen. Da musst du dranbleiben und brauchst echt viel Geduld. Das Wichtigste ist aber: Du musst es wirklich wollen. Du musst besser werden wollen. Dann kannst du dir den nächsten Schritt vornehmen, den du übst und übst und übst. Bis du ihn kannst. Und das ist dann schon ein echt geiles Gefühl", und dabei grinste er breit und seine Augen strahlten.

Ich hatte seinen Gesichtsausdruck beobachtet, der immer träumerischer geworden war, und konnte seinen Bildern vom Strand und den Wellen folgen. Fast schon hatte ich Salzgeruch in der Nase. Etwas in mir kribbelte. Ja, das würde ich auch gerne lernen wollen.

Ich sah auf die Ukulele in meiner Hand. „Und deswegen hast du diese Geduld beim Üben hier?", meinte ich versonnen.

„Ja", sagte er. „Das Surfen ist für mich eine Grundlage für vieles. Mein Leben hat sich sehr verändert, seit ich das erste Mal auf einem Brett stand. Aber eigentlich nur, weil ich meine innere Haltung so verändert habe. Ich bin gelassener, ruhiger, geduldiger geworden. Und hab Demut gelernt. Das hat sich auf mein ganzes Leben ausgewirkt."

„Und was machst du dann hier in den Bergen? Warum bist du nicht am Meer und surfst?"

„Meine Ohren brauchen eine Pause. Wenn man viel im kalten Wasser ist, können die sich schwer entzünden, und bevor ich nie wieder ins Wasser darf, muss ich halt was anderes machen, bis sie ausgeheilt sind."

Ich nahm die Ukulele wieder in die Hand. „Und was ist die kleinste Welle, die du mir heute Nacht noch beibringen kannst?", fragte ich.

Er grinste und spielte mir ein kleines Lied vor.

„Wenn du dranbleibst, schaffst du das bis Mitternacht."

Uff. Bis Mitternacht.

Ich fing an zu üben, während der Wuschelkopf in das Haus ging. Ich übte und übte. Zwischendurch kam er zu mir raus und korrigierte meine Handstellung, zeigte mir, wie ich die Finger noch besser legen konnte. Ich merkte, wie ich es schaffen, wirklich schaffen wollte. Irgendetwas in mir wollte nicht aufgeben. Ich merkte auch, wie ich tatsächlich besser wurde. Ich schloss die Augen und versank. Irgendwann gab es nur noch mich und die Töne.

Ich zuckte zusammen, weil jemand eine Hand auf meine Schulter legte. „Na, Hunger?" Ich schaute auf. Vor mir stand der Wuschelkopf und ich merkte erst jetzt, dass ich seinen Namen gar nicht kannte. Er reichte mir einen Teller Nudeln. Stimmt, ich hatte ja eigentlich Hunger. Ich legte die Ukulele weg und aß schnell den Teller leer. Der Wuschelkopf war so nett und spülte für mich mit, sodass ich weiterüben konnte.

Irgendwann fing mein Handgelenk an zu krampfen, meine Finger taten weh. Es reichte. So ganz hatte ich die Melodie nicht geschafft, aber ich war nah dran. Und es hatte Spaß gemacht. Das war mir im Moment das Wichtigste. Ob es schon Mitternacht war, wusste ich nicht – es war ja hell. Ich gab die Ukulele zurück an den Surfer und meinte: „Reicht für heute. Nächstes Mal gibt's größere Wellen." Der Wuschelkopf grinste, nickte und hob seinen Daumen.

Wir saßen noch lange am Feuer. Der Wuschelkopf spielte weiter auf der Ukulele. Inzwischen waren mehr Leute dazugekommen, die sich zu uns gesellten, schwiegen, zuhörten und wie ich die Flammen beobachteten. Lagerfeuer in einer hellen Nacht kann auch gemütlich sein.

Beim Kaffee am nächsten Morgen meinte ich zu Wuschelkopf: „Wenn du mich gestern nicht gestoppt hättest, wäre ich vermutlich verhungert. Ich habe komplett alles um mich herum vergessen."

„Dann warst du wohl im Flow."

Ja, da hatte er wohl recht. So versunken war ich, dass ich komplett Raum und Zeit vergessen hatte. Es war nicht wie das verkrampfte Lernen-Müssen für die Schule, sondern das Lernen und Besser-werden-Wollen aus dem Inneren heraus. Ich nickte. Ja, ich war gestern richtig entspannt gewesen – trotz der langen Wanderung. Ein bisschen erinnerte mich das auch an das Innehalten bei der Astronauten-Ameise. Statt nur zu reflektieren, könnte man sich ja auch mit etwas beschäftigen, in das man versinkt. Nicht in Arbeit natürlich, sondern in … ein Hobby. Vielleicht sollte ich mir eine Ukulele kaufen als erste Hobby-Idee?

Wuschelkopf goss sich noch einen Kaffee ein.

„Weißt du, Menschen wollen besser werden in dem, was sie gerne tun. Das liegt in uns. Deswegen haben viele Menschen Hobbys, weil sie das im Beruf nicht ausleben können. Viele müssen im Job Sachen machen, die sie blöd oder langweilig finden. Oder sogar bescheuert. Und dann bekommen sie auch keine Rückmeldungen dazu. Kaum jemand sagt ihnen, wie sie sich verbessern können. Nur wenn was schiefgeht, wird gemeckert. Aber vorher muss es halt einfach laufen. Mich nervt so was auch."

Ich schwieg und dachte an mein Team. „Na ja, wenn ich mit meinem Team über so was spreche, empfinde ich die eher bockig als offen", meinte ich. „Ich versuche ihnen zu erklären, was sie falsch machen, aber so richtig ankommen tut es nicht und eine Verbesserung sehe ich auch nicht. Da kommt dann nur ein ‚Konnte nicht', ‚Ging halt nicht' und so ein Blabla."

„Vielleicht solltest du ihnen nicht sagen, was sie falsch machen, sondern wie sie es noch besser machen können? Erinnerst du dich an gestern? Ich habe dir nicht gesagt, was du falsch machst, sondern wie du es noch besser machen kannst und wie es am Ende klingen soll. Worauf hast du dich fokussiert?"

Ich dachte nach. Und dann daran, wie ich versunken war in die Töne, in den Klang. Wie ich gelauscht hatte, ob sich da was verändert. Wie ich immer und immer wieder probierte, und noch mal probierte, lockerer zu werden, nur um diesen Klang noch cooler klingen zu lassen.

„Auf den Klang."

„Siehst du! Du hast dich auf das Ergebnis fokussiert. Auf den Klang, nicht auf dein Handgelenk. Du hast selbst bemerkt, wie sich der Klang verändert. Und instinktiv bist du im Handgelenk lockerer geworden. Hätte ich neben dir gesessen und immer wieder „lockerer, noch lockerer" gesagt, hättest du vermutlich die Ukulele auf meinem Kopf zerschmettert."

Ich grinste. „Stimmt." Da war was dran.

Ich dachte an meinen Musikunterricht mit der Querflöte. Da hieß es immer nur: *„Nein, du musst die Lippen mehr spitzen"*, *„Halt die Finger gerader über den Löchern"*, *„Hättest du mehr geübt, würdest du das jetzt auch können"*, *„Schau mal, die Natalie kann das schon."* – Wie blöd ich mich da gefühlt hatte. Gedemütigt. Nur konnte ich dieses Gefühl damals nicht in Worte fassen. Scham. Frust. Wut. – Was wäre passiert, wenn mein Musiklehrer anders mit mir umgegangen wäre? Wäre ich dann heute berühmte Querflötistin?

Vermutlich nicht. Aber vermutlich hätte ich nicht das Gefühl gehabt, unfähig zu sein. Unfähig, etwas zu lernen. Unfähig, an etwas dranzubleiben. – Und dieses Gefühl zog sich durch mein ganzes Leben.

Und weil ich nicht unfähig erscheinen wollte, wollte ich vieles beweisen. Beweisen, dass ich es konnte. Trotzig und stur. Musste ich wirklich immer etwas beweisen? Und wem überhaupt? Mir? Meiner Mutter? Dem Musiklehrer?

Musst du oder willst du? – Die Frage von Kjell kam mir wieder in den Sinn. *Oder kannst du einfach nicht anders?* – Kam das von außen oder war das eher mein eigenes inneres Gefühl?

Wie wäre mein Leben wohl verlaufen, wenn ich nicht dauernd diesen inneren Druck gehabt hätte? Ich schüttelte die Gedanken ab und schaute den Wuschelkopf an. „Und wie soll ich dann mit meinen Leuten sprechen, wenn sie was falsch machen? Wenn ich nicht sagen soll, dass sie was falsch gemacht haben?"

„Es geht um ein Wort: noch."

„Noch?"

„Ja, wie sie *noch* besser werden können. Sie machen ihren Job doch schon gut, sonst hättest du sie ja nicht eingestellt. Sie machen doch nicht alles falsch. Selbst wenn sie etwas falsch machen, ist ein Teil davon gut und richtig. Was du ansprechen möchtest, ist die innere Motivation, besser werden zu wollen. Noch besser. Und noch besser. Menschen wollen besser werden, in dem, was sie tun – das steckt in uns drin. Es ist nicht die Möhre vor der Nase in Form von mehr Kohle, die uns antreibt. Es geht um Freiraum, Selbstbestimmtheit, Sinn und auch Besser-Werden. Betrachte es mal sportlich, wie beim Training. Wenn mir jemand beim Surfen sagt, dass ich die Welle noch besser nehmen kann, wenn ich meine Fußstellung verändere, was glaubst du, wie oft ich das üben werde. Weil ich die Welle ja besser nehmen *will*."

„Und du meinst, meine Mitarbeitenden wollen auch besser werden? Manchmal zweifle ich da ja dran."

Wuschelkopf lachte. „Klar! Alle Menschen sind per se motiviert. Es sind die Unternehmen, die Strukturen, die demotivieren. Denk doch an erste Arbeitstage, da sind die Menschen Feuer und Flamme, wollen alles geben und zeigen, was sie draufhaben. Wenn das nach zwei Wochen weg ist, weißt du, dass da etwas schiefläuft. Und es liegt nicht am Menschen. Zu oft wollen Chefs dann „den Menschen reparieren", statt bei sich im System zu schauen, was da schiefläuft."

Der Surfer sprach immer aufgeregter. „Weißt du, mein Verhalten ist doch abhängig von der Umgebung, in der ich mich befinde.

Da gibt es Spielregeln, bewusste und unbewusste. Wenn ich zu einer Bank gehe und um einen Kredit bitte, verhalte ich mich doch anders, als wenn ich mit meinen Kumpels Bier trinke. Wenn ich Monopoly spiele, freue ich mich, wenn ich meinen Kumpels die Kohle abziehen kann. Aber wenn sie mich im echten Leben um Geld bitten, leihe ich ihnen natürlich was. Und in der Oper verhalte ich mich auch anders als bei einem Fußballspiel. So ist es auch in Büros. Die Menschen verhalten sich so, wie es die Spielregeln wollen. Du musst die Spielregeln ändern, nicht die Menschen!"

Ich schwieg. Und fühlte mich angesprochen. Auch ich hatte oft gedacht, dass ich einfach die falschen Menschen eingestellt hatte. Aber vielleicht hatte ich das gar nicht. Vielleicht hatte ich falsche Spielregeln geschaffen.

Aber wie? Und welche? Schweigend trank ich meinen Kaffee.

Vielleicht waren meine Mitarbeitenden genauso wenig falsch wie ich damals im Querflötenunterricht. Vielleicht war ich wie dieser Musiklehrer, der einfach nicht die richtigen Worte fand.

„Eigentlich bin ich ja nicht hergekommen, um mich dauernd infrage zu stellen", dachte ich. Ich wurde immer frustrierter. „Mache ich eigentlich alles falsch?", fragte ich mich selbst. Was machte ich überhaupt richtig? Warum wussten die Menschen, die ich traf, immer solche Sachen? Nur ich nicht? Ich kam mir irgendwie richtig dumm vor.

Ich war hergekommen, um mich zu erholen. Um abzuschalten. Um rauszukommen. Nicht, um die ganze Zeit nachzudenken und mich zu fragen, was ich alles falsch machte.

„Warum seufzt du?", fragte Wuschelkopf.

„Oh, Entschuldigung. Ich habe nicht gemerkt, dass ich das mache. Weißt du, ich dachte, ich komme her, wandere ein bisschen, erhole mich, finde Abstand, denk mal über was anderes nach als über meine Firma und komme mit frischer Energie zurück. Und stattdessen …"

Meine Augen füllten sich mit Tränen. Himmel, was war nur mit mir los. Musste ich mein ganzes Seelenleben sofort vor Fremden ausbreiten? Was ging diesen Surfer das an?

Wuschelkopf sah mich an. Ruhig. Und wartete. Sagte nichts.

„Stattdessen stelle ich mich komplett infrage. Stattdessen stelle ich mein ganzes Leben infrage. Was ich mache, wie ich es mache. Und komme mir vor wie der letzte Anfänger. Der letzte Idiot. Totale Loserin!"

Die Worte kamen heftiger aus mir heraus, als mir lieb war. Lauter, als mir lieb war. Frustrierter, als mir lieb war. Mit mehr Wasser in den Augen, mit mehr Zittern in der Stimme, als mir lieb war.

Der Surfer nickte. „Ja, ich kann mir vorstellen, dass das nicht einfach ist. Du willst wandern, von allem Abstand haben. Stattdessen kommst du dir näher, als du dir je warst."

Er stand auf und nahm seinen Rucksack. „Es fühlt sich fremd an, sich selbst näherzukommen. Sich selbst kennenzulernen. Sich mit sich anzufreunden. Aber es lohnt sich."

Er klopfte mir auf den Rücken. „Wir sehen uns in Nazaré?"

Ich lachte und fuhr mir mit den Händen durchs Gesicht. „Ja. Wenn ich das mit den kleinen Wellen durch hab, komme ich." Ich zwinkerte ihm zu und sah ihm nach, wie er aus dem Haus ging.

Ich blieb noch ein bisschen sitzen und trank den Kaffee aus. Ich wusste immer noch nicht, wie er hieß. Aber das war ja auch eigentlich egal.

Ich bewegte meine Zehen, kreiste meine Füße. Ganz schön mitgenommen, die armen Dinger. Aber sie hielten tapfer durch.

Ich spülte meine Sachen, packte den Rucksack.

Weiter ging's.

„Fokussier dich auf den Klang." – Ja, das Ukulele-Spielen hatte wirklich gut geklappt. Ich wusste, wie sich das Lied anhören sollte und konnte so immer wieder abgleichen, ob es richtig war. Weil ich das Ergebnis kannte. Weil ich wusste, wie es klingen sollte – weil der Wuschelkopf mir das vorher vorgespielt hatte.

So verhielt es sich leider nicht immer in meinem Leben. Oft musste ich Sachen machen, von denen ich keine Ahnung hatte. Bei denen ich nicht wusste, wie das Ergebnis aussehen sollte. Wo niemand vorher sagte: „Guck mal, so muss es sein und jetzt schau mal, wie du es genau so hinbekommst." Da musste ich einfach ausprobieren und schauen, ob es funktionierte. Oder was davon funktionierte und was nicht – und dann anpassen. Noch mal und noch mal und noch mal. – Das konnte man weder lernen noch üben. Da brauchte man wohl eine ähnliche Geduld wie bei der Ukulele. Die Geduld eines Surfers. Nur, dass es eben keine Melodie gab, an der man sich orientieren konnte, sondern diese erst beim Spielen entstand.

„Ich hab ganz schön viel falsch gemacht," dachte ich bei mir. „Aber so richtig hab ich ja auch noch nie darüber nachgedacht."

Auf einmal war ich sehr dankbar, dass ich hier unterwegs war. Dass ich mir diese Auszeit genommen hatte. Dass meine Freundin mich so auf den Topf gesetzt hatte. Und dass ich hier bereits so vielen tollen Menschen begegnet war.

„Danke", sagte ich laut. Und fühlte mich leichter. Und freier.

Ich fühlte mich weit weg. Weit weg von allen und allem. Und es fühlte sich gut an, verdammt gut.

„Stattdessen kommst du dir näher, als du dir je warst." – Auf einmal trat dieser Satz vom Wuschelkopf in meine Gedanken. Ja, eigentlich wollte ich ja nur weg, und jetzt beschäftigte ich mich die ganze Zeit mit mir selbst.

Ich wollte mich auch zu Hause wieder leichter und freier fühlen. Wieder Spaß am Leben haben. Was aber eigentlich gar nicht mein

Plan war, dass ich mich die ganze Zeit mit diesen Gedanken beschäftigte. *Sinnsuche.* Da hätte ich ja direkt den Jakobsweg gehen können.

Ich merkte, wie plötzlich all die Leichtigkeit und Dankbarkeit aus mir rausfloss. Auf einmal war ich nur noch genervt. Von mir. Von den ganzen Fragen. Von den ganzen schlauen Sprüchen. Musste es überall Sinnsucher geben, die andere Unschuldige mit ihren dauernden Fragen nervten?

Ich merkte, wie ich immer wütender wurde. Auf meine Freundin, die mir das eingebrockt hatte. Die mich so lange bequatscht hatte, bis ich weich wurde.

Weg war meine Dankbarkeit von eben. Stattdessen nur noch Wut.

Ja, klar hatte ich zu viel gearbeitet. Aber das hieß doch nicht, dass ich mich mit diesem Sinn-Quatsch beschäftigen musste. Pause, wandern, Energie tanken. Mehr wollte ich doch nicht!

Wütend trat ich gegen einen Stein. Das tat gut.

Ich trat gegen den nächsten. Tat auch gut.

Ich entdeckte einen bemoosten Baumstumpf. „Okay, der muss jetzt dran glauben!", sagte ich mir. Und trat. Und trat. Und trat. Bis ich merkte, dass mir die Tränen runterliefen.

Ich holte mit meinem Bein aus, holte tief Luft und trat so fest, wie ich konnte. Der morsche Baumstumpf zerbarst. Keuchend schaute ich auf den Baumstumpf. Keuchte. Schniefte. Wischte mir mit dem Handrücken über die Nase. Zog sie hoch. Atmete aus. Das hatte gutgetan.

Ich bückte mich und schaute auf die Zerstörung, die ich angerichtet hatte. Ein paar Käfer liefen aufgeregt hin und her. „Denen hab ich wohl ihr Zuhause kaputt gemacht." Schuldgefühle kamen in mir auf. „Immer muss ich was kaputt machen!"

Wieder stieg die Wut in mir hoch. „Nein, nicht noch mehr", sagte ich laut zu mir. Und setzte mich neben den Baumstumpf.

Betrachtete ihn. Beobachte die Käfer. Käfer müsste man sein. Die mussten nicht so viel nachdenken. Wuselten einfach nur den ganzen Tag hin und her.

Ich bemerkte, wie ich ruhiger wurde. Ich legte meinen Kopf in meine Hände und fuhr mir durch meine Haare. „Muss ich auch mal dringend waschen! Sinnsucher haben echt fettige Haare!" Und kicherte über mich selbst. Wenn schon Sinn suchen, dann kann ich mir auch fettige Haare erlauben.

Was hatte mich eigentlich so wütend gemacht?

Dieser Satz vom Surfer? Dass ich mir näherkomme? – Er hatte ja recht.

So viel über mich gelernt und herausgefunden wie in diesen wenigen Tagen hatte ich noch nie. Noch nie hatte ich mir solche Fragen gestellt. Mich solchen Fragen gestellt. Und schon lange hatte ich mich nicht so leicht und frei gefühlt. Und so gut mit Menschen unterhalten. So tolle Menschen kennengelernt. Und vor allem so viel Zeit zum Nachdenken gehabt. Kein Wunder, wenn dann eine Frage Kaskaden von neuen Gedanken auslöste.

Vielleicht war ja Angst Auslöser für diesen Wutanfall gewesen. Angst, diese Leichtigkeit zu verlieren. Angst, mich wieder zu verlieren – nachdem ich mir doch gerade näherkam. Und aus lauter Angst zu verlieren, lieber direkt alles selbst kaputt machen. Dann hatte ich wenigstens Kontrolle darüber. Konnte entscheiden.

Konnte ich? Konnte ich in Wut entscheiden?

Nein. Wut schafft keine Kontrolle. Nur unkontrollierte, unreflektierte Zerstörung. Wenn aus Angst nicht Wut werden soll, was dann?

„Dann muss ich's anpacken", dachte ich. „Dann muss ich dafür sorgen, dass es mir nicht verloren geht. Dann muss ich was ändern."

Ich schaute in die Ferne. Erst jetzt bemerkte ich, dass ich durch die Bäume in das Flusstal schauen konnte. Der schlängelte sich durch eine tiefe Ebene und schimmerte mir blau-grün entgegen. Rechts und links erhoben sich steil die bewaldeten Höhen. Magisch!

Dann musste ich was ändern. Nein. Das war falsch. *Musst du – oder willst du?* „Dann *will* ich was ändern." Ich klopfte mir auf die Oberschenkel und stand auf. Energisch. Schaute auf den zerstörten Baumstumpf. Bückte mich und nahm ein kleines Stück Holz.

„Sorry, dass ich dich so zerstört habe." Ich nahm meinen Stein und den Kiefernzapfen aus der Hosentasche und hielt sie zusammen mit dem Holzstück in meiner Hand. Betrachtete sie. *Freiheit, Innehalten und …?*

Veränderung. Ja, ich wollte etwas verändern. Eigentlich alles. Eigentlich mein ganzes Leben. Und mich. Nur wie?

Ich steckte alle drei ein – meine Freiheit, mein Innehalten und meine Veränderung.

Verbundenheit

Die Sonne brach durch die Wolken und färbte den Fluss in ein dunkles Türkis. Ich sah hinab in das Tal. Von hier oben erkannte ich Steine, die für Verwirbelungen und Stromschnellen sorgten. Neben dem Fluss verliefen die Eisenbahn und eine Straße. Auf der anderen Seite sah ich ein paar Gehöfte, bevor es bergauf ging. Seit wann hier wohl Menschen wohnten und lebten? Wie lange der Fluss wohl gebraucht hat, um dieses tiefe Tal zu formen? Ob die Menschen hier wohl auch die Aussicht genossen? Sahen sie diese überhaupt noch? Auf einmal fühlte ich mich überwältigt.

Dem Fluss war es so egal, was die Menschen drumherum fühlten, spürten, erlebten. Egal, ob da jemand gerade einen Angst-Wutausbruch hatte. Er schlängelte sich nur weiter und weiter, hüpfte über Steine, bildete Inseln und rauschte einfach nur herum. Und war vermutlich das Zuhause von zahlreichen Fischen. Die auch munter vor sich hinschwammen und sich nicht scherten, wie es mir ging.

Wer bin ich eigentlich, dass ich mich so wichtig nehme?

Diese Wanderung machte wirklich was mit mir. Ich merkte, dass ich mich immer kleiner, aber gleichzeitig verbundener fühlte. Verbunden mit der Natur. Verbunden mit den anderen Wanderern. Inzwischen fand ich es schön, andere Wanderer zu treffen, mich mit ihnen auszutauschen. Ich genoss die ganzen Gespräche, selbst Smalltalk, genauso wie die Ruhe und Stille dazwischen.

Am späten Nachmittag näherte ich mich der nächsten Unterkunft. Es sollte eine schlichte, kleine Hütte sein, ab vom Schuss. Kein Essen, alles Selbstversorgung. Ein bisschen hoffte ich auf Ruhe, da ich nach den ganzen Gedanken und dem Wutausbruch emotional erschöpft war. Ich wollte einfach nur Ruhe haben und auf keinen Fall weitere, intensive Gespräche. Davon hatte ich erst einmal genug.

Als ich näher kam, sah ich allerdings eine Gruppe von Leuten vor der Hütte, die sich lautstark unterhielten, lachten, gestikulierten.

„Das können keine Norweger sein!", dachte ich. Viel zu laut.

Wann immer ich mit Norwegern sprach, war ich von der Ruhe beeindruckt, die sie ausstrahlten. Vielleicht, weil sie wenig gestikulierten, kaum Körperbewegung beim Sprechen zeigten und dazu auch noch relativ langsam sprachen. Ohne Hektik. Ich hatte mich sogar schon an die langen Pausen zwischendurch gewöhnt. Am Anfang war mir das unangenehm gewesen. Pausen im Gespräch, in denen sie nur „ja, ja" oder „ja da" sagten. Um dann den Faden wieder aufzunehmen. Zumindest hatten sie ein ganz anderes Gesprächsverhalten als diese Gruppe, der ich immer näher kam.

Ich schnappte ein paar Sprachfetzen auf. Italiener. „Na toll, das wird kein ruhiger Abend!"

Ein fröhliches „*Ciao!*" schallte mir entgegen. Ich seufzte.

Die Hütte war winzig und hatte nur eine schmale Kochmöglichkeit. Da konnte ich mich noch nicht einmal zurückziehen. Mist!

Bei mir standen mal wieder Nudeln und Tütensauce auf dem Programm. Schnell, einfach, sattmachend. Ich packte meine Sachen aus. Die Sonne schien noch. Der Geruch von gebratenem Knoblauch stieg mir in die Nase. Die Italiener, es waren sechs, zwei

Männer und vier Frauen, okkupierten bereits die kleine Kochnische. Als ich mit meinem Nudelpaket ankam und fragte, wann sie fertig seien, sagte eine der Frauen: *„Just eat with us, we have enough.“* Auch wenn ich lieber etwas Ruhe genießen wollte: Mich einladen zu lassen, fand ich dann doch nicht so schlecht.

Wir gruppierten uns draußen um einen Holztisch, jeder mit seinem Aluteller. Es schmeckte fantastisch. Meine eigene Tütensauce wäre nicht so lecker gewesen. Eine Rotweinflasche machte die Runde. Einer der Männer hatte einen kleinen Lautsprecher dabei – italienischer Disco-Pop dudelte.

Es passte alles nicht so richtig ins Bild: die italienische Sprache und Musik, Pasta mit Sugo und rundherum die norwegische Landschaft. Aber gemütlich war es. Ich entspannte mich zusehends, vielleicht auch dank des Rotweins. Eine zweite Flasche kreiste. Die Musik wurde lauter. Die Gespräche auch. Das Lachen erst recht. Und eine der Italienerinnen – Isabelle, wie ich inzwischen wusste – fing an zu tanzen. Die anderen klatschten im Rhythmus. Ich wippte mit dem Fuß.

Die dritte Flasche kreiste. „Himmel, was haben die alles mitgeschleppt.“ Ich musste innerlich den Kopf schütteln und grinste. Italiener halt.

Der Wein beschwingte mich. Ich wippte immer mehr zur Musik, unterhielt mich angeregt über dies und das. Die Runde wurde immer ausgelassener, lustiger, lauter. Die Stille der Natur – weg. Auch ich fühlte mich leicht, locker und ausgelassen.

Isabelle tanzte auf mich zu und zog mich hoch. War das schön, mal wieder zu tanzen. Mitten unter dem hellen norwegischen Himmel, der statt Sterne die Sonne zeigte. Ich nahm den Rhythmus in mir auf. Folgte ihm mit geschlossenen Augen. Wiegte mich hin und her, hob und senkte die Arme, drehte mich im Kreis. Ich folgte der Musik und hörte, was sie von mir wollte. Es war schnöder Italo-Pop und trotzdem konnte ich darin versinken. Die Italiener sangen lautstark mit, fielen sich lachend und kreischend in die Arme. Ich verstand kein Wort, kannte die Lieder nicht, aber das war egal. In der hellen Nacht mitten in Norwegen zu italienischer Musik tanzen – das war einfach wirklich verrückt.

Erschöpft und verschwitzt setzte ich mich und beobachtete die anderen. Und genoss den Anblick. Obwohl ich diese Menschen gerade erst kennengelernt hatte, hatte ich das Gefühl, dazuzugehören. Ich fühlte mich integriert.

Als ich am nächsten Morgen aufwachte, spürte ich meinen Kopf. Schwer. Rotwein. Ein schaler Geschmack im Mund. Knoblauch.

Ich schälte mich aus meinem Schlafsack. Im Nachbarbett schnarchte einer der Italiener, Antonio. Ich hatte gar nicht mitbekommen, wie er sich schlafen gelegt hatte. Ich ging raus, die Sonne blendete. Und stach mir direkt in den Kopf. Grappa. Stimmt, den hatte es ja auch noch gegeben.

Ich stöhnte. Und kicherte. Einen Kater hatte ich schon lange nicht mehr gehabt. Ich ging in das winzige Bad und wusch mir mit eiskaltem Wasser das Gesicht. Das tat gut. Aus der kleinen Küche hörte ich ein Klappern. Der Duft von Kaffee kroch mir in die Nase.

Der andere Italiener, Pedro, hantierte mit einer kleinen Espressomaschine und bot mir einen an. Klein, stark, schwarz. Das tat gut. „Danke für den schönen Abend gestern", sagte ich. „Es war lustig!"

Pedro grinste breit. „Ja, dafür sind wir Italiener bekannt. Viele finden uns zu laut. Aber wir mögen es halt in Gesellschaft, mit viel Reden und Lachen."

„ Ihr habt mir das Gefühl gegeben, dazuzugehören. Dieses Gefühl hatte ich lange nicht mehr. Selbst in meiner eigenen Firma nicht."

„Verstehst du dich nicht mit deinen Kollegen?"

„Doch schon. Aber ich gehöre nicht mehr richtig dazu. Nicht zum Team. Bin halt Chefin. Das war am Anfang anders. Inzwischen gehen sie mittags ohne mich essen und abends ohne mich was trinken. Und manchmal, wenn ich in die Kaffeeküche komme, hört ein Gespräch auf. Das fühlt sich echt doof an."

Pedro nickte.

„Ja, ich kenne das. Seit fünf Jahren leite ich auch ein Team. Am Anfang fand ich das noch cool. Es hat Spaß gemacht, wir haben uns super verstanden. Aber dann hatten wir ein Problem mit einem unserer Kunden. Es gab Beschwerden. Und ich musste wirklich unangenehme Gespräche führen. Mit Leuten, mit denen ich eigentlich abends Bier trinken ging. Ab da hat sich alles verändert. Ich hab mitbekommen, wie sie sich über lustige Abende unterhielten, von denen ich nichts wusste. Ich wurde immer seltener gefragt, ob ich mitkommen will."

„Wie bist du damit umgegangen?"

„Am Anfang fand ich das echt schwierig. Ich habe erst so getan, als ob ich das nicht mitbekomme. Dann habe ich mal gefragt. Die Antwort war hart: ‚Pedro, du bist echt cool. Aber du bist jetzt unser Chef. Man will nicht immer den Chef dabeihaben!'"

„Als ob wir nicht auch Menschen sind. Die Freunde brauchen. Und Spaß haben wollen!" – Meine Stimme klang bitter.

„Ja klar. Es hat sich mies angefühlt. Einsam. Ich hab dann mit einem Freund darüber gesprochen. Er meinte, ja so ist das: die Einsamkeit von Führungskräften. Das ist die Kehrseite der schillernden Medaille."

„Manchmal weiß ich gar nicht, ob es noch eine gute Seite gibt", murmelte ich.

Pedro zuckte mit den Schultern. „Es ist ja deine Entscheidung. Du kannst dich ja auch wieder einstellen lassen und deinen Laden schließen."

Ich schwieg. Da war er wieder, dieser Gedanke: hinschmeißen. Neuanfang. Einen normalen Job finden. Nine to five. Pünktlich Feierabend machen. Ein sicheres Gehalt bekommen. Die Wochenenden genießen. Keine Gedanken mehr machen über die nächste Finanzierung. Wieder im Team arbeiten. Und nicht mehr im Urlaub. Dazugehören. – Eigentlich verlockend. Ich seufzte. Denn gleichzeitig fühlte sich das nach Käfig an. Und nicht frei. Blödes Dilemma.

„Und wie gehst du jetzt damit um?", fragte ich Pedro.

„Ich geh zu einer Selbsthilfegruppe."

„Was?" Ich schaute ihn entgeistert an. Wollte der mich verarschen?

Er grinste. „Na ja, wir nennen uns manchmal so. Wir sind alle Führungskräfte und treffen uns regelmäßig, um über unsere Probleme zu sprechen. Über all das, was wir nicht auf der Arbeit mit anderen besprechen können. Wir sind da sehr offen, was wirklich guttut. Und das Beste ist: Wir nerven unsere Partner nicht mehr mit unserer Jammerei über die Arbeit. Du weißt ja, wie wir Männer sind." Er lachte schallend. „Nee, aber im Ernst. Es tut mir und meiner Freundin gut, dass wir nicht dauernd über die Arbeit sprechen. So können wir uns mehr genießen."

Ich musste schlucken und dachte sofort an meine Beziehung zu Frank. Da hatte ich jeden Abend mit ihm die Probleme vom Tag gewälzt. Bis er immer genervter wurde. „Kannst du auch mal über was anderes sprechen als nur über Arbeit? Interessierst du dich eigentlich noch für was anderes?", hörte ich ihn sagen. Ein bisschen mehr Verständnis hatte ich da schon erwartet. Daher: Eine Gruppe von Gleichgesinnten, die auch wirklich interessiert waren und vor allem auch etwas dazu sagen konnten, vielleicht sogar Tipps hatten – klang gar nicht so verkehrt. Aber ob man da wirklich offen war? Es ging doch auch um betriebliche Geheimnisse, persönliche Themen …

„Hm", sagte ich daher zögernd, aber nicht wirklich überzeugt. „Das klingt schon gut. Und hilfreich. Und worüber sprecht ihr dann?"

„Über alles, was uns gerade beschäftigt. Wir reden über das, was in uns vorgeht. Was uns ärgert. Stresst. Wütend macht. Aber auch traurig macht. Und über unsere Einsamkeit."

Ich schwieg. „Das klingt so … geborgen", sagte ich dann.

Pedro nickte. „Ja, so fühlt es sich auch an. Es ist wichtig, sich darüber mit Leuten auszutauschen, die das wirklich nachvollziehen können. Nach außen hin müssen wir ja immer cool sein. Alles aushalten. Zuversicht vermitteln. Aber innen, in einem drin, sieht es ja oft anders aus. Da sind Unruhe und Zweifel."

Innerlich stimmte ich sofort zu. Ja, das Gefühl kannte ich nur zu gut. Sofort grummelte es bei mir im Magen – kann ich das, bin ich gut genug, schaffe ich das … Aber mit anderen darüber reden? Das war ja sehr intim, sehr persönlich. Ich hatte ja schon Schwierigkeiten, mir das selbst einzugestehen. Und dann anderen? Die womöglich viel erfolgreicher waren? Was sollten die denken?

„Wie offen du darüber reden kannst", meinte ich sichtlich beeindruckt.

„Für einen italienischen Mann", ergänzte Pedro und lachte.

Ich zuckte zusammen. Ja, genau das hatte ich eigentlich auch gedacht.

„Ja, an uns klebt dieses Macho-Image. Genauso wie an Vorgesetzten dieses Image klebt, alles aushalten zu können. Aber das ist ja Quatsch! Es wird Zeit, das zu ändern. Es wird Zeit, offen darüber zu sprechen. Ich schätze mal, dass es in Deutschland nicht anders ist, oder?"

Ich wand mich etwas und zuckte schließlich die Schultern. „Ehrlich gesagt weiß ich es nicht, weil ich niemanden so richtig habe, mit dem ich darüber reden kann."

„Dann wird's ja Zeit!" Pedro klopfte mir auf die Schulter, stand auf und streckte sich. „Aber jetzt muss ich die anderen wecken – wir müssen weiter."

Dann wird's ja Zeit. Na, der hatte gut reden. Diese Schlau-schlau-Sprüche gingen mir inzwischen ordentlich auf die Nerven. Schön, dass die anderen so geläutert und cool waren, ich war es offensichtlich nicht.

Ich stand auf, streckte mich und ging nach draußen. Frisch war es. Und feucht. Ich roch das Gras, die Bäume, die Natur. Der Tau hing in den Grashalmen und an den Blättern. Ich sah ein Spinnen-netz aus Tropfen neben dem Eingang. Die Spinne selbst konnte ich nicht entdecken. Schlief vielleicht noch. Der Espresso hatte mir gutgetan, trotzdem war mein Kopf noch etwas schwer. Und ich merkte, wie ich maulig wurde. Alle hatten schon Lösungen für ihre Probleme, nur ich nicht. Alle hatten Wege gefunden, mit ihrem Mist umzugehen, nur ich nicht.

Schon wieder wandern. Darauf hatte ich jetzt überhaupt keine Lust. Der Himmel war genauso grau, wie ich mich gerade fühlte. Grau und bedeutungslos. Grau und unscheinbar. Grau und erfolg-los.

Drinnen in der Hütte hörte ich Stimmen lauter werden. Die anderen der Gruppe waren wohl wach geworden. Bevor ich noch mehr quatschen musste, machte ich lieber, dass ich vom Acker kam. Ich hatte noch nicht gefrühstückt, aber das war mir gera-de total egal. Konnte ich auch später noch. Schnell ging ich rein, packte meinen Krempel. Ich wusste, dass ich schräg und komisch rüberkam, aber das war mir wurscht. Ich wusste, dass ich nach dem netten lustigen Abend wie eine Zimtzicke wirken musste, aber das war mir jetzt egal. Ich wollte nur weg. Ich murmelte ein halbher-ziges „Danke für's Essen!" und „*Ciao!*" und weg war ich. Ich spürte die verwunderten Blicke der Italiener in meinem Rücken, als ich davonstapfte. Hoffentlich sah ich die nicht noch mal wieder.

Ich ging schnell. Missmutig. Was für ein Mist. Ich stolperte und fiel fast hin. Drehte mich um und sah eine Wurzel, die über den Weg lief und die ich übersehen hatte. Ich fluchte. Blödes Teil! Blöde Natur! Blödes alles!

Ich merkte, wie ich mich immer mehr reinsteigerte in meine Gedanken, meine Laune immer mehr sank. Und wie ich mir immer mehr selbst leidtat.

Ich blieb stehen.

Was sollte das?

Was war nur los mit mir?

Warum war ich wieder so genervt?

„Welchen Nerv hat die Frage getroffen", hörte ich die Norwegerin sagen. – Ja, was war eigentlich los mit mir? Hier war ich in Norwegen, wanderte, konnte mich eigentlich entspannen.

Ich schaute mich um.

Ich hatte überhaupt nicht bemerkt, dass ich von meinem Weg in das Flusstal schauen konnte. Ich war so in meinen miesen Gedanken unterwegs gewesen, dass ich kein Auge dafür hatte, wie es um mich herum aussah.

Ich sah hinunter. Sah, wie dieses Flusstal sich in viele kleine Inseln aufteilte, die vom Wasser umspült wurden. Das Rauschen konnte ich nicht hören, dafür hörte ich nun Vögel, die ich vorher auch nicht wahrgenommen hatte. Hatte ich das alles etwa ausgeblendet?

Ich atmete tief ein und aus. Ich war so bescheuert. Hier war ich inmitten schönster Natur und nahm sie nicht wahr.

Ich schloss die Augen. Lauschte.

Ein Vogel zwitscherte ein Stück rechts von mir. Plötzlich antwortete einer von links hinten. Pause. Dann ging es wieder rechts von mir los. Pause. Links hinten. Was die sich wohl zu sagen hatten?

Ich atmete tief ein. Roch. Waldgeruch. Feuchtes Moos. Feuchte Erde.

Ich merkte, wie ich immer ruhiger wurde. Lauschte und roch. Hörte noch andere Vögel, die auch munter miteinander quatschten.

Ich öffnete die Augen. Ja, das war schon sehr schön hier. Sehr anders.

Das Tal breitete sich auf der anderen Seite in grüne Wiesen aus, auf denen, wie sollte es anders sein, rote und weiße Häuser standen. Klein, wie Spielzeughäuser. Ich konnte Straßen ausmachen, sah einen Mini-Traktor hin- und herfahren. Und dann kam auf einmal die Sonne raus. Zwischen zwei Wolken brach sie durch und schien mir ins Gesicht.

Das war zu viel für mich. Ich fing an zu heulen. Nicht so ein hartes Schluchzen, mehr so ein sanftes Schniefen, was einfach so vor sich hinlief.

So grau wie ich eben noch war, so hatte ich jetzt das Gefühl, dass die Sonne in mich hineinschien und auch meine inneren Wolken verscheuchte. Wie immer mehr Sonne in mir aufging. Völlig irre.

Ja. Es ist Zeit.

Zeit, etwas zu ändern.

Nicht weitermachen wie bisher.

Aber weitermachen.

Nur anders: freier, entspannter.

Die anderen konnten das ja offensichtlich auch. Und waren eigentlich ganz normale Menschen und hatten keine Superkräfte. Wenn die das konnten, konnte ich das auch. Das *muss* ich hinbekommen. Nein. Das *will* ich hinbekommen!

Ich griff in meine Tasche.

Mein Stein, mein Kiefernzapfen, mein Holzstück.

Freiheit. Innehalten. Veränderung. Ich musste lachen.

„Was ist nur aus dir geworden, Martha", sagte ich laut zu mir und schüttelte über mich selbst den Kopf. „Jetzt steckst du mittendrin in der Sinnsucher-Suppe."

Aber es fühlte sich gar nicht so schlecht an.

Kreise ziehen

Zwei Tage war ich durch Regen gelaufen. Es war nicht nur nass, auch kalt. Geradezu eklig. Grau in grau. Matsch und Pfützen. Der Himmel hing tief, die Wolken zum Greifen nah. Das Wetter griff meine Laune an. Zugleich waren die letzten Tage sehr emotional gewesen. Höhen und Tiefen hatten sich schneller abgewechselt, als ich sie begreifen konnte. Von *„ich will"* zu *„scheiß drauf"* war alles dabei. Und nun saß ich in einer dieser Rasthütten, in einer *Gapahuk*, und schimpfte wieder vor mich hin. Scheißwetter.

Es war nicht nur regnerisch und grau, es war auch noch windig. Die Wolken fegten über den Himmel. Der Fluss, an dem ich immer noch entlangwanderte, war schon lange nicht mehr blautürkis. Er hatte sich in ein unappetitliches Grau-Braun verwandelt. Konnte der Fluss nicht endlich mal aufhören? Das Magische an ihm war verschwunden. Dämlicher Fluss, wann habe ich dich endlich hinter mich gebracht? Diese Eintönigkeit machte mich fertig.

Ich sah in die Wolken und beobachtete, wie sie sich am Himmel bewegten. Meine Hände waren tief in meinen Jackentaschen vergraben. Alles war kalt und klamm. Ich spürte den Kiefernzapfen. *Innehalten.*

Ich schaute mir die Wolken genauer an. Was, wenn sie gar nicht eintönig waren? Was, wenn das nur meine miese innere Stimmung wäre? Was, wenn ich mehr entdecken würde?

Ich sah nach oben. Sie waren nicht grau in grau. Sie hatten Schattierungen. Manche waren heller, andere dunkler. Einige hatten etwas mehr Blaustich. Ich konnte unterschiedliche Formen und Höhen erkennen. Es war kein graues Einerlei. Selbst in diesem miesen Wetter entdeckte ich auf einmal eine Vielfalt, eine Schönheit, die mich berührte. Ich tat dem grauen Himmel unrecht. Es lag an mir, mit welchen Augen ich ihn betrachtete.

Meine Laune hob sich. Zeit für Genuss. Ich kramte in meinem Rucksack, jetzt was Süßes wäre toll. Schokolade geht immer, sie soll ja auch glücklich machen. Ich fand eine Tafel Nussschokolade, die schon angebrochen war. Ich brach ein Stück ab und schob es mir in den Mund. Nicht sofort zerbeißen, genießen! Ich lutschte an dem Stück rum und verfolgte, wie es in meinem Mund schmolz. Wie die Form der Nüsse immer mehr zum Vorschein kam. Himmel, war das gut! Süß, milchig, schokoladig, nussig. Ich lutschte so lange rum, bis ich nur noch Nüsse im Mund hatte, die ich dann zerbiss. Herrlich!

Nächstes Stück. Meine Gedanken schweiften ab.

Die Hälfte meiner Zeit hier in Norwegen war nun schon vorbei. Ich erinnerte mich, wie ich angekommen war. Voller Vorfreude, gleichzeitig unsicher. Inzwischen fühlte ich mich pudelwohl, von Schlechte-Laune-Phasen mal abgesehen. Ich war in meine Rolle der Pilgerwanderin komplett eingetaucht und genoss den Austausch mit anderen – egal ob tiefe Gespräche oder Plaudereien über das Wetter. Ich war eine von ihnen, sie waren ein Teil von mir. Wir alle erlebten etwas Besonderes: eine Wanderung im Außen, eine Reise im Innern. Da brauchte es nicht immer viele Worte. Zwischen uns gab es unsichtbare Bande. Und mit manchen führte ich Gespräche, die ich in der Form noch nie geführt hatte. Und manche erzählten mir ihre Geschichten, die mich zutiefst berührten. Wir alle waren im Vertrauen zueinander. Aber auch im Wissen, dass sich hier unsere Wege kreuzten und dann vielleicht nie wieder im Leben. Wir hatten nichts zu verlieren, nur zu gewinnen. Deswegen teilten wir bereitwillig Gefühle, Gedanken, Erkenntnisse. Eine schöne Erfahrung.

Mein zweites Stück Schokolade war fast weg und ich brach mir ein drittes Stück ab. Von Weitem sah ich eine Gestalt näher kommen. So wie ich mit klobigen Schuhen, Regenhose, Regenjacke, den Rucksack in einen Regenüberzug eingehüllt. Eine schwarze, nasse Haarsträhne hing ihr ins Gesicht. Sie grinste, als sie näher kam.

Ich schob meinen Rucksack beiseite, um Platz zu machen.

„Oh thank you so much", meinte sie.

Asiatin, vermutlich Japanerin, dachte ich.

„What a shitty weather."

„Es gibt doch nur schlechte Kleidung, das solltest du doch wissen", antwortete ich grinsend und hielt ihr meine Schokolade hin.

Sie lachte und brach sich ein Stück ab. „Ich finde, es darf beides geben. Schlechtes Wetter und schlechte Kleidung. Je nachdem, was ich mir eigentlich gewünscht oder gebraucht habe, passt es oder passt es nicht. Da kann beides gut oder schlecht sein."

„Ja, stimmt", meinte ich. „Dann ist es die Passung, die schlecht ist. Aber weder das eine noch das andere für sich."

Die Frau rieb ihre Hände, um sie zu trocknen und aufzuwärmen und lachte. „Was bist du, Philosophin?"

„Werden wir nicht alle zu Philosophen, je länger wir hier wandern?"

„Ja, da hast du vermutlich recht. Aber danke für deine Schokolade, die hat gerade fantastisch gepasst."

Ich sah, wie sie kleine Stücke abbiss und sie langsam im Mund hin- und herschob. Ich war wohl nicht die Einzige, die Schokolade komisch aß.

Wir saßen zusammen und quatschten ein bisschen von links nach rechts und rechts nach links.

Ich erfuhr, dass es immer schon ihr Traum war, durch Norwegen zu wandern. Und da sie gerade zwischen zwei Jobs etwas Zeit hatte, gönnte sie sich die Tour endlich. Meine Vermutung, dass sie Japanerin war, stimmte. Sie kam aus Tokyo und genoss ähnlich wie ich die Ruhe und die Natur. Da wir das gleiche Ziel hatten, liefen wir zusammen im Regen weiter. Der fühlte sich nach der Pause, meiner Wolkenbetrachtung, der Schokolade und in netter Gesellschaft nun gar nicht mehr so schlimm an. Ich erfuhr, dass sie Kindergärtnerin war.

„Oh, Himmel, das wäre nichts für mich. Die ganze Zeit den Kindern hinterherlaufen, ihnen die Sachen hinterhertragen, da hätte ich keine Nerven für. Es ist für mich ja schon anstrengend, mit Erwachsenen zu arbeiten, denen ich gefühlt auch alles hinterhertragen muss …", meinte ich.

Tomoko, wie meine Wegbegleiterin hieß, lachte. „Weißt du", meinte sie, „viele sehen in uns nur Menschen, die Nasen abwischen, Schuhe zubinden und Liedchen singen. Klar, das müssen wir auch machen. Aber die eigentliche, wunderschöne Aufgabe ist es, kleine Seelen sich entfalten zu lassen. In diesen kleinen Seelen steckt schon alles, was sie auch als Erwachsene brauchen. Aber sie sind fragil. Es liegt an unserer Arbeit, dass sie zu selbstständigen kleinen Menschen heranwachsen können – und natürlich auch an den Eltern. Wir können nur unseren Teil beitragen. Aber wenn wir ihnen alles abnehmen, ist ihnen nicht geholfen. Dann bleiben sie klein im Innern und gewinnen nicht das Selbstvertrauen, das sie brauchen, um ihr Leben später selbst in die Hand zu nehmen. Das Motto ‚Lass mich mal machen, dann geht's schneller und ist auch so, wie ich es mir vorstelle' ist schon bei Kindern falsch, nicht nur bei Erwachsenen."

Ja, da hatte sie natürlich recht. Ich dachte an mein Team, die Menschen, mit denen ich zusammenarbeitete. Manche waren sehr selbstständig, andere eher unsicher und fragten zigmal nach, bevor sie etwas taten. Mir waren Erstere lieber. Dieses ständige Gefrage führte dazu, dass ich alles doch lieber selber machte. Trotzdem drehte sich das Gespräch in eine Richtung, die mir wenig gefiel. Mal wieder fühlte ich mich dumm und unwissend.

„Und was machst du beruflich?", fragte Tomoko.

Ich seufzte innerlich. In mir stritten sich der Wunsch nach Austausch und der Widerstand, über meine Probleme zu reden. Und ich wusste, dass sobald ich erzählte, was ich machte, es kein Zurück mehr gab. Natürlich könnte ich erfinden, dass alles super lief und ich nur aus Spaß hier wäre. Aber das wollte ich auch nicht wirklich. Also, Hose runter und Farbe bekennen?

Ich schaute sie von der Seite an. Sie sah ja nett aus. Freundlich. Es fühlte sich falsch an, sie hinters Licht zu führen. Okay, also Hose runter.

Ich holte Luft. „Mir gehört ein Unternehmen, wir entwickeln eine App, um Freundschaften aufrechtzuerhalten."

„Oh, das ist aber spannend", meinte Tomoko. „Das macht sicher Spaß!"

Ich merkte, wie sich mein Gesicht verzog. „Na ja, ist schon ok", meinte ich langsam. Ich wollte ja ehrlich sein. „Mittlerweile habe ich ein Team von zwanzig Leuten und es ist ganz schön viel zu tun. Seit drei Jahren habe ich jetzt zum ersten Mal Urlaub und merke, was mir in den letzten Jahren so gefehlt hat."

Tomoko sah mich erstaunt an: „Und was hat dir konkret gefehlt?"

„Meine Freiheit", antwortete ich leise und merkte, wie mir die Tränen in die Augen kamen.

„Was meinst du damit?"

Ich schaute sie entgeistert an. Was gab es daran nicht zu verstehen? War sie vielleicht nett, aber naiv? „So ein Team aufzubauen, ist enorm viel Arbeit", begann ich leicht genervt. „Die ganzen Gespräche, das alles zu koordinieren, dauernd Fragen beantworten, sich um alles kümmern und entscheiden. Und dann muss ich mich ja auch noch um die Investoren und um neue Finanzierungen kümmern. Aber die hab ich jetzt eingetütet!", antwortete ich leicht stolz.

„Was meinst du damit, dass du alles machen und entscheiden musst? Du hast doch ein Team!", fragte sie.

Ich schwieg betreten. Na, toll! Vielleicht hätte ich ihr doch irgendeinen Quatsch erzählen sollen. Aber es war zu spät. Da musste ich jetzt durch. Oder unhöflich sein und das Gespräch beenden. Das fühlte sich aber auch nicht richtig an. Ich fand die Frage unangenehm, aber nicht sie als Mensch. Also fing ich langsam an zu erklären. „Na ja, ich gehöre wohl zu den Menschen, die lieber alles selber machen, weil es dann schneller geht", und lächelte sie schief an. „Ich erwarte ja eigentlich, dass sie selbstständig sind, Verantwortung übernehmen und eben nicht bei allen Kleinigkeiten fragen. Liegt das dann daran, dass sie nicht so eine tolle Kindergärtnerin wie dich hatten? Die ihnen nicht beigebracht hat, ihre Schuhe selber zuzumachen?"

Tomoko grinste. „Das wäre zu einfach. Menschen werden ja ihr ganzes Leben geprägt. Zu Hause, im Kindergarten, in der Schule, dann in der Ausbildung oder im Studium, in den ersten Jobs. Alles hinterlässt Spuren, manches sogar tiefe Narben. Wir Menschen sind uns oft nicht bewusst, dass jede Begegnung Spuren hinterlässt. Auch unsere. Deine offene Freundlichkeit hat in mir das Vertrauen bestärkt, dass Menschen gut sind. Hättest du mich komisch angeschaut, wärst unfreundlich gewesen, hätte ich mir das gemerkt und wäre vielleicht bei der nächsten Begegnung reservierter, nervöser, angespannter gewesen – einfach aus Angst, wieder so behandelt zu werden. Und das setzt sich fort. Wie ein Stein, den du ins Wasser schmeißt, zieht dein Verhalten Kreise …"

Ich schwieg. Jetzt war ich froh, dass ich ehrlich gewesen war. So hatte ich das noch nie betrachtet. War es tatsächlich so, dass mein Verhalten so starke Auswirkungen hatte?

Ich erinnerte mich an eine Situation in einem meiner früheren Jobs. Mein Chef hatte mich vor meinen Kollegen angeraunzt, weil ein Kunde unzufrieden war. Ich fühlte mich bloßgestellt und war wütend. Und verletzt. Ich konnte die Wut nicht loslassen. Auf dem Weg nach Hause rempelte mich jemand in der U-Bahn an. „Mensch, pass doch auf, du Idiot", schimpfte ich ungehalten. Der Mann schaute mich verdattert an und meinte: „Puh, entspann dich mal, das war jetzt echt kein Drama." Ich blitzte ihn wütend an. Als ich zu Hause ankam, knallte ich die Tür hinter mir zu. An dem Abend gab es dann einen Streit mit meinem Freund, wegen Nichtigkeiten. Ja, so ging wohl Kreise ziehen. – Hätte mich der Chef nicht vor allen so runtergemacht, sondern in Ruhe unter vier Augen mit mir gesprochen, wäre ich vermutlich entspannter nach Hause gefahren, hätte dem Mann in der Bahn nur ein „Hoppala" entgegnet und vielleicht einen gemütlichen Abend mit meinem Freund verbracht.

Wie oft mein Verhalten wohl solche Kreise gezogen hatte? Ich blieb stehen und schaute sie an: „Aber ganz ehrlich, Tomoko, wie soll das denn gehen? Wir sind doch alle mal schlecht gelaunt, nicht gut drauf, mal ungeduldig – wir sind doch keine Maschinen. Wir können uns doch nicht immer in einem Yogi-Ghandi-Zustand befinden. Zumindest ich nicht!" Ich erinnerte mich an meinen Wutausbruch und wie ich den armen Baumstumpf malträtiert hatte.

„Nein", meinte sie lächelnd. „Das meine ich auch nicht. Wir bestehen aus einer Vielzahl von Gefühlen – da gibt es kein Gut und auch kein Falsch. Alle Gefühle haben ihre Berechtigung. Manche

Menschen sprechen von guten und schlechten Gefühlen und meinen, dass sie die schlechten unterdrücken sollten. Das führt aber häufig zu Verdrängungen und dann kommen sie an anderer Stelle raus. Oder machen Menschen krank."

„Also doch rauslassen und anschreien?", lachte ich.

Tomoko schmunzelte. „Kommt drauf an, welche Kreise du ziehen möchtest." Sie zwinkerte mir zu. „Du kannst auch deine Wut beobachten und fragen, was sie dir sagen will. Was sie braucht. Dahinter stecken ja oft andere Gefühle oder Bedürfnisse, die nicht gesehen wurden. Aber ich gebe dir recht, es ist hohe Kunst dahinzukommen und ein ordentliches Stück Arbeit. Wir fangen damit schon bei unseren Kindern an. Wir meditieren mit ihnen, beobachten Gefühle und machen sie so besprechbar. Viele Erwachsene können das nicht wirklich gut. Aber es ist nie zu spät, um damit anzufangen. Ich finde es gerade in der Zusammenarbeit enorm wichtig, über Gefühle sprechen zu können. Wenn Menschen erkennen, was ihre Bedürfnisse sind, und sich auch noch trauen, die zu formulieren, können Konflikte vermieden werden. Die meisten entstehen ja, weil Erwartungen entweder nicht bewusst sind oder nicht ausgesprochen werden."

Und wieder fühlte ich mich ertappt. Aber diese Erkenntnis, dass ich mein *Hin-zu* nicht nur finden, sondern auch formulieren musste, hatte ich bereits. Mir fiel dazu auch Pedros Selbsthilfegruppe ein, die ich zwar ein bisschen belächelte, aber mir gleichzeitig auch wünschte.

Ich erzählte Tomoko davon.

„Ja, das ist eine super Idee. So lernen auch Erwachsene, sich zu öffnen. Ich finde es noch wichtig, dass so etwas auch innerhalb eines Teams geschieht. Wir brauchen die Sicherheit, zu wissen, dass uns nichts passiert. Dass, egal was wir tun, wir darüber reden können und eine Lösung finden. Dass wir nicht ausgelacht werden.

Dass nicht hinter unserem Rücken getuschelt wird. Dass wir keine Angst haben müssen, sondern uns wirklich sicher fühlen."

Ich erinnerte mich an eine Situation in einem alten Job. Ich hatte Bedenken bei einem Projekt und äußerte sie auch in einer Besprechung. Alle stöhnten und rollten mit den Augen. Ich fühlte mich eingeschüchtert und dachte bei mir, dann sag ich halt nichts mehr. Als das Projekt anfing schiefzugehen, zuckte ich mit den Schultern. Aber ich sagte nichts mehr. Aus Angst, wieder so eine Reaktion zu bekommen.

Ich erzählte Tomoko diese Geschichte und sie nickte. „Ja, genau so sollte es eben nicht sein. Vieles könnte verhindert werden, wenn offen und frei gesprochen werden darf. Es gibt viele Unfälle, die darauf zurückzuführen sind, dass Menschen sich nicht getraut haben, etwas anzusprechen. Erinnerst du dich an Tschernobyl? Das Unglück ist genau deswegen passiert: schlechte Kommunikation und sich nicht trauen, die Wahrheit zu sagen. Stell dir das mal vor! Alles nur, weil die Leute sich nicht getraut haben, den Mund aufzumachen! Ich war so schockiert, dass ich mich noch mehr dafür einsetzen möchte, dass Menschen lernen zu reden. Auch schon Kinder. Ich glaube, dass unsere Welt dann besser wird."

Es regnete immer noch, aber ich bemerkte das fast gar nicht mehr. Mir gefiel das Gespräch. Mir gefiel diese Frau. Sie hatte Herz und Verstand. Ich fand es nicht mehr unangenehm, sondern angenehm.

„Du bist sehr weise", meinte ich zu ihr.

Sie lachte. „Ja, mein Name ist wohl Programm. Tomoko bedeutet Weisheit. Was bedeutet Martha?"

Ich grinste. „So viel wie Herrin oder Gebieterin. Passt also auch zu mir und meinem Job." Wir lachten beide.

Eine Weile sagten wir beide nichts und gingen schweigend nebeneinander her.

Irgendwann rissen die Wolken auf. Der Regen hörte auf. Zwischen dem Grau blitzte helles Blau hervor. Durch den blauen Spalt linste auf einmal die Sonne durch und schickte ein paar Strahlen. Wir blieben stehen, nahmen unsere Kapuzen runter und hielten unsere Gesichter in die Sonne. Was für ein schönes Gefühl.

Meine Schlechtwetterlaune war weg. Nicht nur wegen der Sonne, die sich wieder zeigte. Auch wegen des Gesprächs mit meiner weisen Wegbegleiterin. Ich fragte mich, ob wir ein ähnliches Gespräch hätten führen können, hätten wir uns in einer Bar in Berlin getroffen. Vielleicht, vielleicht auch nicht.

Ich hatte schon den Eindruck, dass mich die tägliche Routine und die Natur offener werden ließen. Mich empfänglicher und aufmerksamer machten. Auch zugewandter den Menschen gegenüber und dem, was sie sagten. – War es, weil man den Skandinaviern zusprach, glücklicher zu sein? Weil sie weniger in großen Städten wohnten, sondern mehr in ländlichen Gegenden lebten? Waren sie deswegen auch naturverbundener? Ist es das, was sie zufriedener machte? Oder weil sie in der Weite der Natur besser nachdenken konnten? Über ihr Leben und wie sie es gestalten wollten?

Ich dachte über unser Gespräch nach. Tomoko hatte zu Anfang gesagt, dass sie Verantwortung abgab. Bedeutete das, dass sie sich um manche Sachen nicht mehr kümmerte? Diese komplett den Kindern überließ?

Tomoko schüttelte den Kopf. „Nein," sagte sie klar und deutlich. „Es ist ein schmaler Grat zwischen Verantwortung oder auch Entscheidungen abgeben und Menschen sich selbst überlassen oder auch alleine damit lassen. Ich kann schlecht den Kindern sagen: ‚So, ab heute macht ihr es selber', und mich umdrehen und gehen. Das ist im wahrsten Sinne verantwortungslos, weil ich den Übergang der Verantwortung nicht begleitet habe. Nicht dafür gesorgt habe, dass sie sich sicher und wohl damit fühlen. Und ich mich auch." Sie zwinkerte mir zu.

Ich erinnerte mich daran, wie ich von zu Hause ausgezogen war. Meine Eltern hatten mir beim Umzug geholfen, einen Transporter organisiert und mir Möbel und Kisten nach Berlin gebracht. Und waren dann gefahren. Ich saß alleine in der Wohnung und dachte: „Yeah, jetzt bin ich erwachsen." Und dann bekam ich Angst. Würde ich das hinbekommen? Es gab wenig später Situationen, in denen ich meine Eltern anrief. Als meine Spülmaschine auslief. Als meine Dusche verstopft war. Ich wusste nicht, wie ich das handeln sollte, und war froh, sie am Telefon zu haben. Sie erklärten mir in Ruhe, was ich tun sollte. Das gab mir ein Gefühl der Sicherheit. Vermutlich meinte Tomoko es so in der Art.

„Ja, so in etwa", sagte Tomoko, als ich ihr von meiner Erfahrung erzählte. „Mit noch ein paar Zwischenstufen. Ich habe es ja mit einer Gruppe zu tun und bin für alle verantwortlich und auch das Miteinander. Und wir sind ja nicht gleichberechtigt. Ich bin Erzieherin. So wie es in deiner Firma einen Chef oder eine Chefin gibt. Es gibt eine Hierarchie. Da gibt es Dinge, die ich entscheide – Punkt. Und anderes, was wir gemeinsam entscheiden, was sie entscheiden oder bei dem wir uns gegenseitig vorher beraten." – So ganz verstand ich nicht, was sie meinte. „Hast du ein Beispiel?"

Tomoko dachte nach. „Wir haben unser Sommerfest geplant. Es ist ja auch ihr Sommerfest, nicht meins. Da gibt es Teile, die ich entscheide und bestimme, manches organisieren wir gemeinsam und manches können sie entscheiden. Zum Beispiel das Datum: Das habe ich entschieden und es ihnen mitgeteilt. Es gibt aber auch Dinge, um die ich mich kümmere, die sie gar nicht mitbekommen – mich mit den Reinigungskräften abstimmen zum Beispiel. Dann gibt es Dinge, zu denen sie mir ihre Meinung sagen konnten, sodass ich sie berücksichtige. Manches haben wir gemeinsam entschieden – zum Beispiel das Essen. Hätten sie das allein entscheiden können, wäre es vermutlich sehr klebrig und ungesund geworden." Tomoko schmunzelte bei dem Gedanken.

„Bei anderen Dingen habe ich ihnen meine Meinung und Gedanken mitgeteilt – zum Beispiel, was Motto und Deko anging. Mir war wichtig, dass beides allen Kindern gefällt und die Deko nicht aus Plastik besteht. Ich wollte sichergehen, dass nicht die lauten Kinder entscheiden und die schüchternen nicht zu Wort kommen. Deswegen sollte heimlich abgestimmt werden, sodass niemand beeinflusst wurde. Dass es ein Drachenfest wurde, hat so die Mehrheit entschieden. Sie konnten selbst entscheiden, welche Spiele gespielt werden sollten, und sollten mir das nur mitteilen – und natürlich, wie sie sich selber anziehen oder verkleiden sollten. Das musste gar nicht mit mir abgestimmt werden. So habe ich sie involviert, denn es war ihr Fest genauso wie meins. Sie fanden es toll, dass sie manche Sachen komplett allein entscheiden durften. Und fanden es daher auch okay, dass ich anderes entschieden habe. Gruppen, die ich schon länger begleite, kennen dieses Entscheidungssystem bereits – die können dann auch alleine über ein Motto und anderes entscheiden. Wir sind da schon eingespielt und ich vertraue ihnen, dass sie sich gemeinsam überlegen, was umsetzbar ist und was nicht. So lernen sie, mitzudenken. Und sie wachsen mit ihrer Verantwortung und Entscheidungsfreiheit."

„Gar keine schlechte Idee", dachte ich bei mir. Dann geht es nicht immer um „du oder ich entscheide", sondern darum, *was* entschieden werden soll. Und wer für diese Entscheidung am besten geeignet ist. Und es hatte auch wieder was mit dem Vertrauen und Zutrauen zu tun, was ja Beritt auch erwähnt hatte.

Schweigend gingen wir weiter.

Ich wälzte ein paar Erinnerungen. Situationen, in denen ich entschieden hatte, obwohl ich eigentlich gar nicht musste. Und eigentlich auch gar nicht die richtige Person dafür war, da ich ja auch nicht alles wusste. Vermutlich wollte ich da damals nur entscheiden, um die Kontrolle zu behalten.

„Hast du denn nie Angst, die Kontrolle zu verlieren?", fragte ich Tomoko.

„Nein", meinte sie und schüttelte den Kopf. „Ich sag ja nicht von jetzt auf gleich, so, das ist euer Sommerfest, ab jetzt kümmert ihr euch um alles allein. Sondern ich gehe Schritt für Schritt mit ihnen vor. Ich lasse sie auch bei ihren eigenen Entscheidungen nicht allein. Manchmal muss ich aber auch nachdrücklich sein und mich weigern, etwas zu entscheiden – für manche ist es noch ungewohnt, selbst etwas zu entscheiden. Und sie haben Angst, etwas falsch zu machen. Vermutlich, weil sie schon gelernt haben, dass das nicht gut ist und bestraft wird – oder zumindest gemeckert, was das Gleiche ist. Unser Gehirn merkt sich das. Einmal falsch gemacht, dann besser die Finger davon lassen. Bei heißen Herdplatten wollen wir ja genau diesen Lerneffekt – und gleichzeitig schimpfen Eltern oder auch Erzieher bei anderen Sachen, bei denen es nicht sinnvoll ist. Wo ein ruhiges Erklären unter vier Augen hilfreicher gewesen wäre. Es ist wichtig, dass Menschen sich sicher fühlen, sonst probieren sie nichts mehr aus. Dazu gehört auch, sich nicht über jemanden lustig zu machen – das gilt für kleine wie auch große Menschen."

„Kinder können grausam sein", sagte ich.

Tomoko schaute mich ruhig an. „Erwachsene noch viel mehr. Denn sie wissen es eigentlich besser. Und verhalten sich dennoch so."

Ja, da hatte sie recht. Ich erinnerte mich schuldbewusst an eine Situation, bei der ich mich auch über einen Kollegen lustig gemacht hatte. Ich wusste, dass es gemein gewesen war – aber es machte mir Spaß. Ich fühlte mich dadurch besser, größer. Ganz schön eklig kam ich mir nun vor. Gemein.

Tomoko musste irgendetwas in meinem Gesichtsausdruck gelesen haben. Sie blieb stehen und fasste mir an den Arm: „Du, wir alle sind manchmal so. Das scheint auch in unserer Natur zu liegen. Wichtig ist, dass wir das erkennen und in Zukunft besser reflektieren. Wenn du das schaffst, ist der halbe Weg schon gegangen."

Ich schaute ihr in die Augen. Und spürte große Dankbarkeit. Auf einmal wollte ich die Welt umarmen. Weil ich die Zeit hatte, hier in dieser großartigen Natur zu wandern. Und die Möglichkeit, so tollen Menschen zu begegnen. Und ich lernen konnte – vor allem über mich. Was für ein Geschenk.

Ich lächelte Tomoko an und sagte nur leise „Danke".

Nach diesem intensiven Gespräch tat es gut, die Gedanken einfach ruhen zu lassen. Obwohl sie natürlich von ganz alleine zu kreisen begannen. Doch immer wieder fokussierte ich mich auf das, was ich sah – das half, ein bisschen Ruhe in mein Gedankenkarussell zu bringen. Ich hatte inzwischen gelernt, dass erst, wenn alle Gedanken zur Ruhe kommen, die wirklich guten den Raum bekommen, um sich zu formen und an der Oberfläche aufzutauchen.

Nach gut anderthalb Stunden näherten wir uns der Unterkunft *Jørundgard*. Ich war super gespannt. Die Gebäude sahen aus wie aus dem Mittelalter, waren aber neu. Die gesamte Anlage war in den 1990er-Jahren als Filmkulisse detailgetreu nachgebaut worden. Mit einer Schmiede, Ställen, verschiedenen Häusern zur Übernachtung, einem Webhaus und auch einem dieser *Stabbur*, den Speichern auf Pfählen. – Übernachten wie im Mittelalter, besser gesagt im Nachbau davon. Sogar eine kleine Stabkirche gab es. Die war aber auch nicht original. Die hatten sie sogar zweimal gebaut, da die erste im Film abgebrannt worden wurde, sie aber für die Anlage wieder eine haben wollten.

Und jetzt konnten Pilger wie ich dort übernachten. Lustig, ich bezeichnete mich selbst schon als Pilgerin. Hallo, ich bin Martha und sinnsuchende Pilgerin. Ich musste über mich selbst schmunzeln.

Die Hütte zum Übernachten war wie immer einfach – mit einer Außendusche und Kochgelegenheit zum Selberkochen.

Auch an das simple Essen hatte ich mich bereits gewöhnt. Es ging darum, satt zu werden und Energie zu bekommen. Hunger ist der beste Koch, heißt es ja. Und ich war abends immer hungrig – da fand ich alles lecker. Ich brauchte auch keine Abwechslung. Mir war es gleich, ob ich immer dasselbe aß. Der Zweck „satt machen" stand im Vordergrund, neben nicht so viel Platz im Rucksack einnehmen, nicht viel wiegen und nicht so teuer sein. Nudeln erfüllten diesen Zweck eigentlich immer. Reis auch. Haferflocken auch.

Nach dem Essen saß Tomoko mit einer Gruppe anderer Pilger zusammen, doch mir war nicht nach Reden. Ich wollte meine Ruhe haben. Ich ging runter zum Fluss, der inzwischen eher ein Bach war. Eine Brücke führte zum anderen Ufer.

Rechts und links vom Ufer hoben sich Berge. Der Wind spielte in den Birken. Inzwischen schien auch wieder die Sonne und hatte die Wolken verdrängt. Um mich herum ragten mit Nadelbäumen bewachsene Berge in die Höhe. Das Bachbett war voll von Steinen, die Stromschnellen verursachten und dadurch ein munteres Rauschen erzeugten. Auch am Ufer lagen überall Steine in allen Größen.

Ich stieg an der Brücke hinunter zum Bach und ging am Ufer entlang. Ein großer Stein lud mich zum Sitzen ein. Ich zog meine Schuhe aus und hielt meine Füße ins Wasser. Das Wasser war eiskalt und fing sofort an zu beißen. Wie lange würde ich das wohl aushalten? Als ich das Gefühl hatte, ich müsste anfangen zu kreischen, zog ich die Füße raus. Sie waren knallrot und ich hatte kaum noch Gefühl in ihnen. Eiskalt und taub. Ich trocknete meine Füße mit meinem Ärmel ab und zog schnell meine Socken und Schuhe wieder an. Eine Erkältung konnte ich jetzt echt nicht gebrauchen.

Ich bewegte meine Zehen in den Schuhen und genoss, wie kribbelnd wieder Leben in meine Füße zurückfloss.

Ich beobachtete das Wasser, wie es über Steine sprang und immer wieder neue Formen und Verwirbelungen erzeugte. Keine sah aus wie die davor. Ich stand auf und bückte mich, suchte nach flachen Steinen. Ob ich sie zum Hüpfen bringen konnte, so wie früher als Kind?

Mit meinen Geschwistern ging es immer darum, wer am meisten Auftitscher hinbekam. Warum musste bei Geschwistern eigentlich immer alles Konkurrenz, immer alles Wettkampf sein?

Der erste Stein plumpste mit einem lauten *Pflopp* ins Wasser. Nicht flach genug und nicht locker genug aus dem Handgelenk geworfen. Ist ja fast wie Ukulele üben, dachte ich. Also: Wie viele Auftitscher willst du schaffen? Ich schloss die Augen und sah in meinem Innern den Stein fünfmal auftitschen. Okay, go. So musste es doch gehen. *Pflopp-pflopp.* Ich musste lachen. Na ja, immerhin zwei. Ich beobachtete die Kreise, die entstanden waren, die aber durch den Fluss des Baches sofort aufgelöst wurden. Vielleicht lag es auch daran – vielleicht brauchte ich ein komplett stilles Gewässer, um den Stein springen zu lassen.

Ich nahm Steine, warf sie einfach so rein und lauschte dem *Pflopp*-Geräusch, wenn sie ins Wasser fielen. Je nach Steingröße und Wurfkraft war es dumpfer oder heller. Aber nie das Gleiche. Es entstanden Kreise und Spritzer und wenn ich einen größeren Stein nahm, sah es kurz so aus, als ob der eine Delle ins Wasser machte, bevor er eintauchte und unterging und sich das Wasser über ihm schloss.

Womit ich hier so meine Zeit verbrachte.

Was ich so beobachtete.

Worüber ich hier so nachdachte.

Schon verwunderlich, was Zeit und Muße mit mir machten.

Ich musste an den Vergleich von Tomoko denken, dass das eigene Verhalten ja auch Auswirkungen hat, Kreise zieht, wie die Steine, die ich ins Wasser schmiss. Ob ich auch Dellen machte?

Tomoko hatte von Narben gesprochen. Das waren wohl Dellen, die sich dann nicht wieder schlossen. Die Zeit brauchten, um zuzuwachsen und dann immer noch sichtbar und spürbar waren. Nur, dass wir Menschen innere Narben nicht sehen können. Und vielleicht noch nicht mal als solche wahrnehmen. Welche Narben hatte ich wohl? Wer hatte Dellen in mir verursacht, die Narben hinterließen? Woran merkte ich das?

Ich erinnerte mich an den Musiklehrer. Ja, da war eine Delle und dann eine Narbe entstanden. *Du kannst das nicht – Du musst mehr üben – Du bist nicht gut genug.* Daraus ist mein Nicht-Zutrauen entstanden. Also eher eine Auswirkung meiner Narbe. Narben zeigen sich in Auswirkungen, in inneren Überzeugungen. In Sätzen, die ich über mich sagte, über mich dachte.

Auf einmal fühlte ich eine irre Last auf meinen Schultern. Wie konnte ich denn mit Menschen umgehen, wenn ich nicht solche Narben hinterlassen wollte? Wenn ich nicht Ursache solcher Auswirkungen, solcher inneren Sätze und Gedanken sein wollte?

Ich merkte, wie ich unsicher wurde. Welches Verhalten war dann überhaupt noch richtig?

Gar nicht so einfach mit den Menschen.

Ich fühlte mich durchlässiger, als ob mein sonst übliches dickes Fell weg war und nur noch meine nackte Haut mein Herz und meine Seele umschloss. Ich fühlte mich verletzlicher. Gleichzeitig merkte ich, wie diese Gedanken und Gespräche mich klarer werden ließen, mich stärkten. Vielleicht brauchte ich gar kein dickes Fell mehr. Vielleicht reichte ja eine normale Haut.

Ich merkte, wie es frischer wurde, und ging zurück zur Unterkunft.

Es waren noch drei Leute wach, die ich aber noch nicht kannte. Ich lächelte und grüßte, zog mich aber gleich zurück. Kein Gespräch mehr heute.

Das Frühstück am nächsten Morgen war wie immer: Kaffee, Porridge mit Trockenfrüchten und ein paar Nüssen. Einfach, lecker und sättigend.

Mit Tomoko hatte ich abgemacht, dass wir noch ein bisschen zusammen wandern wollten. Normalerweise bevorzugte ich es, allein zu gehen, und ließ daher immer Abstand zwischen mir und den anderen Wanderern. Das schien auch normal zu sein. Man konnte sich anderen anschließen, aber es war auch okay zu sagen, dass man allein sein wollte. Bisher wurde ich dafür nie schräg angeschaut. Ein schönes Gefühl, zu sagen, was man will, und es wird akzeptiert.

Mit Tomoko war es einfach, auch wenn wir uns kaum kannten. Wir konnten uns unterhalten, aber auch zusammen schweigen. Neben- oder hintereinandergehen, selbst mit ein paar hundert Metern Abstand zwischen uns. Alles fühlte sich richtig und natürlich an.

Wir starteten schweigend, jede in ihren Gedanken und Gefühlen versunken.

Nach den Regentagen war die Luft frisch und klar, es war etwas abgekühlt. Angenehm zum Gehen. Das Gefühl von gestern hatte mich noch in den Schlaf begleitet. Dieses Gefühl der Last. Die Sorge, mit meinem Verhalten Narben zu hinterlassen. Ich hatte unruhig geschlafen und seltsame Träume gehabt. Aber ich konnte mich nicht an sie erinnern. Nur Bilderfetzen waren noch da, die immer undeutlicher wurden.

Ich konnte doch nicht nur noch Samthandschuhe tragen und immer auf der Hut sein. Alle immer in Watte packen. Das fühlte sich anstrengend und einengend an. Das Gegenteil von frei. Natürlich wollte ich niemanden absichtlich verletzen, doch welchen Zwischenraum gab es da?

Tomoko ging vor mir auf dem schmalen Weg und ich sah, wie sie stehenblieb und sich zu mir umdrehte. „Na, wo bist du gerade in deinen Gedanken? Du siehst so angestrengt aus."

„Ja, da hast du wohl recht", meinte ich. „Ich habe viel über unser Gespräch nachgedacht und noch einen Knoten in meinem Kopf. Ich möchte keine Narben in Menschen hinterlassen, sondern gute und positive Fußabdrücke. Gleichzeitig fühlt sich das so wahnsinnig schwer an. So, als ob ich dann für alles verantwortlich bin und jedes Wort, jede Geste, alles, was ich tue, erst auf die Goldwaage legen muss. Wo bleibt da Leichtigkeit? Und Natürlichkeit?"

Tomoko nickte. „Ja, das kann ich verstehen, dass sich das schwer anfühlt. Es würde sich vermutlich auch für dein Gegenüber nicht echt anfühlen, wenn du immer auf der Hut bist. Ich für meinen Teil schaue nur, dass ich mich möglichst klar verhalte. Also sage, was ich will und brauche, und auf die Bedürfnisse der anderen schaue, aber ohne mich zu verbiegen. Letztlich bin ich nicht für die Gefühle anderer Menschen verantwortlich, aber ich kann mich bestmöglich verhalten, sodass ich nicht direkter Auslöser bin. Freundlich sein, die anderen fragen, was sie brauchen, und schauen, ob ich das bedienen kann. Kann, nicht muss. Ich bin nicht für alles verantwortlich, nicht für die Gefühle von anderen, nicht für die Bedürfnisse von anderen. Aber jetzt spreche ich von Erwachsenen. Kinder muss ich da noch etwas anders unterstützen."

Ich dachte laut nach. „Aber wenn du sagst, dass ich für die Gefühle und Bedürfnisse von anderen nicht verantwortlich bin, gleichzeitig aber mein Verhalten Auswirkungen haben kann bis hin zu Verletzungen – wir haben schließlich über Narben gesprochen … Wie finde ich da die Balance? Wie kann ich denn auf mich und meine Bedürfnisse achten und gleichzeitig auf die von anderen? Wie andere nicht verletzen, wenn sie gleichzeitig doch selbst für sich verantwortlich sein sollen? So ganz komme ich da noch nicht mit …"

Tomoko nickte. „Ja, das ist nicht einfach. Deswegen spreche ich von bestmöglich. Ich gebe dir ein Beispiel: Ich hatte mal einen Partner und war schwer in ihn verliebt. Eines Tages, wir waren noch nicht so lange zusammen, sprach er sehr offen zu mir. Dass er merke, dass er mich zwar toll fände, aber nicht so liebe, dass es für eine Beziehung reiche. Dass er sein Gefühl die letzten vierzehn Tage beobachtet hätte und sich auch schwer damit täte. Dass es ihm sehr leidtäte, da ich eine wunderbare Frau sei. Aber für eine langfristige Beziehung würde es ihm nicht reichen. Ich war wie gelähmt, wie man so schön sagt. Mein ganzer Körper schmerzte. Es dauerte über eine Woche, bis ich nicht mehr in plötzliche Heulkrämpfe fiel. Eine Freundin von mir war super wütend und schimpfte über ihn, ‚Mistkerl' und schlimmer nannte sie ihn. Das wiederum machte mich wütend und ich verteidigte ihn. ‚Wie kannst du ihn verteidigen, wo er dir so wehgetan hat?', fragte sie mich. Ich erklärte ihr, dass das eine mit dem anderen nichts zu tun hatte. Ich war verletzt, ja, aber das war nicht seine Schuld. Er war offen und ehrlich gewesen. Er hat mich nicht belogen, mich nicht hintergangen. Er hatte bestmöglich gehandelt. Der Rest lag bei mir. Es tat mir irre weh – hinterließ aber keine Narben. Weil er nicht fies gewesen war."

„Das ist edel von dir", sagte ich beeindruckt. „Die meisten würden nach so etwas schlecht über solch einen Mann sprechen."

„Aber warum? Er hat ja nichts Schlimmes getan. Mich nicht genug für eine Beziehung zu lieben – das ist schade, aber doch kein Verbrechen!"

Ich begann sie zu verstehen. „Du meinst, dass es wichtig ist, dass ich mit dem, was ich tue, im Reinen bin? Dass ich es bestmöglich mache – aber halt nicht für alles, was dann in anderen Menschen passiert, verantwortlich bin?"

„Ja, genau", nickte Tomoko eifrig. „Solange ich noch in den Spiegel und mir in die Augen schauen kann, ist es okay. Du kannst niemals sicherstellen und schon gar nicht kontrollieren, was in dem anderen Menschen passiert. Aber du kannst die Wahrscheinlichkeit erhöhen, dass es gut ist."

Ja, das klang etwas einfacher, etwas leichter. Bestmöglich handeln, aber nicht die Gefühle in anderen verantworten. Ein Gedanke kam mir allerdings noch. „Du hast vorhin gemeint, dass es bei Kindern anders ist. Gleichzeitig sagst du auch, dass du Kindern die größtmögliche Verantwortung übergeben willst, damit sie das lernen. Wo siehst du hier Grenzen?"

Tomoko nickte. Gemeinsam schauten wir das Flusstal hinab. Die rechts und links ansteigenden Berge ließen Platz für ein schmales Tal. Wir gingen ein ganzes Stück oberhalb des Flusses, sodass wir einen guten Blick auf die gegenüberliegende Landschaft hatten. Eine Weite, die nicht aufzuhören schien. Hinter den Bergen erhoben sich noch höhere Berge – und vermutlich dahinter noch höhere. So langsam wurde die Natur wirklich so, wie ich sie mir vorgestellt hatte. Weit und wild.

„Ich habe nicht immer mit Kindern gearbeitet", sagte Tomoko dann. Wir gingen weiter. „Ich war auch Mitarbeiterin in einem großen Unternehmen. Und jedes Mal, wenn ich dort durch die Eingangstür ging, musste ich durch ein Drehkreuz. Ich hatte es mir irgendwann zur Routine gemacht, dann jedes Mal zu mir zu sagen: ‚Tschüss Hirn, bis später!'"

Ich musste lachen. „Wieso das denn?"

Tomoko schaute mich ernst an. „Weil ich so behandelt wurde. Als ob ich hirnfrei wäre. Ich verantwortete Millionen in einem Projekt und musste förmlich um das nötige Arbeitsmaterial betteln. Ich durfte mit Kunden um riesige Summen verhandeln, musste aber bei jeder Fahrt zum Kunden um Genehmigung bitten. Das ist doch irre! Einmal kam es zu einer Diskussion mit meinem Chef deswegen. Ich fuhr ihn an, dass ich zwar wie eine Erwachsene arbeiten solle, aber wie ein Kind um alles betteln müsse. Am Abend knallte ich ihm die Kündigung auf den Tisch. Als ich danach durch das Drehkreuz aus dem Gebäude ging, sagte ich: ‚So Hirn, dich gebe ich nie wieder ab!'

Seitdem habe ich immer darauf geachtet, wie mit Verantwortung in Unternehmen umgegangen wird, ansonsten hatte ich keine Lust auf den Job. Ich wollte nie wieder so unmündig behandelt werden. Parallel fing ich die Ausbildung zur Erzieherin an. Weil ich es als meine Aufgabe ansehe, Menschen – egal wie klein, beziehungsweise jung – in ihrer Verantwortung zu begleiten. Ich möchte, dass sie sich später daran erinnern und das auch weitergeben."

Menschen wie Erwachsene behandeln, die ihr Hirn nicht an der Unternehmenstür abgeben. – Ja, das machte wirklich Sinn. Vielleicht meinte der Wuschelkopf genau das damit, als er meinte, dass sich Menschen entsprechend den Spielregeln verhalten würden. War gar kein Raum für Entscheidung und Verantwortung da, konnten sie dies auch nicht zeigen. Und verhielten sich im schlimmsten Falle verantwortungslos. Wenn ihnen die Richtung des Unternehmens nicht klar war, liefen sie in alle möglichen Richtungen und wurden dann als kopflos bezeichnet. „So langsam wird für mich ein Schuh draus", dachte ich. Ein „Sinnschuh".

Ein Haufen Wünsche

Unsere letzte gemeinsame Etappe brach an. Tomoko und ich waren uns in den letzten Tagen sehr vertraut geworden. Wir genossen die Gesellschaft, die Gespräche, aber auch das gemeinsame Schweigen. Wir hatten starke Bande miteinander geknüpft und konnten die Stimmung der anderen spüren, bevor sie ausgesprochen wurde.

Um uns herum lagen nun satte grüne Wiesen. Rote Bauernhäuser schmiegten sich in die Landschaft. Die typischen braunen Kühe kauten gelangweilt vor sich hin, wedelten mit ihren Schwänzen die Fliegen weg und gingen nur so viele Schritte wie nötig, um zum nächsten Grasbüschel zu kommen. Schafe hoppelten munter durch die Gegend oder lagen faul am Wegesrand. Was für eine Ruhe!

Der Weg führte uns durch einen Wald und war mal schmaler, mal breiter. Mal konnten wir in das grüne Tal sehen, mal war uns die Sicht versperrt. Der nicht enden wollende Fluss war immer noch unser Begleiter. Er veränderte seine Farbe und seinen Anblick je nach Wolkendichte oder Sonnenschein. Am Anfang hatte er mich mit seiner nicht enden wollenden Länge ja genervt. Inzwischen freute ich mich über jeden Blick auf ihn, neugierig, was er uns wohl von sich zeigen würde.

Wir balancierten gekonnt über Bäche und hüpften von Stein zu Stein. Zäune, die Schafe vom Ausbüxen abhalten sollten, waren für uns keine Schwierigkeit mehr. Wir öffneten und schlossen Gatter, kletterten geschickt über kleine Leitern. Fast so, als hätten wir im Leben nie etwas anderes gemacht. Zwei City-Girls, die zu Outdoor-Girls geworden waren.

Je weiter wir kamen, desto mehr wichen die Birken den Nadelbäumen. Doch selbst die zogen sich zurück, je höher wir stiegen. Es ging nun stetig bergauf. Das saftige Gras verschwand. Stattdessen sah ich etwas, das wie Heidekraut aussah. Vereinzelt standen kleine, knorrige Bäumchen in der Gegend. Sie sahen so windschief und verwachsen aus, dass man ihnen ansah, wie schwierig es für sie sein musste zu überleben. Sie hatten eine weiß-graue Rinde und kleine Blätter. Es mussten wohl auch Birken sein, aber sie hatten nichts gemein mit den großen schlanken, saftigen Verwandten im Tal.

Was sich immer mehr ausbreitete, war die Weite. Unglaubliche Weite. Stück für Stück öffnete sich uns der Horizont. Vor uns, unter uns, um uns erstreckte sich ein riesiger hellgrün-brauner welliger Teppich. Wellen, die mal höher und mal flacher waren. Ein riesiges, unendliches, sanftes, welliges Meer. Es war nicht schroff, aber karg. Es war sanft und sah trotzdem rau aus. So etwas hatte ich noch nie gesehen.

All das entsprach den Bildern, die mich im Internet so fasziniert hatten. Die meine Sehnsucht geweckt hatten. Die dafür gesorgt hatten, meinen Rucksack zu packen. Und jetzt war ich hier und sah das alles mit eigenen Augen. Ich konnte es kaum fassen. Ich blieb stehen und schaute und schaute. Diese Farben: Ocker, helles Grün, Grau, dunkleres Braun, dunkleres Grün – alles waberte irgendwie ineinander und ergab ein unglaublich schlichtes Farbspiel.

Der schmale Trampelpfad führte uns immer höher und höher. Die Heidelandschaft selbst sah aus wie eine Buckelpiste. Einzelne schwarz-grau-weiße Steine ragten aus dem weich aussehenden Teppich heraus, mal größer, mal kleiner.

Wir sprachen nicht. Zu beeindruckt waren wir. Zu sehr waren wir mit Staunen und Schauen beschäftigt. Ehrfurcht war wohl das treffendste Wort, um mein Gefühl zu beschreiben. Und zu sehr brauchten wir unsere Puste. Denn es ging weiter bergauf – nicht unglaublich steil, aber ununterbrochen.

Und dann tauchte er auf einmal vor uns auf: der *Allmannsrøysa*. Eigentlich nur ein Haufen Steine. Aber es war kein normaler Steinhaufen. Eher ein Monument. Ein Gipfel-Steinberg, der aus unzähligen größeren und kleineren Steinen bestand. Jeder Mensch, der hier hochkam, hatte einen Stein mit sich getragen und ihn hier abgelegt. Eine verbundene Last damit losgelassen. In seinen Stein etwas hineingelegt: Wünsche, Gedanken, Hoffnungen. Dieser Steinhaufen atmete Geschichten und Schicksale. Ich konnte ihn förmlich flüstern hören.

Ich atmete die Magie dieses Ortes ein. Auch wenn wir schon länger geschwiegen hatten, wurde ich innerlich noch stiller. Ich war überwältigt von der unglaublichen Weite um uns herum. Wir waren nun ganz oben. Bis zum Horizont erstreckten sich Berge. Nicht wie in den Alpen, wo graue, massive Steinriesen vor dir aufragen und dir die Sicht versperren. Hier wogte die Natur nur so weit auf und ab, dass ich diese geschwungenen, kargen und trotzdem in allen Braun-Grün-Tönen erscheinenden Erhebungen bis in die weite Ferne sehen konnte. Schneeflecken verzierten einige dieser runden Höhen. Ich stand und schaute. Stand und schaute.

Das war wirklich pure Magie.

Irgendwann drehte ich mich um und suchte mit den Augen Tomoko. Wir waren nun hier oben nicht mehr allein. Andere Wanderer machten Selfies oder legten ihren Stein auf den eh schon riesigen Haufen.

Auch ich hatte einen Stein in der Tasche. Aber nicht für mich, sondern für Tomoko. Es war Tomokos Idee, dass wir einen Stein als Zeichen unserer Verbundenheit niederlegen würden und um der anderen etwas zu wünschen. Allein schon von der Idee war ich tief berührt gewesen. Und jetzt stand ich hier und wusste gar nicht so richtig, wohin mit meinen Gefühlen.

Ich sah Tomoko an dem Steinhaufen und ging zu ihr rüber. Ich traute mich fast nicht, sie anzuschauen. Ihr schien es ähnlich zu gehen wie mir. Aus ihrem Gesicht war die Fröhlichkeit gewichen, sie sah sehr ernst und nachdenklich aus.

Sie holte Luft und sah mich ruhig an. Ich nickte. Sie verstand. Sie griff in ihre Jackentasche und zog einen Stein heraus und zeigte ihn mir. Er war grau-weiß gesprenkelt und passte von der Größe in ihren Handteller. Eine Ecke des Steines war schwarz und von dieser Ecke zog sich ein Riss durch den Stein.

Sie räusperte sich. „Ich wünsche dir, dass du alle deine Erkenntnisse von dieser Wanderung nicht nur im Herzen behältst, sondern in dein Leben integrierst. Dabei wünsche ich dir Kraft und Zuversicht – und dass, wann immer du zweifelst, du an diesen Moment zurückdenkst. Möge er dir die richtige Energie, die richtige Erkenntnis zum richtigen Zeitpunkt geben."

Ich musste heftig schlucken, um nicht zu weinen. Das Wasser stand hoch in meinen Augen. Natürlich hätte ich es fließen lassen können, doch ich wollte nicht. Zusammen mit den Tränen wollte ich die Emotion bei mir halten und nicht rauslassen, nicht loslassen. Ich wollte sie bei mir, in mir halten.

Tomoko umschloss den Stein mit ihrer Faust und drückte sie fest zusammen. Sie legte den Stein auf den Haufen, seitlich auf einen größeren Stein, sodass er geschützt und geborgen lag. Es fühlte sich unglaublich feierlich an. Auch wenn um uns herum Menschen waren, ich nahm sie nicht wirklich wahr. Hier waren nur wir beide.

Nun war ich dran.

Auch ich zog den Stein, den ich für sie ausgesucht hatte, aus meiner Tasche und zeigte ihn ihr. Er war eher ockerfarben und hatte mehrere rötliche Flecken, die wie kleine Wolken aussahen. Ich hörte, wie Tomoko die Luft einzog, traute mich aber nicht, sie anzuschauen. Das würde ich nicht aushalten, dachte ich.

Ich räusperte mich. Noch mal und noch mal. Verdammter Kloß im Hals. Als ich ansetzte, hörte sich meine Stimme heiser an, sie zitterte leicht. „Ich wünsche dir innere Stärke, um das, was dich zu Hause erwartet, gut bewältigen zu können. Ich wünsche dir Freude und Liebe im Herzen und dass du sie beständig weitergeben kannst. Mögest du dich in schweren Stunden an diesen Moment erinnern und er Licht in Dunkelheit bringen."

Ich sah Tomoko aus den Augenwinkeln an, dass auch sie damit kämpfte, nicht zu weinen.

Ich legte ihren Stein neben meinen. Gemeinsam standen wir vor ihnen und sagten kein Ton. Wir fassten uns kurz an den Händen und drückten sie fest. Es war gut, sie wieder loszulassen, denn sonst wäre es zu viel geworden. Ich ließ meine Augen schweifen, in der Hoffnung, dadurch das Wasser in ihnen in den Griff zu kriegen.

Um uns herum nichts als unendliche Weite. Ich hatte das Gefühl, auf dem Dach der Welt zu sein. Der Weg hier rauf war teils echt anstrengend gewesen. Doch die Belohnung war einfach irre. Ich schluckte.

Das war es, was ich gesucht hatte. Das war es, wonach ich mich gesehnt hatte. Und jetzt war ich hier, jetzt stand ich hier. Ich war schon lange nicht mehr der gleiche Mensch wie vor ein paar Wochen. Zu viele Gedanken über mich und mein Leben hatten mich schon durchströmt, die ich nicht mehr loslassen konnte. Die Erinnerung an die Situation am Wannsee erschien mir surreal. War das wirklich passiert? Ich erinnerte mich an das Gespräch mit meiner Freundin, wie ich den Sand durch meine Finger rinnen ließ und wie ich mich nach Weite gesehnt hatte. Und auf einmal spürte ich sie: in mir. Als ob sich die Weite der Natur auf seltsame Art und Weise über meine Netzhaut in mein Innerstes übertragen hatte. Ich schloss die Augen, um in mir das innere Bild von meinem Gefühl fest zu verankern. Einzuspeisen. Um es nie wieder zu verlieren.

Dann spürte ich eine Hand an meinem Ellbogen. „Komm, wir müssen weiter", sagte Tomoko leise. So richtig fröhlich wurde die Stimmung zwischen uns nicht mehr, zu nachdenklich waren wir beide. Aber es fühlte sich nicht schlimm an, sondern richtig.

Von jetzt an ging es nur noch bergab, doch die Landschaft veränderte sich kaum. Es blieb bei der Weite, der Kargheit, den Grün-Braun-Schattierungen. Heide, Flechten, Steine, Geröll.

Bei der nächsten Unterkunft hieß es Abschied voneinander nehmen. Das fiel mir unfassbar schwer. Tomoko war in wenigen Tagen von einer Fremden zu einer Vertrauten geworden. Einem Menschen, mit dem ich tiefe Gedanken tauschen, lachen und schweigen konnte. Nicht nur ich hatte mein Herz geöffnet und ausgeschüttet, auch sie hatte mir viel erzählt. Über sich, über ihr Leben, ihre Herausforderungen. Wir wussten nicht, ob wir uns jemals wiedersehen würden. Doch das war egal. Wir waren in einer Tiefe verbunden, die uns nie verlassen würde. Natürlich tauschten wir die Kontakte aus. Natürlich wünschten und hofften wir, dass wir uns noch einmal begegnen würden. Doch wir versprachen uns nichts. Wussten wir doch, dass, wenn uns das echte Leben wieder begegnete, alles anders sein würde.

Das echte Leben. Hier, in Norwegen, da waren wir frei. Frei von Zwängen. Frei von anderen Beziehungen. Wir waren einfach nur wir. Aber das andere Leben wartete. Lauerte förmlich.

Von Steinen und Trollen

Einen Großteil der Wanderung hatte ich nun hinter mir. Was mir zunächst wie eine fast unüberwindbare Ewigkeit vorkam, zerfloss mir jetzt zwischen den Fingern. Die Zeit, die sich anfangs wie Gummi zog, zerrann wie Sand in der berühmten Uhr. Unausweichlich musste ich mich irgendwann mit dem Gedanken beschäftigen: *Und dann?*

Doch erst einmal wartete ein Abenteuer auf mich. Während Tomoko und andere Pilger auf dem *Olavsweg* blieben, bog ich ab. Ich wollte die wilde, weite Natur Norwegens so richtig spüren.

Deswegen hatte ich mich mit Proviant eingedeckt. Mein Handy und die beiden Powerbanks aufgeladen. Die GPS-Koordinaten geprüft. Das Wetter gecheckt. Und endlich sollte auch mein Zelt zum Einsatz kommen, das ich schon die ganze Zeit mitgeschleppt hatte.

Alleine durch das *Dovrefjell* wandern, abseits des Pilgerwegs. Das war mein Plan. Ich wusste, dass das nicht unbedingt einfach werden würde, doch ich brauchte das. Ich wollte das. Mein typisches „Ich kann das" hatte sich bei meiner Recherche daheim zu Wort gemeldet. Das war das Gebiet, was mich im Internet förmlich angesprungen hatte. Das waren die Bilder, die mich in die Sehnsucht nach Weite gelockt hatten. Ich wollte sie haben. Sie spüren, in mich einsaugen.

Gleichzeitig spürte ich Angst. Ein Kribbeln im Bauch. „Was wenn" waren Gedanken, die immer wieder auftraten. *Was, wenn mir was passierte. Was, wenn es anfing zu schneien. Was, wenn mir plötzlich einer dieser Moschusochsen gegenüberstünde. Was, wenn …*

Doch ich war vorbereitet. Meine Route war geplant. Ich wollte von *Hjerkinn* aus abbiegen, um näher an den berühmten Berg *Snøhetta* ranzukommen. Zwischen ihm und einem anderen Berg wollte ich über ein Tal kommend bei *Oppdal* wieder auf den Pilgerweg zurückkehren. Einen Teil würde ich querfeldein, einen Teil über Wanderwege gehen. Laut Plan sollte ich drei Tage unterwegs sein. Drei Tage allein. Proviant hatte ich für viereinhalb Tage. Man weiß ja nie …

Mein Wecker klingelte um 5 Uhr früh. Die anderen schliefen noch. Leise machte ich mir einen Kaffee und das übliche Porridge. Ich war aufgeregt und gleichzeitig ruhig. Es war noch frisch, doch laut Wettervorhersage sollte es aufklaren, die Sonne durchkommen und milde 20 Grad werden. Gutes Wanderwetter.

Ich zog meine Wollsocken an. Schnürte fokussiert meine Schuhe – für mich mittlerweile eins der normalsten Rituale der Welt. Der große Vorteil von Wollsocken: Sie riechen nicht. Egal, ob ich sie mehrere Tage trug oder sie nass wurden. Sie trockneten schnell und zeigten kein Anzeichen von Stinkefüßen. Genau wie mit den Klamotten. Da jedes Gramm zählte, hatte ich nur eine kleine Dose Deocreme dabei. Aber Wollsachen rochen einfach nicht. Irgendwie magisch, wie gerade alles hier.

Meine *Norwegian Heels* – wie sehr waren sie mir ans Herz gewachsen. Inzwischen hatte ich zwei Blasen überstanden. War mit ihnen durch Regen und Matsch, über Felder, Wiesen, Steine, durch und über Bäche, Wald- und Schotterwege gegangen. Meine Füße waren immer warm und trocken. Ob ich wohl jemals wieder „normale" Heels würde tragen können?

Meine Schuhe, meine Trekkinghose, meine Klamotten, alles, was ich bei mir hatte, war mir auf einmal so vertraut. Brauchte ich jemals mehr? Warum müssen wir immer so viel besitzen? Unser Leben vollstopfen und zumüllen mit Dingen, die man nicht wirklich brauchte, die man nur haben wollte? Warum fiel es uns so schwer, zwischen Brauchen und Wollen zu unterscheiden? Warum wurden wir immer wieder Opfer unseres Wollens? Ich nahm mich da selbst nicht aus. Das Wollen zu befriedigen, machte glücklich – zumindest kurzzeitig. Das, was ich aber wirklich wollte, war langfristige Zufriedenheit. Freiheit. – Und die konnte ich mir nicht kaufen. Die erlebte ich gerade hier. In mir.

Ich bewegte meine Zehen, rutschte in den Schuhen ein bisschen herum. Ja, sie saßen gut. Der Rucksack hatte nicht an Gewicht verloren, aber ich hatte mich dran gewöhnt. Die Schultern schmerzten schon lange nicht mehr. Die Beine auch nicht. Ich hob ihn auf und schwang ihn geübt auf den Rücken. Gurte zuschnallen, festzurren. Bisschen hüpfen und wackeln. Ja, passt!

Okay. Los geht's!

Es war still und gleichzeitig nicht. Zwar schien die Welt noch zu schlafen, nicht aber die Natur. Diverse Vögel zwitscherten schon munter und ich wusste immer noch nicht ihre Namen. Mein Weg führte zunächst zu einem Aussichtspunkt. Ein Muss, hieß es. So früh am Morgen sollte da noch nicht viel los sein.

Der Weg war einfach und wenig imponierend. Ich ging auf einer normalen Schotterstraße, auf der auch Autos und Reisebusse entlangfahren konnten. Knipsenden Touristenhorden wollte ich allerdings nicht begegnen, auch deswegen brach ich früh auf.

Als ich zu dem Aussichtspunkt kam, war ich erst einmal schockiert. Ein Container? Zwar nicht in Grau, sondern in Rostbraunrot – aber warum ein metallener Klotz in dieser magischen Landschaft? Konnten sie sich nicht was Netteres ausdenken? Vielleicht aus Holz?

Ich ging um den Container herum und fand eine Tür zum Hineingehen. Auf einmal war ich in einer anderen Welt. Eine riesige Glasfront und sanft geschwungene, wellenförmige Sitzbänke aus Holz hießen mich willkommen. Das fühlte sich direkt anders an. Ich setzte mich und sah vor mir einen riesigen, schroffen, grauen, zackigen Berg. Ein bisschen geformt wie ein Napoleonhut. Ein großes Schneefeld erstreckte sich in seiner Mitte, kleinere waren am Rand verteilt. Dieser grau-gezackte Felskoloss ragte aus der sanft-welligen Weite des *Dovrefjells* empor – ein starker Kontrast. Das musste der *Snøhetta* sein. Man konnte ihn angeblich relativ problemlos besteigen – anstrengend, aber machbar. Dafür hatte ich keine Zeit eingeplant, was ich jetzt bereute. Der Koloss sah düster aus, fast schon bedrohlich. Der Berg war das Krasseste, was ich bisher in Norwegen gesehen hatte.

Ich war froh, dass die Wettervorhersage gut war, denn hier konnte es durchaus auch schon mal im Sommer schneien. Darauf hatte ich echt keine Lust.

Die Landschaft hatte sich seit meinem Start in Oslo sehr verändert. Da ich langsam unterwegs war, waren das sehr graduelle Veränderungen, die mir oft erst später bewusst wurden. Anfangs war es ja eher heimelig, *hyggelig*, gewesen. Wellig, grün, rote und weiße Häuser, Bäche, Wald, Wiesen, Schafe. Der ewig lange *Mjøsa*, an dessen Ufer bewaldete Berge aufragten. Hier hatte ich erste Felsformationen gesehen und ein Gefühl für das bekommen, was noch auf mich wartete. Das *Gudbrandsdalen* wechselte von schmal zu weit, der ewig lange Fluss genauso. Die Felsformationen, die ich bisher gesehen hatte, waren spannend, doch nicht spektakulär. Die Aussicht gestern: magisch. Diese unendliche Weite in den unterschiedlichsten Grün-Braun-Nuancen. Und selbst wenn ich schon einige Höhenmeter rauf und runter gewandert und das durchaus anstrengend war, das hier war jetzt wirklich noch mal was anderes. Wildheit. Freie Natur. Ich konnte es kaum fassen. War sprachlos, ergriffen, dankbar, demütig, freudig aufgeregt, alles zugleich. Spürte es an und in mir. Sog es ein. Was für ein Gefühl!

Die Braun- und Grünschattierungen mit den Steinen dazwischen wellten sich bis zum Horizont. Was sich bereits länger unter meinen Füßen befand, setzte sich unendlich fort. Steine, Moos, Flechten, Heidekraut, Felsen. Ein ewiges Meer davon, welches wie vom Wind aufgewühlt mal höhere und mal kleinere Wellen schlug.

Und dieses Meer sollte ich durchqueren. Überqueren.

Wollte ich, nicht sollte.

Ich ging los. Abenteuer, ich komme.

Zwischen dem Braun und Grün entdeckte ich auch ein Rosa, Gelb, Weiß und Blau. Kleine rosa Blümchen, vermutlich Heideröschen. Blaue Blumen, die wie kleine Glöckchen aussahen. Kleine gelbe Irgendwas. Selbst das grüne Moos hatte verschiedene Schattierungen, auch das Braun wechselte von dunkel zu hell, von erdig bis leicht rotstichig. Die Steine sahen wie Granit aus. Weiß-schwarz-grau-gesprenkelt.

Blickte man nur in den Horizont, hätte die Landschaft leicht öde aussehen können. Sah ich zu meinen Füßen, erstreckte sich eine wunderschöne bunte Vielfalt im Kleinen. Schönheit zeigt sich halt auch im Kleinen, im Verborgenen, im Unscheinbaren. Es musste nicht immer prachtvoll schillern, es sind unsere Augen, die entdecken können. Unsere Augen, die einen Unterschied machen können. Augen, die entdecken können, wenn wir sie denn lassen. *Innehalten.*

Obwohl ich Tomokos Gesellschaft merklich vermisste, genoss ich es, allein zu sein. Egal, wie sehr man einen Menschen mag, egal, wie verbunden man diesem ist, alleine ist man ehrlicher. Zu sich selbst. Denn in jeder Beziehung, in jeder Situation ist man in einer Rolle und spielt diese aus: Ich als Partnerin. Ich als Freundin. Ich als Kumpeline. Ich als Kollegin. Ich als Chefin … Und hier war ich nur ich. *Ich-ich.*

Sebastian hatte gesagt, dass er sich nicht verstellen wollen würde. Dass er nur ein Ich sei. Dass es nur Facetten von ihm seien, die er mal mehr und mal weniger zeigen würde.

Mir fielen dazu diese Kaleidoskope ein, die wir als Kinder hatten. Ein langes Guckrohr mit bunten Glassteinen drin. Und immer, wenn wir daran drehten, entstand ein neues Bild. Doch die Steine blieben die gleichen.

So kam ich mir vor. Ich bestand aus diesen Steinen. Doch konnte wirklich ich entscheiden, wer diese Steine in welcher Formation sah? Waren es nicht eher die anderen, die das Kaleidoskop drehten, um dann ein Bild von mir zu bekommen? Waren es nicht die Augen der anderen, die sich ein Bild von mir machten? Und wie sehr konnte ich das überhaupt beeinflussen?

Ich erinnerte mich an eine kurze Beziehung in meiner Studienzeit. Der Typ war ganz nett, aber nach kurzer Zeit schon nervte er mich. Er hatte die Angewohnheit zu reimen. Egal wo wir waren, was wir sahen, was wir erlebten: Er versuchte einen lustigen Reim daraus zu machen. Nur, dass ich das nicht lustig fand, sondern eher anstrengend. Er träumte davon, mal als Stand-up-Comedian aufzutreten und Leute zum Lachen zu bringen. Allerdings vertrat er eine Art Humor, die ich nicht lustig fand. Er meinte irgendwann, dass er noch nie jemanden kennengelernt hatte, der so humorlos sei. Als ich das meinen Freundinnen erzählte, mussten die laut lachen. Du und humorlos? Wir mussten alle zusammen lachen. Ja, wir machen uns unser eigenes Bild, drehen selbst am Kaleidoskop und bewerten, was wir sehen. – Für den einen war ich humorlos. Für den anderen humorvoll. Für den einen saß ich auf dem hohen Ross. Für den anderen war ich nah und einfühlsam. Wie sehr konnte ich das Bild, was ich in dem Kaleidoskop abgab, überhaupt beeinflussen?

Und wenn ich es wenig bis gar nicht beeinflussen kann? Warum überhaupt darüber Gedanken machen? Warum nicht „scheiß doch drauf" sagen?

So ganz egal ist es einem dann ja doch nicht, wie man gesehen wird. Man will gemocht werden. Und dafür führen wir manchmal schon einen ganz schönen Affentanz auf. Ich auch.

Aber jetzt nicht. Jetzt war ich allein. Und musste nichts und niemandem was vormachen. *Ich war ich.*

Nachdem ich ein steiniges Geröllfeld hinter mir gelassen hatte, wurde der Boden weich und federnd wie ein riesiger Teppich. Ich mochte diese Art zu gehen. Es sei denn, ich ging über einen der Steine. Ich musste immer gut hinschauen und aufpassen. Es gab keinen Weg, keine Schotterpiste, keinen Trampelpfad. Ich ging wirklich querfeldein. Ich hatte inzwischen verstanden, dass ich eigentlich über ein riesiges Geröllfeld ging, nur dass das von Moos, Heide und Flechten überzogen war. Und ich merkte, dass das durchaus anstrengender war, als ich dachte. Auch musste ich mich durch niedrige, teils kratzige Büsche kämpfen und kleine Abhänge rauf- und runtergehen. Was von Weitem wie eine Ebene aussah, war in Wahrheit ein durchfurchtes Etwas.

Irgendwann entdeckte ich den markierten Wanderweg, dem ich folgen musste. Markiert war vielleicht etwas übertrieben, da die Markierung aus einem roten „T" bestand, das in unregelmäßigen Abständen auf Steine gepinselt war. Manchmal konnte ich den

Trampelpfad erkennen, manchmal nicht wirklich. Aber die Markierungen zusammen mit dem GPS – da sollte nichts schiefgehen. Der Weg führte irgendwann an einer der Touristenhütten vorbei, die ich aber nicht nutzen wollte.

Auch wenn ich mich wie eine Entdeckerin fühlte – wie die erste, die hier jemals entlanggelaufen war –, wusste ich ja, dass das Quatsch war. Natürlich waren hier schon zig Menschen gewandert, hatten Fotos gemacht und ins Internet gestellt. Sonst wäre ich ja auch nicht darauf gekommen. Sonst wäre ich auch nicht hier.

Auf den Fotos im Internet waren auch Rentiere und Moschusochsen zu sehen. Meine Chance, die zu Gesicht zu bekommen, war allerdings recht gering. Ich wusste, dass Rentiere extrem scheu waren. Vor denen musste ich keine Angst haben, die würden eher abhauen. Aber vor den Moschusochsen … Denen wollte ich echt nicht begegnen. Obwohl sie Ochsen heißen, gehören sie zu den Ziegen. Sie haben einen bulligen Körper und nach oben gedrehte Hörner. Sie sind nicht groß, vielleicht so 1,20 bis 1,50 Meter hoch. Aber dieser immens robuste Körperbau, das zottige Fell und diese harte, komplett verhornte Stirn können einem schon Angst einjagen – und umgerannt werden wollte ich von so einem Bullen wirklich nicht. In einem YouTube-Video hatte ich gesehen, wie zwei Männchen aufeinander zustürzten und im wahrsten Sinne des Wortes versuchten, sich die Köpfe einzuschlagen. Irre! Glücklicherweise schnauben sie erst als Warnung – und dann heißt es: Rückzug! Aber vermutlich würde ich eh keine sehen. Hoffentlich …

Obwohl ich nun schon zwei Stunden unterwegs war, schien der *Snøhetta* einfach nicht näher kommen zu wollen. Immer noch ragte er in seiner Kolossalität vor mir auf.

Ob ich mit meinen drei Tagen wohl hinkommen würde?

Ich lief. Machte kurze Pausen. Füllte meine Wasserflasche an den vielen kleinen und größeren Bächen auf, die diese seltsame Landschaft durchzogen. Machte meine Mittagspause und aß meine geschmierten Stullen, einen Apfel, eine Handvoll Nüsse. Schokolade hob ich mir für später auf, wenn die Energie sank.

Mein Ziel war einer von zwei Seen, der *Stroplsjøen*, die sich zwischen dem *Snøhetta* und einem anderen Berg befanden. Dort wollte ich übernachten. Ich, allein in der Wildnis. Ich spürte ein Kribbeln bei dem Gedanken – diese ganz spezielle Mischung aus Aufregung, Angst und Trotzdem-Wollen. Zurück konnte ich nun eh nicht mehr.

Ich folgte weiter dem schmalen Trampelpfad und dem roten T. Auf einmal sah ich, wie von links ein Wanderer kam. In ziemlicher Entfernung steuerte er in Richtung meines Weges. Er hatte einen ziemlich großen Rucksack, aus dem etwas rausragte. War das etwa eine Angel? Der wollte doch wohl nicht zu meinem See? Um ihn herum sprang ein Hund.

Mir wurde etwas mulmig zumute. Ich war hier allein. Das wollte ich ja auch sein. Aber wenn hier ein fremder Mann war und womöglich auch an den See wollte, dann fühlte sich das Alleinsein auf einmal nicht mehr so friedlich und abenteuerlich an. Verdammt. Immerhin war er noch ein Stück entfernt. Ich wusste auch gar nicht, ob er mich schon gesehen hatte. Er bog auf meinen Trampelpfad ein und schien in die gleiche Richtung zu wollen wie ich. Meine Hoffnung sank, dass er vielleicht ganz woanders hinwollte. Der Mann ging recht schnell, sodass er immer kleiner wurde und ich ihn zwischendurch auch gar nicht sah. Er verschwand immer mal wieder in Senken oder hinter Hügeln. Vielleicht hatte ich ja Glück.

Ich kam zu einer Anhöhe. Als ich oben stand, breitete sich vor mir der See aus. Wie wunderschön! Ein dunkles Grasgrün schimmerte mir entgegen, umgeben von diesen kleinen, knorrigen Birken und den stacheligen Büschen, die sich in dem Wasser spiegelten. Es war nur leicht windig, sodass sich das Wasser auch nur sanft kräuselte. Mein Herz hüpfte. Mein Übernachtungsplatz! Wie romantisch das aussah!

Dann hüpfte es noch mal und blieb fast stehen. Ich entdeckte den Mann am Ufer. Er hatte seinen Rucksack abgelegt und machte genau das, was ich vermutet hatte: angeln. Meine Laune sank schlagartig. Ich wollte allein sein, allein mit mir. Und mir nicht Gedanken um einen Typen machen, der hier allein rumwanderte und angelte. Wer weiß, was das für ein Kerl war.

Plötzlich sprang sein Hund auf und kam mir bellend entgegen. Na, toll! Heimlicher Rückzug war jetzt nicht mehr drin. Sein Hinterteil wackelte freudig von rechts nach links – hätte er einen Schwanz gehabt, hätte er damit gewedelt. Aber da war nur ein Stummel. Er sah lustig aus, rot-weiß gefleckt, mit einem freundlichen Gesicht. Ich bückte mich und hielt ihm meine Hand hin, an der er schnupperte. Dann sprang er spielerisch weiter um mich herum. Er schien sich zu freuen. Der Mann hatte sich bereits umgedreht und uns beobachtet. Er rief nach seinem Hund, der aber partout nicht zu ihm lief. Jetzt kam der Mann zu uns. Ich seufzte. Natürlich war ich inzwischen gewohnt, wildfremde Menschen zu treffen. Aber ich war extra vom Pilgerweg abgebogen, um einfach mal nicht zu quatschen.

Der Mann kam näher. Er sah eigentlich ganz lustig aus. Er hatte einen roten Vollbart und trug eine offensichtlich selbstgestrickte, gestreifte Wollmütze mit Bommel und einen viel zu weiten, ebenfalls gestreiften Strickpulli, der auch schon mal bessere Tage gesehen hatte. Der Hund sprang ihm entgegen und an ihm hoch.

Er kraulte ihn und sagte lachend etwas zu ihm und kam näher. Vielleicht doch nicht der Typ, vor dem ich Angst haben musste? Er sagte etwas, was ich nicht verstand. „English?"

„*Ah*", lachte er. „*Sorry about my dog.*"

„Schon okay," meinte ich. „Ich mag Hunde." Und dann folgte der übliche Smalltalk, wo ich herkäme und wo ich hinwolle. Ich zögerte. Sollte ich ihm sagen, dass ich eigentlich hier am See übernachten wollte oder sollte ich das verschweigen? Ich wollte schließlich nicht hierbleiben, wenn er auch hierblieb. Ich blieb vage und erzählte, dass ich irgendwo hier übernachten wolle. Er nickte und meinte, dass es hier am See doch sehr schön sei. Er selbst wolle hier nur angeln, um dann weiter zu einer Hütte zu gehen. Mir fiel ein Stein vom Herzen. Er musste irgendetwas in meinem Gesicht erkannt haben. Zumindest nickte er und schien zu verstehen.

„*If you want to, you can join me for fishing. I will leave later anyway so then you are alone here.*"

Ich war unschlüssig. Mit einem wildfremden Mann hier am See sein? Auf der anderen Seite sah er ja nett und lustig aus. Und hatte einen drolligen Hund. Ich gab mir einen Ruck. Und nickte.

Ich folgte ihm zum See und legte auch meinen Rucksack ab. Ich setzte mich auf einen Stein. Während ich den Mann beobachtete, wie er wieder und wieder die Angel ins Wasser warf, kraulte ich den weichen Kopf seines Hundes, der sich neben mich gelegt hatte. Ich entspannte mich mehr und mehr. Dem Mann zuzusehen, war irgendwie beruhigend.

Es passierte nicht viel. Angel rein, warten, Angel raus. Angel rein, warten, Angel raus.

Um uns herum erhoben sich die Berge, zu weit weg, um sich im Wasser zu spiegeln. Ich versank ein bisschen in meinen Gedanken. Nur wenn ich aufhörte zu kraulen, stupste mich eine Nase an. Weitermachen. Okay.

Plötzlich sah ich, wie es um die Angel herum platschte. Da musste etwas angebissen haben. Der Mann wechselte von entspannt zu angestrengt. Er ließ ein bisschen Schnur raus, um sie dann wieder einzuholen. Er ruckelte ein bisschen an der Angel und zog sie in kurzen, raschen Bewegungen zu sich. Im Wasser tobte es. Der Mann ruckelte noch mal an der Angel und fing dann langsam, aber gemächlich an, die Schnur einzuholen. Das schnurrende Geräusch war deutlich zu hören, auch wenn der Fisch ordentlich kämpfte. Dann holte der Mann mit einem Schwung die Angel ein und warf einen zappelnden Fisch ins Gras. Blitzschnell nahm er einen Holzscheit und zog dem Fisch eins über. Das Zappeln hörte auf. Der Mann sah zu mir, hob den Daumen und grinste. Ich hob auch den Daumen und klatschte Beifall.

„*Wanna try?*", fragte er mich.

Schwupps, war es wieder da, das mulmige Gefühl. Da war was Neues und ich wusste noch nicht, wie es ging. Was, wenn ich mich dusselig anstellte? „Martha, was ist nur los mit dir", sagte ich innerlich zu mir. Durchatmen, aufstehen und „*Oh yes, thank you*" sagen konnte doch nicht so schwer sein. Ich atmete durch, stand auf – und nickte nur. Immerhin.

Er erklärte mir, wie ich die Hände halten sollte. Wie und wann ich den Bügel der Angelschnurrolle umlegen sollte. Dann ausholen und nach vorne schwingen. Warten. Langsam einrollen. Ausholen. Schwingen. – Sah einfach aus.

Ich nahm die Angel in die Hand. Holte aus. Schwang sie nach vorne. Der Angelhaken plumpste vor mir ins Wasser. Hm, war wohl doch nicht so einfach. Jetzt nur nicht unter Druck setzen. Locker bleiben. Noch mal.

Wieder das Gleiche. Wieso konnte der Mann so weit die Angel werfen und ich nicht? Ich sah ihn fragend an.

„*Keep trying*", meinte er.

Ich merkte, wie ich ungeduldig wurde. Doch dann fiel mir Wuschelkopf und seine Ukulele ein. Ruhig. Langsam.

Ich atmete ein. Aus. Schloss die Augen.

Ich erinnerte mich zurück an die Stelle, in der dieser Mann mir gezeigt hatte, wie ich die Hände zu halten habe. Korrigierte meine Handstellung. Fixierte in Gedanken eine Stelle auf dem See, wo der Angelhaken landen sollte. Fokussierte mich auf das Ergebnis. Holte aus und … wusch … *plopp*. Ich öffnete die Augen und war baff. Der Angelhaken traf auf dem Wasser genau da auf, wo ich ihn haben wollte.

„*Så bra*", meinte auch der Mann.

Noch mal und noch mal und noch mal. Was sich langweilig anhören mag, war fast schon meditativ.

Ich genoss die Stille, die innere Ruhe, die sich in mir breitmachte. Was sich allerdings auch in mir breitmachte, war Hunger. Wie spät es wohl war? An den hohen Sonnenstand hatte ich mich zwar inzwischen gewöhnt, aber die Zeit konnte ich immer noch nicht davon ablesen.

Ich hörte, wie der Mann hinter mir an seinem Rucksack rumhantierte und eine kleine Axt rausholte. Er winkte mir damit nur kurz zu und stapfte zu einer Reihe der krummen Birken. Der Hund sprang hinter ihm her.

Der Mann machte sich an einem der Bäume zu schaffen und schlug ein paar größere Äste ab. Das sah gekonnt aus. Die schleifte er dann zurück und begann sie zu zerteilen. Feuerholz? Lagerfeuer?

Auf einmal merkte ich, wie etwas an meiner Angel zuppelte. Zuppelte und zuppelte. Ich wurde ganz aufgeregt. Da musste ein Fisch dran sein. Die Angel bog sich immer wieder und wippte leicht. Auf einmal stand leise und ruhig der Mann neben mir.

„*Stay calm*", meinte er. „*Just answer him …*"

Ich wusste zwar nicht genau, was er damit meinte, aber ich versuchte, dem Zuppeln durch gegenläufiges Zuppeln zu antworten. Ich sah den Mann an. Er nickte und hob den Daumen. Ich merkte, wie das Zuppeln stärker wurde, wütender – und wie ich innerlich sehr bestimmt wurde. Ich krieg dich. Du entkommst mir nicht. Ich ließ ihn ziehen und zappeln und spürte eine fast schon gemeine Genugtuung.

Der Mann deutete mir an, ein paarmal ruckartig an der Angel zu ziehen, was ich tat. Der Fisch war noch dran. Langsam rollte ich die Angelschnur ein, wie es der Mann mir gezeigt hatte. Der Fisch wand sich und tobte. Fast tat er mir leid, aber ich hatte Hunger. Er oder ich. Ein uralter Instinkt kam in mir auf. Mit einem letzten Ruck zog ich die Schnur mit dem zappelnden Fisch raus und warf den Fisch ans Ufer. Da lag er nun. Schnaufte. Sah mich mit glubschenden Augen an. Er schillerte und war wunderschön.

Der Mann nahm einen der Feuerscheite und hieb dem Fisch damit über den Schädel. Das war's. Das Zappeln war vorbei. Der Mann strahlte mich an und klopfte mir auf die Schulter, hob den Daumen und sagte etwas, das ich nicht verstand.

Er legte meinen Fisch neben seinen. Ich war stolz. Mein erster, selbst gefangener Fisch! Der Mann meinte, ich könne ja jetzt mein Zelt aufbauen, er würde das Feuer machen, damit wir die Fische grillen könnten. Ich nickte.

Zelt aufbauen. Ich war froh, dass wenigstens das nicht neu für mich war. Mich vor diesem Outdoor-Profi-Norweger zu blamieren, wäre keine Freude gewesen. Glücklicherweise war ich oft genug auf Musikfestivals gewesen: Zeltplane ausrollen, Gestänge zusammenstecken, Heringe in den Boden rammen – kein Problem.

Als es stand und mein Schlafsack ausgerollt war, setzte ich mich neben den Hund, kraulte ihn und sah dem Mann zu, der die Angel noch mal ausgeworfen hatte. Er fing noch einen Fisch. Das Feuer knisterte und flackerte schon. Aus kleinen Flämmchen wurden große. Kleine Stöckchen steckten größere an, bis schließlich auch die großen Scheite brannten. Der Mann zauberte eine Art Rost aus seinem Rucksack hervor, und als das Feuer nach einiger Zeit nur noch Glut war, legte er ihn darüber.

Die Fische hatte er schon ausgenommen und legte sie auf den Rost. Es zischte, als Wasser von den Fischen in die Glut tropfte. Schnell fing es köstlich an zu duften.

Für jeden von uns hatte er schon Mann zwei lange Äste zurechtgeschnitten, deren Spitze vorn wie eine Neptun-Gabel gespalten war. Darauf legten wir Brotscheiben und hielten diese auch über die Glut. Toast mit selbst gefangenem und über Feuer gegrilltem Fisch. Mitten in Norwegen. Am See, zwischen Bergen. Nie habe ich köstlicher gegessen.

Wir redeten nicht viel. Immerhin erfuhr ich, dass der Mann Vidar hieß und Lehrer war. Er erzählte mir, dass er letztes Wochenende mit einem seiner ehemaligen Schüler hier draußen gewesen war, das ganze Wochenende. Zum Wandern und Fischen. Und dass er mit einigen seiner Schüler befreundet war und sie gerne Zeit miteinander verbrachten.

„Das hätte ich nie mit meinen Lehrern gemacht", meinte ich und muss wohl mein Gesicht ziemlich verzogen haben.

„Warum nicht?", fragte er.

„Na ja, die waren nicht wirklich cool. Manche haben uns auch fertiggemacht und ihre Macht genossen. Sie haben sich nicht wirklich für uns interessiert. Wichtig war nur, dass wir stillsitzen, lernen und gute Noten schreiben. Als ob sie selber dafür belohnt werden würden."

„Ja, viele Lehrer sehen ihren Beruf so, als ob sie Kindern oder Jugendlichen Wissen beibringen müssen. Darauf fokussieren sie sich, egal was passiert. Aber weißt du, was die wichtigste Aufgabe von Lehrern ist?"

Ich schüttelte den Kopf.

„Ihnen eine gute Zeit an der Schule zu ermöglichen. Ihnen zu zeigen, dass sie toll sind. So werden sie selbstbewusst. Und das geben sie später weiter."

Ich schwieg. So eine Einstellung hätte ich mir von meinen Lehrern auch gewünscht. „Und was machst du mit Schülern, die demotiviert und faul sind? Wie motivierst du sie?"

Er lachte. „Ich kann niemanden motivieren. Ich kann nur versuchen, ihnen alle Steine aus dem Weg zu räumen, die ihnen die Motivation nehmen. Ihnen den Weg ebnen. Ich will ja kein Troll sein."

Als er meinen fragenden Blick bemerkte, erzählte er mir, dass Trolle, wenn sie wütend seien, mit Steinen schmeißen würden – am liebsten auf Menschen. Allerdings würden sie, wenn Tageslicht auf sie fiele, zu Stein erstarren. So seien viele der Gebirge in Norwegen entstanden, wie zum Beispiel *Jotunheim*: ein Gebirge, in dem die riesigen Trolle *Jotun* wohnen würden. Auch würden Trolle zu Stein erstarren, wenn ein christlicher Mensch sie bei ihrem Namen nennen würde.

Ich musste lachen und meinte: „Wow, dann muss es hier früher ja viele Trolle gegeben haben, wo doch überall Steine rumliegen."

Er grinste und erzählte weiter. Der heilige Olav hatte einen Troll um Hilfe gebeten, um eine Kirche aus Stein zu bauen. Als Gegenleistung versprach Olav ihm die Sonne, den Mond oder die eigene Seele. Durch eine List fand er aber den Namen des Trolls heraus, und als der Troll den letzten Stein einbaute, rief Olav ihn beim Namen – und der Troll war sofort versteinert. „Ja, sie sind nicht wirklich schlau. Deswegen hat es auch so viele erwischt … Es gibt neben den Gebirgstrollen aber auch Waldtrolle. Die stellen Menschen gerne ein Bein und freuen sich, wenn sie stolpern. Es heißt auch, dass sie Kinder entführen und als Sklaven halten. Deswegen sollten Kinder nachts nicht allein im Wald unterwegs sein."

„Puh", meinte ich. „Da kann ich ja froh sein, dass ich nur tagsüber im Wald war und vermutlich zu groß für einen Troll bin."

„Wer weiß", meinte er zwinkernd.

Wir schwiegen wieder. Ich schaute ins Feuer und sah den Flammen zu. So unkontrolliert, wie die Flammen hin und her zuckten, flogen auch meine Gedanken hin und her. Rechts und links, mal größer und länger, mal klein und wieder verschwindend. Manche tanzten wie Funkenflug einfach davon. Feuer war magisch. Diese unterschiedlichen Farben von dunklem Blau, Rot, Orange, Gelb. Die Glut, die sich wie Lava immer wieder verfärbte. Ich hätte ewig einfach nur hier sitzen und zuschauen können.

Der Mann klopfte sich auf die Beine, der Hund sprang auf. „So, wir müssen los", meinte er. Er zeigte auf die Holzscheite und meinte, dass ich das ja noch verbrennen oder mir morgen früh noch mal ein Feuer machen könnte. Er hatte extra auch kleine Stücke gehackt, damit ich das Feuer am Morgen gut starten könnte.

„Danke, dass du mir das Angeln gezeigt hast!", meinte ich und stand zum Abschied auf.

Er nickte. „Gerne. Da hast du deinen Stadtfreunden was zu erzählen", sagte er grinsend.

Ich nickte lachend.

„Und pass auf, dass du keinem Troll begegnest – und wenn, dann mach ihn nicht wütend."

Ich versprach es ihm ebenso grinsend.

Ich sah ihm noch nach, wie er ging und sein Hund wieder fröhlich um ihn herumsprang. Ein komisches Paar. Und jetzt war ich wirklich allein.

Ich setzte mich zurück ans Feuer, legte etwas Holz nach und schaute weiter in die Flammen. Bald musste ich zurück. Zurück in die Zivilisation, in den Alltag. Zurück in den Job, ins Arbeitsleben.

Wollte ich überhaupt zurück? Wollte ich wirklich da weitermachen, wo ich aufgehört hatte? Ich spürte, wie wenig Lust ich hatte. Ich fühlte mich hier in der Natur gerade so frei und wohl. Der Gedanke, zurück in dieses Hamsterrad zu müssen, war wenig attraktiv. Ich könnte ja auch hier in Norwegen bleiben und mir einen Job suchen. Oder in der Natur leben und Fische fangen. Ich musste kichern. In Gedanken sah ich mich mit verfilzten Haaren und Strickpulli vor einer Hütte Holz hacken. Der Gedanke daran machte mich, so absurd er klang, irgendwie zufrieden.

Ich ließ das Feuer runterbrennen und goss aus meiner Flasche Wasser in die Glut, sodass es laut zischte.

Meine erste Nacht draußen. Ich war etwas aufgeregt. Hoffentlich konnte ich gut schlafen. Gerne hätte ich einen Sternenhimmel gehabt. Aber ich sah nur die Sonne und den hellen Himmel. Verrücktes Land.

Ich krabbelte ins Zelt und kroch in den Schlafsack. Da ich kein Kissen hatte, rollte ich meinen Pulli und meine Jacke zusammen. Sofort hatte ich den Geruch von Lagerfeuer in der Nase. Meine ganzen Sachen und meine Haare rochen danach. Ich fand es herrlich gemütlich. Jetzt sollte ich also allein hier draußen in der Natur schlafen. Nichts war um mich herum. Die Zivilisation weit entfernt. Ein bisschen unheimlich war es schon. Hörte ich da nicht ein Knacksen? Ein Rascheln? Wenn jetzt doch so ein Moschusochse kommen würde … Ich lauschte. Nein, da war nichts. Irgendwann schlief ich ein.

Ich wachte auf und wusste zunächst nicht, wo ich war. Meine Schultern schmerzten. Trotz Isomatte hatte ich sehr hart gelegen.

Ich stöhnte und drehte mich. Mensch, war das unbequem! Ich fühlte mich gerädert und verquollen. Leichter Wind raschelte in dem Tuch meines kleinen Zeltes. Das Zelt war so klein, dass nur ich und mein Rucksack reinpassten.

Mit einem lauten Ratschen öffnete ich den Reißverschluss und steckte meinen Kopf raus. Vor mir lag der See. Die Oberfläche kräuselte sich sanft in dem Wind. Ich merkte, wie ich innerlich und im Gesicht zu strahlen anfing. Ja, das war genau so, wie ich es mir erhofft hatte. Was für ein irres Gefühl! Meine erste Nacht allein in freier Wildbahn – und ich hatte sie überlebt.

Ich kroch raus und reckte und streckte mich. Frisch war es. Die Luft war klar. Die Sonne blinzelte durch die Wolken, die in hellem Weiß-Grau träge über den Himmel zogen.

Ich wusch mein Gesicht im See. Das Wasser war eiskalt. Wenn jemand meinte, man könnte hier romantisch ein Morgenbad nehmen: viel Spaß dabei! Mir reichte eine kurze Katzenwäsche. Und ganz ehrlich: Ich war allein. Wen interessierte es schon, ob und wie ich roch. Vielmehr genoss ich es sogar, mal nicht dem gesellschaftlichen Firlefanz zu folgen.

Die Sonne stand schon hoch, obwohl es früh war. Es war eine komische Erfahrung, mich so gar nicht auf den Sonnenstand verlassen zu können. In Deutschland wäre es jetzt später Vormittag, aber hier war es definitiv früher.

Ob ich wohl ein Feuer hinbekommen würde?

Ich nahm kleine Holzscheite und schichtete sie übereinander. Suchte ein paar kleine Ästchen und legte sie darunter. Die musste ich zum Brennen bringen. Ich hielt mein Feuerzeug an einen Ast, der zu glühen anfing. Aber nicht zu brennen. War der Ast vielleicht zu feucht? Der Mann hatte das doch auch hinbekommen. Ich sah mich um. Vielleicht brannte dieses Heidekraut? Oder diese Flechten auf dem Stein? Ich rupfte ein paar raus, die sich trocken anfühlten und legte sie zu den Ästchen. Nächster Versuch. Es knisterte. Kleine Flämmchen stiegen empor. Rauchschwaden zogen gen Himmel. Sofort roch es nach Feuer. Jetzt mussten nur noch die kleinen Äste Feuer fangen und dann die kleinen Scheite darüber. Ich war aufgeregt. Gestern hatte der Mann in die Flammen gepustet. Sollte ich das auch machen? Ich kniete mich und ging mit meinem Gesicht nah an die Miniflämmchen und pustete.

Aus. Die Flämmchen gingen einfach aus.

„Du Idiotin!", schimpfte ich. „Das war viel zu feste."

Noch mal von vorne.

Flechten anzünden, kleine Flämmchen züngelten zusammen mit kleinen Rauchschwaden empor. Statt zu pusten, legte ich nun ein Ästchen zu den winzigen Flammen. Vielleicht würde das jetzt Feuer fangen?

Nein. Das Ästchen hatte das Feuer erstickt. Das konnte doch nicht wahr sein. War ich wirklich zu blöd, um ein Feuer zu machen? Ich startete noch mehrere Versuche, aber alle mit dem gleichen Ergebnis. Frustriert gab ich auf. Um hier in einer Hütte zu wohnen und vom Angeln zu leben, musste ich wohl noch einiges lernen.

Ich versuchte, meinen Missmut zu verdrängen. „Schau, wie schön es hier ist! Dann gibt's halt kein Feuer." Hatte ich das eben laut gesagt und nicht nur gedacht? Fing ich jetzt schon mit Selbstgesprächen an? Ich musste über mich selbst lachen – und weg war der Missmut.

Stattdessen packte ich meinen kleinen Gaskocher aus, holte etwas von dem klaren Seewasser und kochte mir einen Kaffee. Mit dem Ausblick und dem Geruch von Lagerfeuer im Haar und in den Klamotten schmeckte er einfach nur vorzüglich.

Ich rührte meine Haferflocken in den Topf mit dem noch heißen Wasser, schnitt einen Apfel klein und rührte ihn rein, gab

173

eine Handvoll Rosinen dazu und die obligatorische Prise Zimt. Ich fühlte mich wie eine Entdeckerin. Allein auf der Welt. *In the middle of Norway.*

Nach meinem Frühstück wusch ich den Topf und das Besteck im See, packte meine Sachen ein, rollte die Isomatte und faltete das Zelt, sodass es wieder in die kleine Tüte passte.

Flasche mit Wasser füllen nicht vergessen.

Ich hatte keine Angst. Was mich ein bisschen verwunderte. Ob mir heute wohl Moschusochsen begegnen würden? „Wenn du welche siehst, komm ihnen nicht zu nahe. Wenn sie anfangen zu schnauben oder mit den Hufen zu scharren, sieh zu, dass du dich deutlich zurückziehst und Abstand gewinnst. Sie können sehr aggressiv werden", hatte Vidar gesagt. Ansonsten gab es nicht wirklich was Gefährliches hier.

Ich hatte genug zu essen und Wasser gab es hier überall. Dank der köstlichen Fischmahlzeit hatte ich sogar Proviantüberschuss.

Gut gelaunt ging ich los.

Morgen der Klarheit

Es war magisch. Einfach nur fantastisch. Unfassbar schön. Ich war so froh, dass ich diesen Abstecher gemacht hatte. Dass ich mich getraut hatte, ganz alleine weiterzugehen. Alleine draußen zu schlafen. Es fühlte sich alles nur richtig an.

Eigentlich dachte ich, dass ich zwischen den Bergen durch ein Tal gehen würde. Was ich nicht erwartet hatte: dass es so steinig war. Der sanfte Heideteppich wich mehr und mehr blankem Stein.

Ich folgte wieder dem markierten Weg, dem roten T, das – wo auch sonst – auf Steine gemalt war.

Steine, Steine, Steine.

Der Trampelpfad war meist kaum erkennbar. Ich hangelte mich von T zu T und musste teilweise richtig Ausschau halten, wo das nächste Zeichen versteckt war. Oft waren einige Steine wie kleine Türmchen aufeinandergestapelt. Und auf der Spitze leuchtete mir mal mehr, mal weniger stark ein T entgegen. Schlaue Idee.

Ich merkte, wie mein Weg immer anstrengender wurde. Ich ging nur noch über Steine beziehungsweise von Stein zu Stein. Eine riesige Geröllhalde breitete sich vor mir aus. Manchmal war ein Stein flacher, manchmal spitzer. Manchmal größer, manchmal kleiner. Jeder Schritt musste sitzen. Das Gewicht des Rucksacks fühlte sich bald so an, als ob ich einen Elefanten Huckepack tragen würde. Kombiniert mit dem anstrengenden Gehen erforderte das mehr Balance und Aufmerksamkeit von mir.

Ich dachte an die Geschichte von den Trollen, die mir der Norweger erzählt hatte. So viele Steine wie hier herumlagen, mussten ziemlich viele wütende Trolle zugange gewesen sein. Was die Menschen wohl gemacht hatten, um sie so wütend zu machen? Und wie Menschen überhaupt auf die Idee gekommen sind, dass das Trolle gewesen sein mussten? Sie haben sich sicher auch gefragt, woher die ganzen Steine kamen.

Ich brauchte eine kurze Pause, nahm den Rucksack ab und setzte mich auf einen größeren Brocken.

Ich trank von dem frischen, klaren Wasser vom See. Es war immer noch kalt, so kalt wie der See selbst. Und es schmeckte fantastisch, wie frisches Quellwasser.

Den *Snøhetta* sah ich nun aus etwas weiterer Ferne, ich war inzwischen doch ein Stück vorangekommen. Auch meine Perspektive auf ihn war inzwischen eine andere. Aber immer noch ragte er imposant zackig in die Höhe. Markant in dem sonst welligen Umfeld.

Um mich herum ein Meer von Steinen. Grau-schwarz, granitartig gefleckt oder gemasert, manchmal mit hellgrünem dünnen Moos bemustert. „Hier könnte man Weltuntergangsfilme drehen", dachte ich mir. Totale Einöde, Steinwüste, hier wuchs nichts. Und wenn, dann musste das schon sehr robust sein.

Jemand, der diese Steinwüste durchquerte, musste das irgendwie auch sein. War ich so robust? Auch wenn ich diese mal wieder andere, neue Landschaft beeindruckend und imposant fand – sie zu durchwandern war anstrengend.

Ich schulterte meinen Rucksack und ging weiter, sofern man dieses Steingekraxel als Gehen bezeichnen konnte. Einen großen Bagger besorgen, um einen vernünftigen Weg freizuschaufeln, das wäre hier mal dringend nötig.

„Ich kann nur Steine aus dem Weg räumen", hatte der Norweger gemeint. Na, dann soll er doch hier mal anfangen, dachte ich grinsend.

Das Gespräch mit ihm ging mir nach. „Ich kann nicht motivieren", hatte er gesagt. „Nur Steine aus dem Weg räumen." – Wie er das wohl machte mit seinen Schülern? Fragte er sie? Sah er die Steine von sich aus?

Wie machte ich das eigentlich?

Räumte ich Steine aus dem Weg?

Und wenn ja, welche?

Ich dachte an meine ehemaligen Kollegen, an mein Team. Natürlich kümmerte ich mich um alles Mögliche. Ich erinnerte mich an eine Besprechung. Da hatte ich versucht, dem Team schmackhaft zu machen, warum sie dieses neue Reporting machen sollten. Ich erinnerte mich an die genervten, versteinerten Gesichter. Eine Kollegin schaute eine andere an und rollte mit den Augen. Ich tat so, als ob ich das nicht sehen gesehen hätte. Eine andere Kollegin hob die Hand und meinte: „Entschuldigung Martha, wir haben alle bis über die Ohren zu tun. Wann sollen wir das denn noch machen?"

Jetzt war mein Gesicht dran, zu Stein zu werden. Hatten sie mir denn nicht zugehört? Eben noch hatte ich lang und breit erklärt, warum wir diesen Bericht brauchten. Warum er für uns wichtig war. Dass wir Zahlen liefern mussten, um zu überleben. Als ich antwortete, merkte ich, dass meine Stimme schärfer klang, als ich es eigentlich beabsichtigt hatte: „Sorry, das müsst ihr irgendwie unterkriegen. Oder vielleicht ein bisschen besser priorisieren und euer Zeitmanagement verbessern. Dann klappt das schon." Ich stand auf, damit ja keine weiteren Fragen oder Widerspruch kommen konnte. Die anderen standen auch auf. Inzwischen waren alle Gesichter versteinert, die Körper starr. Alle waren zu Stein geworden.

Bei der Erinnerung an die Situation wurde mir fast übel. Jede emotionale Regung hatte ich zu Stein gemacht. Auch meine.

Nein, ich räumte keine Steine aus dem Weg. Eher war ich ein Troll, ein *Jotun*, der Steine schmiss. Steine in den Weg schmiss, statt sie wegzuräumen.

Wieso hatte ich das nicht gesehen?

Warum hatte ich so darauf gepocht, dass es sein musste? Gab es nicht immer auch andere Lösungen als nur eine? War das nicht ein typisches Beispiel für sinnlosen Bullshit?

Mir wurde bewusst, dass ich nicht immer die Hilfe war, die sie brauchten. Statt ihnen Vertrauen zu schenken, kontrollierte ich. Statt sie machen zu lassen, machte ich Dinge selber – damit sie meinen Ansprüchen genügten. Mit meiner Übervorsicht, Über-kontrolliertheit, meinem Nicht-Vertrauen, meinem Nicht-Loslassen schmiss ich mit Steinen nur so um mich.

Da war doch gar kein Raum zum Atmen. Kein Raum, um Ver-antwortung zu übernehmen. Kein Raum, sich zu entwickeln. Nur ein Raum voller Steine. Und ich regte mich auch noch darüber auf, dass sie unmotiviert waren. Dass alles so langsam ging.

Es ging gar nicht um sie – es ging um mich.

Auf einmal machte einiges *Klick*. Ein *Klick-Klick-Klick* ratterte durch meinen Kopf. Wie bei einem Zahnrad griffen auf einmal Gedanken ineinander.

Alles, was ich bisher von den Menschen, die mir in diesem Land begegnet waren, gehört habe, fügte sich zu einem Bild.

Finde raus, was du willst.

Fokussiere dich auf das Ergebnis.

Werde besser, weil du es willst.

Lass Raum zum Üben und Ausprobieren.

Behandle Erwachsene nicht wie Kinder. Lass nicht zu, dass sie ihr Hirn abgeben.

Die Puzzleteile dieses Bildes machten auf einmal Sinn und dann flogen sie wieder durcheinander. Wie in einem Kaleidoskop, das ich zu schnell drehte.

Das war schon ein ordentliches Ding. Wie bekam ich das nun zusammen?

Wenn nicht sie das Problem waren, dann war ich es. Schließlich hatte ich das System geschaffen. Und das bedeutete: Dann musste ich mich ändern, und zwar kolossal. Doch war ich dann noch ich? War ich nicht einfach die Person, die ich halt war? Konnte ich mich in meinem Alter überhaupt noch verändern? Wie sollte ich das anstellen? Und wie würden andere Menschen auf mich reagieren?

Vielleicht wäre es doch besser, komplett neu anzufangen. Dann könnte ich mein altes Ich einfach zurücklassen und ein neues Ich kreieren.

Ein Ich, in dem ich kein Troll war. Sondern so ein cooler Lehrer wie Vidar. Eine so tolle Erzieherin wie Tomoko. Ein so toller Unternehmer wie Sebastian. Ein so entspannter Mensch wie Wuschelkopf. Und so lustig und locker wie die Italiener, so offen mit meinen Gefühlen wie Pedro.

Ich würde mich zusammensetzen, so wie Viktor Frankenstein ein Wesen zusammengesetzt hatte. Nur dass ich nicht gruselig sein würde – das war ich ja jetzt schon. Ich würde so sein, wie ich es mir vorstellte. Locker, entspannt, lustig – auch wenn es stressig war. Immer um eine gute Lösung bemüht, während ich Steine munter aus dem Weg räumen würde. Um den Weg frei für mein dann neues Team zu machen.

Ja, alles hinschmeißen. Neu anfangen. Der Gedanke beflügelte mich.

Ich malte mir aus, wie ich dann wäre. Wie ich in schwierigen Situationen ruhig blieb. Wie ich völlig entspannt meiner Arbeit nachging, rechtzeitig Feierabend machte, den Abend mit Freunden genoss. Und die Wochenenden mit einem tollen Partner an meiner Seite schöne Ausflüge machte. Ja, so konnte sich Leben gut anfühlen. Leicht und weit.

Ich seufzte und lächelte. Blieb stehen und sah mich um.

Vor lauter Gedanken hatte ich kaum noch wahrgenommen, wo ich langgegangen war, hatte meine Umgebung nicht mehr gesehen. Immerhin leuchtete mir von einem Steinhaufen ein rotes T entgegen. Obwohl ich so gedankenversunken war, war ich auf dem Weg geblieben. Puh, Glück gehabt!

„Und jetzt mal ehrlich Martha: Wie realistisch ist dein Gedankenschloss wirklich?", sagte ich laut zu mir. Glaubte ich wirklich, ich könne einfach so, mir nichts, dir nichts, ein anderer Mensch sein? Koffer packen und *schwupps*, jetzt bist du anders? So ganz Pippi-Langstrumpf-mäßig „Ich mach mir die Welt, widewide … wie sie mir gefällt", ging das doch nicht.

Ich erinnerte mich, irgendwo mal den Spruch gelesen zu haben: „Man nimmt sich immer mit, egal wohin man geht." Ich hatte mich jetzt auch dabei. Mich in meiner ganzen Pracht, in meiner ganzen Fülle, mit all meinen Unzulänglichkeiten. Mit meinen ganzen Macken und Problemen. Und die würden alle auf mich zurückstürzen, mit einem lauten „Hallo, endlich bist du wieder da", sobald ich in Deutschland aus dem Flugzeug steigen würde. Wo waren sie aber aktuell, wenn ich sie doch bei mir hatte?

Ich dachte an den Anfang meiner Wanderung. Ja, da war ich sehr zurückhaltend gewesen. Hatte den Mund nicht aufbekommen. Hatte Angst, Menschen anzusprechen. Das war jetzt anders. Jetzt konnte ich mit wildfremden Menschen plaudern, am See sitzen und mit ihnen fischen und meine innersten Gefühle teilen. Schmerzhaft dachte ich an Tomoko zurück. Schade, dass sie jetzt nicht hier war. Gerne hätte ich mit ihr darüber gesprochen. Was sie wohl gesagt hätte? Ich sah ihr freundliches, rundes Gesicht vor mir, ihre Stupsnase, ihren vollen Mund, ihre dunklen, mandelförmigen Augen. Was sagst du zu mir? Was rätst du mir?

„Hör auf dich. Hör auf deinen Bauch. Was rät er dir? Was brauchst du wirklich?", hörte ich Tomokos Stimme.

Mir stiegen die Tränen in die Augen. Ja, was brauchte ich wirklich? Was wollte ich wirklich?

Bauch: Was willst du???

Stille. Nichts.

Nur mein Schnaufen wegen dieser blöden Steine.

Steine, Steine, Steine. Nichts antwortete mir der Bauch.

Rein gar nichts.

Ich trat wütend gegen einen Stein. Vielleicht sollte ich mich auch einfach nicht so anstellen. Mein Plan war gewesen, eine Auszeit zu haben und dann wieder weiterzumachen.

Was sollte diese ganze Sinndudelei dann?

Mein Bauch meldete sich.

Hunger.

Na immerhin. Das war zwar nicht die Antwort, die ich mir gewünscht hatte, aber immerhin sprach mein Bauch jetzt zu mir.

Ich schaute mich nach einer Stelle um, an der ich bequem sitzen konnte, und sah in einiger Entfernung einen größeren Stein, gegen den ich mich lehnen konnte. Was ich dann auch tat.

Ich hatte mir schon beim Frühstück ein paar Brote geschmiert, sodass ich nicht alles auspacken und rumkramen musste. Mit der Zeit entwickelt man sich ja weiter. Ich dachte daran, wie ich zu Beginn der Reise mal den ganzen Rucksack auspacken musste, weil der Käse ganz unten im Rucksack lag. Noch mal war mir das nicht passiert.

An den geschmacksneutralen Käse hatte ich mich bereits gewöhnt. Aber beim Gedanken an so einen schönen würzigen Franzosen oder Schweizer freute ich mich auf die Käsetheke daheim. „Vielleicht war das auch eine richtige Antwort meines Bauches gewesen", dachte ich kichernd. Willst du wirklich in ein Land auswandern, in dem es hauptsächlich geschmacksneutralen Käse gibt und alle anderen Sorten so krass teuer sind, als ob man in Berlin zu einem Delikatessenhändler geht?

Ich schaute mich um. Die Landschaft war großartig. Im Hintergrund immer noch der *Snøhetta*, nun deutlich geschrumpft. Überall verteilt Schneeflecken. Mal größer, mal kleiner.

Obwohl es zwischendurch ja schon echt warm war, schien der Schnee nicht schmelzen zu wollen. Wie es hier wohl im Winter aussah? Wenn alles weiß war? Der Schnee setzte hier sehr früh ein, teilweise schon ab September, hatte ich gehört.

Wie muss das wohl sein, in einem Land zu wohnen, in dem der Winter so unglaublich lang war? Und es immer dunkel war – so wie jetzt immer hell? Wobei mir ein paar Norweger erklärt hatten, dass es ja gar nicht immer dunkel sei, nur sehr hoch im Norden sei es so. Im unteren Teil von Norwegen sei es von vormittags bis nachmittags normal hell. Na ja, trotzdem länger dunkel als bei uns.

Ich ließ meine Gedanken wandern und kreisen, während ich an meinem Brot kaute. Dann noch ein Apfel. Eine Handvoll Nüsse, ein Riegel Schokolade.

Und weiter ging es. Rucksack hoch und ab.

Beim Mittagessen hatte ich entschieden, dass ich nicht weiter nachdenken wollte. Ich gab mir größte Mühe, an etwas anderes zu denken, wenn dieser Gedanke „Und was willst du wirklich? Wie soll es weitergehen?" immer wieder wie eine lästige Schmeißfliege angeflogen kam und mir seine Frage ins Ohr brummte. Es klappte, na ja, halbwegs.

Was mich viel mehr beunruhigte, war der Himmel. Es zogen sich immer mehr graue, dunkle Wolken zusammen. Wolken, die immer schwerer aussahen und sich immer mehr zusammenballten. Immer dunkler und bedrohlicher wirkten. Es war doch gar kein Regen, kein Unwetter angekündigt!

Ich merkte, wie es leicht abkühlte. Wind frischte auf. Der Wind vor dem Regen, das Szenario kannte ich schon.

Ich blieb stehen, um meine Regensachen auszupacken.

Verdammt, wo waren sie? Ich kramte und wühlte. Ganz unten. Wie konnte mir das passieren? Ich fluchte. Und musste einen Teil meiner Klamotten auspacken, um an sie heranzukommen.

Und genau da ging es los. Dicke, fette Tropfen. Als ob jemand eine Dusche angemacht hätte. Es wurde sofort ein paar Grad kälter.

Das Wasser rauschte auf mich hinunter und in Sekundenschnelle war ich nass, komplett nass. Auch meine Sachen, die ich hatte rauskramen müssen, sowie mein Schlafsack in seiner Tüte, die leider nicht wasserdicht war.

Fluchend zog ich mir meine Fleecejacke über, die ebenfalls sofort nass wurde. Regenjacke drüber, auch wenn das jetzt witzlos war.

Ich packte schnell meine Sachen ein, bevor ich mir die Regenhose über die nassen Beine zog. Eigentlich auch witzlos. Doch das Regenzeug schützte ja gegen den Wind.

Ich zitterte.

Kalt. Nass. Verdammter Mist!

Ich musste ja noch einige Stunden weitergehen.

Ich biss die Zähne zusammen.

Doch jetzt musste ich sehr aufpassen, da die Steine immer rutschiger wurden. Ich wusste, dass ich irgendwann aus der Steinwüste raus zu meinem Heideteppich gelangen würde. Der vermutlich durch den Regen ein einziger Sumpf geworden war.

Und recht hatte ich. Die Steine wurden weniger. Um mich herum mehr Braun und Grün. Durch den Regen, die Wolken, bekam alles einen Grauschleier. Es war merklich düsterer.

Der Weg wurde statt steinig nun matschig. Auch nicht besser.

Mir war kalt.

Ich war nass.

Ich zitterte.

Ich versuchte, schneller zu gehen, um warm zu werden. Ich rieb meine nassen Hände über meine Arme, während ich ging.

Es pladderte weiter.

„Wie soll ich denn bei diesem Wetter mein Zelt aufbauen?", kam es mir auf einmal in den Sinn. Ich fluchte laut und deftig. Fluchte noch mal und noch mal. Es änderte zwar nichts, aber es tat mir gut.

Vielleicht hatte ich ja Glück und es hörte auf. Gerade fühlte es sich allerdings nicht so an. Ich hatte die Nase voll, gestrichen voll. Mir war erbärmlich kalt. Die nassen Sachen klebten unter dem Regenzeug an mir. Ein ekliges Gefühl. Was für eine bescheuerte Idee, allein mit einem Zelt durch so ein blödes Gebirge zu gehen. Wer glaubte ich eigentlich, wer ich sei. Die super-Outdoor-Queen? Nein, Martha, du bist 'ne City-Maus. Du hast dir das alles so hübsch romantisch ausgemalt, bisschen wandern, bisschen Natur. Und wolltest dir unbedingt noch was obendrauf beweisen. Du dumme Nuss, du! Der normale Pilgerweg hätte echt auch gereicht.

Sehnsüchtig dachte ich an ein schlichtes Bett mit sauberer Wäsche. Mit netten Menschen. Einer kleinen, duftenden Küche. Mit einer warmen Mahlzeit. Auch die konnte ich mir heute Abend abschminken. Was hatte ich mir nur dabei gedacht?

So grau wie der Himmel war, so grau wurde es in mir. Immer dunkler, immer düsterer wurden meine Gedanken. Ich verfluchte mich, verfluchte mein Leben. Warum musste ich mich immer wieder in Situationen bringen, die so beschissen waren? Wie schaffte ich es, mich immer wieder in so einen Mist reinzumanövrieren? Was war verkehrt mit mir?

Ich fing an zu heulen. Die Tränen liefen mir im Gesicht hinunter, im gleichen Tempo wie das Regenwasser. Ich schluchzte laut. Es hörte mich ja eh keiner. Ich heulte und brüllte, heulte und brüllte.

Vor mir tat sich ein kleiner See auf, an dessen Rand ein paar von diesen krummen Birken standen. Okay, das war's. Die Birken boten keinen richtigen Schutz, aber ich konnte meine Sachen dagegen lehnen und musste sie nicht komplett in den Matsch stellen.

Und wie sollte ich das nun mit dem Zelt machen? Ich hatte Sehnsucht danach, mich reinzulegen, mich in den Schlafsack zu mummeln und mir die Decke über den Kopf zu ziehen.

Ich könnte mich natürlich auch wie ein Igel zusammenrollen, den Regen auf meinen Rücken prasseln lassen und warten, bis es aufhört. Doch wie lange das wohl dauerte? Noch sah ich nichts Helles am Himmel, was mich vermuten lassen könnte, dass es bald vorbei sei. Der Gedanke an das Schlafsackmummeln war stärker. Wenn ich das wollte, musste ich da jetzt durch.

Ich musste schnell sein.

Ich wickelte das Zelt aus, nahm ein paar Heringe und fing an, sie in den Boden zu rammen. Verflixt. Das ging nicht. Steine. Was sonst.

Ich schaute mich um. In den Matsch legen war auch keine Alternative. Auf der anderen Seite des Sees sah ich Heidekraut. Da musste es doch möglich sein. Also wieder einpacken, rumlatschen. Ich fluchte und war genervt, genervt, genervt.

Die Idee erwies sich als gut. Das Heidekraut war weich und obwohl es auch nass war, war es nicht matschig. Ich baute das Zelt so schnell wie möglich auf, rammte die Heringe mit kalten klammen Fingern in den Boden. Fertig!

Nass wie ich war, krabbelte ich samt nassem Rucksack ins Zelt. Alles war nass.

Ich konnte mich nicht erinnern, wann ich zuletzt so gebibbert, mich zuletzt so elend gefühlt hatte. Vielleicht an dem Tag, als ich das leere Bett meines Freundes entdeckte. Da war mir auch elend zumute. Doch hiergegen fühlte sich die Erinnerung fast wie Kindergeburtstag an.

Ich zog mir die nassen Sachen im Liegen vom Leib und knüllte sie in eine Ecke. Ich kramte in meinem Rucksack. Leider hatte ich nur eine lange Ersatzhose, aber immerhin noch zwei T-Shirts und einen Pulli. Darüber zog ich die Fleecejacke, auch wenn sie feucht war. Und das zweite Paar Socken war trocken. Welch ein Glück! Ich rollte die Isomatte und den Schlafsack aus. Der war glücklicherweise nur in der äußersten Lage nass, innen war er trocken. Was für ein Segen.

Ich kroch hinein, zog den Reißverschluss zu und rollte mich vor mich hin zitternd wie ein nasser Hund zusammen. Die Haare hatte ich kurz frottiert und dann feucht unter meine Mütze geschoben.

Ich schloss die Augen. Ich bibberte. Der Regen prasselte immer noch auf mein Zelt. Früher, als Kind, fand ich so etwas gemütlich. Aber da war ich ja auch nicht mutterseelenallein *in the middle of Norway* gewesen. Was ich vorhin noch als lustigen Wortwitz empfunden hatte, war nun bittere Einsamkeit. Ich fühlte mich allein und schwach.

Die Tränen kamen wieder. Ich ließ sie laufen und ließ das Schluchzen kommen. Es wogte auf und ab, wie Wellen, die dann laut brachen. Ich hatte kein Bedürfnis aufzuhören. Ich ließ das Schluchzen wieder und wieder durch meinen Körper fluten.

Es schüttelte mich so, dass ich nicht mehr wusste, was vom Zittern und was vom Heulen kam.

Irgendwann wurde es weniger. Sanfter. Ruhiger. Auf einmal fiel mir auf, dass auch der Regen sanfter geworden war. Statt Prasseln war er nun ein sanftes, aber stetiges Tröpfeln.

Mein Atem wurde ruhiger, ich schniefte. Mein Zittern hörte auch auf. Die Klamotten und der Schlafsack wirkten. Mir wurde wärmer. Ich wischte mir durchs Gesicht. Ich war erschöpft, richtig erschöpft. Mein Kopf war schwer und brummte. Mein Mund trocken. Ich trank von dem Wasser und spürte meinen Hunger.

Und ich musste mal. Verdammt. Ich wollte wirklich nicht wieder raus in den Regen und mir die letzten trockenen Sachen versauen. Mal schauen, wie lange ich das aushalten würde.

Im Sitzen schmierte ich mir ein paar Brote mit einem Tomaten-Makrelenaufstrich und stopfte sie hungrig in mich rein. Schokolade. Ich brauchte Schokolade. Eigentlich versuchte ich, sie zu rationieren. Aber jetzt musste es sein. Ein Riegel, noch ein Riegel und noch ein Riegel. „Ach Scheiß drauf, ich brauch das jetzt", dachte ich. Als ich den letzten Riegel gegessen und auch die Krümel aus der Silberfolie geleckt hatte, ließ ich mich zurückfallen. Ich spürte die klebrige Süße in meinem Mund und die schwere Fülle im Magen. Der Regen hatte aufgehört, glücklicherweise. So konnte ich dann auch noch mal raus, um mein Bedürfnis zu erledigen.

Die Luft war frisch, klar und roch erdig. Doch mir war das alles egal. Ich kroch in mein Zelt zurück. Wund, wie ein verletztes Tier.

„Und wann lernst du endlich, Martha?", fragte ich mich. „Immer noch mal einen draufsetzen, immer beweisen müssen, dass du es kannst und schaffst. Wann hörst du endlich auf damit?"

Ich drückte mein Gesicht in meine Armbeuge. Ich ahnte, welcher Gedanke jetzt kam. „Lass es sein", flüsterte er leise. Ich stöhnte. Und dann flogen Pro und Contra durch meinen Kopf und hielten mich vom Einschlafen ab. Den Weg zu Ende gehen und triumphieren. Ab *Oppdal* einen Bus oder Zug nehmen und einsehen, dass ich mich übernommen hatte. Bis dahin musste ich eh noch einen Tag wandern. Und dafür fehlten mir gerade sowohl Lust als auch Kraft. Noch mehrere Tage unterwegs zu sein, konnte ich mir aktuell nicht vorstellen.

Mein Entschluss stand fest: Wollte ich endlich mal aus meinen Fehlern lernen, dann jetzt! Schluss in *Oppdal*. Das ist kein Versagen, das ist kein Aufgeben. Das ist einfach nur vernünftig. Mit diesem Gedanken schlief ich ein.

Immer noch zusammengerollt wie ein Hund wachte ich auf und streckte mich. Igitt. Meine Füße tauchten in eine kalte, feuchte Ecke des Schlafsacks. Bäh.

Wie gut, dass ich gestern den Entschluss gefasst hatte abzubrechen. Meine Laune war nicht besser geworden. Ich schälte mich aus dem klammen Etwas raus und kramte in meinem Rucksack.

Einen heißen Tee könnte ich jetzt gut gebrauchen. Ich hatte extra eine Mini-Metalldose eingepackt, in der ich ein paar Yogi-Tees aufbewahrt hatte. „Frauenpower" hieß einer. Haha. Das konnte mich gerade so gar nicht amüsieren. Nix mit Power hier.

Ich kroch aus dem Zelt. Die Sonne schien, als ob nichts wäre. Der See dampfte. Der Himmel war hellblau. Die grauen, schweren Wolken wie weggewischt. Stattdessen nur zarte, weiße Watteflöckchen. Kein Wind.

Der See war spiegelglatt. In seinem Bild sah ich die Berge, die Farben. Wow. Das sah krass aus.

Ich holte mir etwas Wasser – eiskalt. Vergiss das Waschen. Ich wärmte meine Hände am Gaskocher. Denn obwohl die Sonne schien, war es frisch. Ich nahm einen Teebeutel, legte ihn in die

Tasse und goss kochendes Wasser auf. Wie bei jedem Yogi-Tee baumelte auch hier ein Sprüchlein an der Beutelschnur. Ich drehte das Papierstück zu mir, sodass ich es lesen konnte.

„*Forgive your past and make room for your future*", stand da. Ich nahm den Becher in beide Hände, pustete hinein und freute mich über den warmen Dampf in meinem Gesicht.

Was war das? Hatte sich da drüben nicht etwas bewegt?

Da, gegenüber am anderen Ufer, an dem Hang? Ich kniff die Augen gegen die Sonne zusammen und hielt den Atem an. Nicht nur eins hatte sich da bewegt. Sondern zwei, drei, vier … Rentiere. Eine richtige Herde.

Jetzt bloß nicht auffallen, bloß nicht bewegen.

Eins der Rentiere hob den Kopf und streckte die Nase in die Luft. Hätte ich mich vielleicht doch besser waschen sollen? Ich merkte ja selbst, dass ich schon etwas roch.

Ich saß stockstill. Versuchte flach zu atmen. Die Teetasse in meinen Händen wurde unangenehm heiß. Endlich drehte das Rentier den Kopf etwas weg, sodass ich sie langsam abstellen konnte.

Offensichtlich hatte es mich nicht gerochen. Oder es hatte mich gerochen, aber fand den Geruch ungefährlich. Keine Ahnung.

Ich beobachtete die Herde. Zwanzig bis dreißig Stück mussten es sein. Ich konnte Jungtiere ausmachen, die etwas kleiner waren. Manche hatte nur ein kleines Geweih, andere ein größeres. Die waren sicher älter. Farblich passten sie exakt in die Landschaft rein. Grau-braun-weiß. Manche begannen zu äsen, andere schauten sich immer wieder um und hielten die Nasen in die Luft. Zwei Jungtiere fingen an rumzutollen.

Meine Güte, war das schön! Da saß ich hier in der totalen Einsamkeit und beobachtete Rentiere. Irre!

Ich spürte, wie mich das von innen erfüllte. Wie ich innerlich immer mehr wuchs. Wie die graue Leere einer farbigen Weite Platz machte.

Forgive your past and make room for your future. Ja, so fühlte sich das gerade an.

Wie egal war es denn, dass es gestern so geschüttet hatte, wenn ich heute in der Sonne sitzen und Rentiere beobachten kann?

Forgive your past.

„Okay, Norwegen, dir vergebe ich auch", dachte ich grinsend. „Ich bin ja nicht wegen des schönen Wetters hier."

Make room for your future.

Aber was für eine Zukunft? Wie soll die aussehen? Da war er wieder, dieser Gedanke. Wie das Murmeltier, das täglich grüßte.

Anders als die Vergangenheit.

Anders, ja. Aber wie? Die Mutter aller Fragen. *Was willst du?*

Ich beobachtete die Rentiere.

Ich möchte mich, bei allem, was ich tue, frei fühlen.

Dafür musste ich einiges ändern. Wie ich Dinge anging, wie ich mit mir umging, wie ich mit Menschen umging. Alles hatte was mit gehen zu tun. Gehen konnte ich. Das hatte ich jetzt wochenlang bewiesen. Dann hänge ich da einfach noch ein bisschen „an" und „um" dran, das konnte doch so schwer nicht sein.

Und gehen musste ich so langsam wirklich.

Und mir war nun ganz klar: Du gehst den Weg zu Ende. Nicht, weil du musst. Nicht, weil du es dir oder jemandem beweisen musst, sondern weil dir das den Raum gibt, um deine Zukunft noch mal zu betrachten.

Make room for your future.

Diesen Raum galt es einzurichten.

Und dafür brauchte ich noch ein paar Tage.

Vertraue!

Irgendein innerer Druck war nun weg, durch die Mischung aus Regen und Tränen weggespült. Ich fühlte mich wieder leicht und frei. Doch dieses Mal ging das Gefühl tiefer als bisher. Es berührte mich tiefer im Innern, es vibrierte in mir. Und setzte gleichzeitig eine Energie frei, die sich gut anfühlte.

Rentiere. Hatte ich wirklich Rentiere gesehen? – Dieses Bild, dieses Erlebnis würde ich wohl nie vergessen. Als ich mich leicht bewegte, hatten sie aufgeschaut, ihre Nasen gehoben und waren wie auf ein Kommando davongesprungen.

Ich fühlte mich beschenkt. Dankbar. Diese Natur um mich herum, diese weite, wilde, schroffe, karge und gleichzeitig so vielfältige Natur gab mir so viel Energie. So viel Ruhe. So viel Raum für mich und meine Gedanken.

Mit jedem Schritt kam ich aus der Steinwüste raus. Um mich herum wurde es wieder weicher, grüner, sanfter. Passend zu meiner Stimmung, die seit heute Morgen um so vieles sanfter war.

Aus den schroffen, kargen, braunen Bergen wurden grüne Riesen, die sich rechts und links von mir in die Höhe wuchteten. Dazwischen ein Bach, der dieses Tal vermutlich vor Jahrtausenden von Jahren in die Berge geschnitten hatte – jetzt umgeben und eingebettet in Wiesen. Die Kargheit wich einer Fruchtbarkeit, in der Leben und Vielfalt wieder möglich waren.

Und so keimten und wuchsen auch immer vielfältigere Gedanken in mir. Meine Zukunft bekam einen größeren Raum, den ich ausgestalten konnte. Am Anfang hatte ich gedacht, dass ich mich krass ändern müsste. Doch nun erkannte ich, dass das gar nicht nötig war. Im Gegenteil. Ich durfte einfach nur mehr ich sein. Ich durfte auf mein Inneres hören und dem folgen. Es war mein Leben. Es ging hier um mich. Es ging darum, was ich wirklich, wirklich wollte. Wie ich war. Wie ich leben wollte. Es ging um den Einklang mit mir. Kein Schauspielern. Kein Verbiegen. Kein Anderen-gefallen-Wollen. Kein Anderen-etwas-beweisen-Müssen. Es ging schlicht und ergreifend um mehr *Ich*.

Das fühlte sich machbar an. Das fühlte sich schaffbar an.

Ich war so sehr mit mir beschäftigt, dass ich meine Umwelt nur bedingt wahrnahm. Die hohen Bäume, die kühle Feuchtigkeit des Waldes, der schmale Waldweg – sie drangen anfangs nicht wirklich in meine Aufmerksamkeit ein. Gleichzeitig schienen sie aber genau den Rahmen zu bilden, den ich gerade brauchte. Den Rahmen, in dem sich meine Gedanken entfalten konnten. In dem meine Gedanken meinen neuen inneren Raum füllen, auskleiden, gestalten konnten.

Mein letztes Stück des Tages ging zum Teil an der Hauptstraße lang. Je näher ich *Oppdal* kam, desto mehr veränderte sich auch wieder die Landschaft. Die grünen Riesen wuchsen über die Baumgrenze hinaus, sodass deren steinerne Gipfel zu sehen waren.

Das grüne Tal breitete sich aus zu einer Ebene, in die sich der Ort eingenistet hatte.

Ganz *Oppdal* war umgeben von Bergen, die mir schon von Weitem mit Restschnee auf den Gipfeln entgegensahen. Auch eine alpine Skianlage konnte ich deutlich erkennen. Der Ort überforderte mich zunächst. Ich kam aus einer öden Steinwüste und hatte zwei Tage mit niemandem gesprochen. Und auf einmal waren es mir zu viele Autos, zu viele Menschen, zu viele Geschäfte, zu viele Häuser, zu viel an Zivilisation um mich herum: Hotels, Einkaufszentren, Industriegebäude, alte Holzhäuser, hässliche Neubauten – alles reihte sich aneinander. Einen bestimmten Stil konnte ich in der Innenstadt nicht entdecken, es war ein architektonisches Durcheinander. Wohl aber lachte mich ein riesiger Troll auf dem Parkplatz des Einkaufszentrums an. Er war ganz aus Stein. Ob er versteinert worden war, weil er Sonnenlicht gesehen hatte? Aber statt grimmig-wütend sah er eher gutmütig aus, mit seiner langen knubbeligen Nase und seinem freundlichen Grinsen. „Der schmiss bestimmt keine Steine", dachte ich.

Ich kaufte ein, was ich für die nächsten Tage brauchte. Ich überlegte kurz, was ich mir an diesem Abend kochen wollte und verwarf den Gedanken gleich wieder. Heute gönnst du dir einen Restaurantbesuch, beschloss ich.

Meine Unterkunft war eine kleine Einzelhütte in einem Hütten-Areal mitten im Zentrum. Sie war einfach, aber praktisch eingerichtet. Eine ganze Hütte für mich allein. Wie ein kleines Häuschen. Luxus pur nach meinen beiden Nächten im Zelt.

Endlich konnte ich meine Sachen vernünftig trocknen. Nach dem Regen war alles noch etwas klamm und roch leicht muffig. Ich hing meine Sachen, den Schlafsack und die Zeltplanen über Stühle, Türrahmen und den Tisch. Eine warme Dusche tat Wunder – ich fühlte mich wie neu geboren.

Ich hatte das Gefühl, schon fast am Ziel zu sein. In Wahrheit musste ich jedoch noch eine Woche wandern.

Ganz in meinem neuen, sanfteren Selbst fragte ich mich: Willst du das wirklich, oder willst du es nur dir oder anderen beweisen?

Ich horchte in mich rein. Ich spürte eine leise Vorfreude auf die nächsten Tage, auf die letzten Tage. Die wollte ich noch mal so richtig genießen.

Also: Ja, ich wollte es wirklich. Weitergehen, nicht abbrechen.

Ich wollte die Zeit aber auch nutzen, um mich zu sortieren.

Wenn ich mehr ich sein wollte, was bedeutete das für meine Arbeit, für mein Team? Einfach so zurückkommen und weitermachen war keine Option mehr. Das war mir klar. Ich wusste aber auch, dass mir das Leben zu schnell wieder um die Ohren fliegen würde, wenn ich nicht mit einer klaren Idee und Vorstellung zurückkommen würde. Mir war es wichtig, dass ich keine schmalen Silvestervorsätze treffen wollte. Es ging um eine wirkliche Veränderung. Es ging schließlich um mich. Mein zukünftiges Leben.

Auf dem Weg hatte ich im Ort ganz in meiner Nähe eine Pizzeria entdeckt. Genau das Richtige, dachte ich und freute mich auf ein Glas Rotwein. Bei den Preisen im Aushang schluckte ich etwas, aber heute war Gönnen angesagt.

Als ich hineinging, schlugen mir wohlige Wärme, trubeliges Stimmengewirr und der Duft von Essen entgegen. Ein freundlicher Kellner wies mir einen Tisch zu, von dem aus ich gut die anderen Gäste beobachten konnte.

Die Frage von vorhin schwebte mir noch durch den Kopf. *Wie willst du das mit deiner Arbeit machen?* Wenn Weitermachen wie bisher keine Option mehr war, musste ich das anders angehen. Aber wie?

Wenn du nicht weißt, wohin du willst, ist kein Weg der richtige, hieß es ja. Aber ich, die neue Martha, wusste dies nun ja. Ich wollte meine Freiheit behalten – mich frei fühlen bei dem, was ich tat.

Mein Stein. Wo war mein Stein? Ich griff in meine Jackentasche und zog ihn raus. Da waren diese kleinen roten Pünktchen, die wie ein Sternenbild aussahen. Ich umschloss ihn. Und schloss wieder die Augen.

Vor mir sah ich wieder die Lichtung, in die ich meinen Apfel geschmissen hatte. *Freiheit*. Ich spürte wieder diese Weite in mir, in meiner Brust. Ich spürte, wie sich mein Innerstes öffnete. Ja, so wollte ich mich fühlen – sooft es ging.

Ich konnte dieses Gefühl der Weite in meiner Brust als Gradmesser nehmen.

Freiheit. Was bedeutete es eigentlich wirklich für mich?

Ich spielte an meinem Weinglas und sah mich um. Ich war die Einzige, die allein an einem Tisch saß. Um mich herum waren Pärchen, Freunde, Familien. Es störte mich nicht, allein zu sein. Ich fühlte mich wohl mit mir.

Vielleicht war es das. Mich wohl mit mir fühlen. Entscheidungen treffen, die zu mir passten und die mir guttaten. Bei denen das Gefühl der Freiheit blieb und nicht verschwand.

Meine Pizza kam.

Ich strahlte den Kellner an und sagte: *„Tusen takk.“* Er lachte und antwortete etwas auf Norwegisch, was ich nicht verstand. An meinem Gesichtsausdruck musste er das erkannt haben, sodass er auf Englisch weitersprach: *„Enjoy your meal. You look hungry.“* Ich lachte und nickte. Ich sah die Pizza an. Himmlisch. Ich roch und schnupperte. Verführerisch. Wie konnte mich eine einfache Pizza so glücklich machen? Ich nahm ein Stück und biss ab. Der geschmolzene Käse zog sich genau, wie Pizzakäse sich ziehen musste. Es war natürlich etwas absurd, in Norwegen eine Pizza zu essen. Aber warum nicht? Sie schmeckte vorzüglich, der Boden war dünn und kross. Ich hatte das Gefühl, nie etwas Leckereres gegessen zu haben. Der Rotwein machte sich in meinem Kopf bemerkbar.

Ich fühlte mich leicht und beschwingt. Vergessen die kalte, nasse Nacht im Zelt.

Was war mir noch wichtig, außer Freiheit? Ich kaute auf einem Stück Rand meiner Pizza herum.

Ich wollte kein steinewerfender Troll sein, sondern Steine aus dem Weg räumen.

Wie konnte ich das machen? Ob ein Stein im Weg liegt, konnten ja nur die anderen sagen, das konnte ich nicht selbst spüren. Also musste ich fragen. *Stein-Fragen stellen.*

Ob ich da aber ehrliche Antworten bekam?

Was war mir noch wichtig?

Meine Zeit.

Ich wollte nicht mehr nur arbeiten, sondern Zeit für mich haben. Und natürlich Zeit für meine Freunde. Und Familie. Und für ein Hobby. Wobei ich noch nicht wusste, was das sein konnte.

Ich wusste, dass das schwierig werden würde für mich. Wenn ich mehr Zeit haben wollte, bedeutete das, dass ich nicht mehr alles selber machen dürfte. Lieber selber machen als abgeben, war ja mein bisheriges Motto gewesen. Damit es gut wird.

Ich ließ meinen Blick durch das Restaurant schweifen.

Abgeben bedeutet ja auch zutrauen. Vertrauen. Das hatte ich ja inzwischen verstanden.

Konnte ich das wirklich?

In mir zog sich was zusammen.

Was war das für ein Gefühl? Angst? Wovor?

Was sagte mein Gefühl? Ich lauschte.

Dann fing es an zu flüstern. Was, wenn es nicht gut wird? Was, wenn Fehler gemacht werden? Musste ich dann nicht doch wieder für alles geradestehen?

Aber was war die Alternative, wenn ich doch mehr Zeit und damit auch Freiheit haben wollte? Ich fand keine.

Vielleicht musst du da durch, Martha, dachte ich mir. Wie kann das dann bestmöglich funktionieren?

Loslassen.

Das war mir zu dünn. Ich musste ja einen Rahmen schaffen, in dem ich das überhaupt konnte. Einen Rahmen, in dem dieses Gefühl der Angst und diese flüsternden Gedanken keinen Platz fanden.

Wie hatte es Tomoko genannt? Nie wieder das Hirn am Eingang abgeben.

Ich wollte, dass meine Mitarbeitenden ihr Hirn benutzten. Nur so konnte ich sichergehen, dass alles gut lief – und konnte vertrauen und zutrauen. Doch wie sollte ich das machen?

Ich beobachtete den Kellner. Er erklärte einem jüngeren Kollegen etwas, der kurz die Tische beobachtete und dann losging. Manche räumte er ab, bei manchen redete und scherzte er kurz mit den Gästen. Er kam auch zu mir, ich aß noch. Er fragte mich, ob ich zufrieden sei oder noch etwas bräuchte. Ich lächelte ihn an und verneinte, meinte aber, dass ich sehr zufrieden sei. Er strahlte mich an und ging weiter. Ich sah ihm nach.

Er ging zum älteren Kellner zurück. Sie sprachen und zeigten auf verschiedene Tische.

Ich nahm einen Schluck Wein.

Eigentlich war es ja ganz einfach, wenn ich es so machte wie der ältere Kellner. Aufgaben beschreiben, machen lassen, Ergebnisse besprechen.

Aber ich kann ja meinem Team nicht jede Aufgabe vorkauen und ich kann auch nicht alles kontrollieren, da werde ich ja wahnsinnig.

Ich winkte dem älteren Kellner zu. Ich erklärte ihm, dass ich vielleicht eine bescheuerte Frage hätte, aber dass mich interessieren würde, was er seinem jüngeren Kollegen gesagt hatte, bevor er verschwand. „Oh, das ist einfach. Ich habe ihm erklärt, dass wir möchten, dass jeder Gast unser Restaurant satt und zufrieden verlassen soll – so zufrieden, dass er uns weiterempfiehlt und gerne wiederkommt. Und was immer uns dazu einfällt, machen wir. Es ist einfacher, jemandem ein Gefühl zu beschreiben, welches wir erzeugen wollen, als Regeln aufzustellen. Wir nutzen Prinzipien, die uns als Grundlage dienen. So können wir entscheiden, was wir machen, wie wir es machen und haben da auch einen guten Freiraum für uns.“

Ich schaute ihn verblüfft an. „Das heißt, Sie haben ihm nicht gesagt, er solle rumgehen und die Teller abräumen und die Gäste fragen, ob sie noch was trinken wollen?“

Er lächelte mich an. „Nein. Jeder Gast braucht ja was anderes, wir beobachten unsere Gäste und entscheiden dann, was wir tun. Satt und zufrieden – das soll das Ergebnis sein.“

Ich schaute ihn nachdenklich an und bedankte mich.

Ja klar, es geht ja um die Ergebnisse, nicht darum, was man macht und wie. Ich musste nicht jedem sagen, was er wie machen sollte. Keine Regeln, sondern Prinzipien. „... und haben da auch einen guten Freiraum für uns ...“, hatte der ältere Kellner gesagt. Ja, so hatte nicht nur ich Freiraum, sondern auch mein Team. Und musste das Hirn nicht am Eingang abgeben, sondern konnte es nutzen.

So langsam ergab sich ein Bild für mich: gewünschtes Ergebnis für die Kunden besprechen. Prinzipien aufstellen. Machen lassen. Nachbesprechen.

Es ging nicht darum, mir zahlreiche Reportings zu schicken, es ging um das eigentliche Ziel. Und den festen Glauben daran, dass Menschen das auch erreichen wollten.

Was sagte mein Bauch? Konnte ich so loslassen?

Mein Bauch schwieg. Er schien satt und zufrieden zu sein.

Ich war es auch.

Auf dem Weg nach draußen ging ich kurz zu dem jüngeren Kellner und sagte ihm, wie wohl ich mich gefühlt hatte und dass ich gerne wiederkommen würde. Er strahlte mich an. Beim Hinausgehen zwinkerte ich dem älteren Kellner zu, er zwinkerte zurück.

Es war noch relativ früh, als ich wieder in meiner kleinen Hütte war. Ich machte mir einen Tee und setzte mich auf das Bett. Ich kramte mein Büchlein aus dem Rucksack, blätterte zu einer leeren Seite und fing an zu schreiben. Ich schrieb mir alles vom Herzen, wie ich mir mein zukünftiges Leben vorstellte. Worauf ich achten wollte. Wie ich sein wollte. Ich schrieb und schrieb, bis mir meine Hand wehtat.

Mein Tee war inzwischen kalt, aber das machte nichts. Es hatte gutgetan, einfach mal alle Gedanken zu Papier zu bringen.

In den nächsten beiden Tagen begegnete ich verschiedenen Menschen, führte die üblichen Wanderer-treffen-sich-Gespräche und versuchte weiter, meinen Raum der Zukunft zu füllen.

Ich ging auf Straßen und Schotterwegen, schmalen und breiteren Waldwegen, über Felder und durch Wälder. Ich kam an Bächen und kleinen Wasserfällen vorbei, öffnete und schloss Gatter, sah grüne Felder und Wiesen, Schafe und Kühe.

Was mir vor vier Wochen magisch neu vorkam, fühlte sich nun schon fast normal an.

In mir begegneten sich die Wehmut des nahenden Endes und die Vorfreude auf zu Hause. Manchmal blieb ich stehen und sog die Welt um mich herum ein. Die roten und weißen Häuser und Gehöfte, die kleinen *Stabbur* daneben, die kleinen Kirchen und das friedliche freundliche Wesen der Menschen. Das alles würde ich schrecklich vermissen.

Wenig Lust hatte ich auf Verkehr, Dreck, Lärm und Hektik. Doch ich freute mich auf meine Familie und Freunde – Menschen, die mich schon länger kannten als die, denen ich hier begegnete. Die werden überrascht sein über mich, dachte ich schmunzelnd.

Diese tiefen Gespräche beim Wandern, das Nachdenken und die Fragen, die ich mir dadurch immer wieder stellte, würde ich auch sehr vermissen. Wie konnte ich das in meinem Leben behalten? Dass ich nicht nur lebte und arbeitete, sondern auch nachdachte?

Innehalten – wie auf der Lichtung mit dem Ameisen-Astronauten?

Dieses Gefühl, dass es sich echt anfühlte. Dass ich mich echt anfühlte. Das wollte ich mir auch behalten. Wo spürte ich das? Oder wie fühlte es sich an, wenn ich das nicht hatte? Ich dachte an eine Situation bei der Arbeit. Und auf einmal spürte ich, wie sich mein Bauch zusammenzog und meine Schultern nach oben krampften. Krass.

Ich stellte mir vor, wie es anders hätte sein können, wie es leichter gewesen wäre. Mein Bauch wurde entspannter, meine Schultern senkten sich.

Wie war das möglich? Dass sich als Erstes immer mein Körper mit einem Gefühl meldete?

Ich war es gewohnt, Dinge zu durchdenken und durch das Denken zu Lösungen zu kommen. Fühlen und denken, das gehörte schon zusammen. Aber machen auch. In den letzten Jahren hatte ich oft einfach gemacht, ohne auf meine Gefühle zu hören. Gnadenlos ignoriert, was mein Gefühl mir sagte. Was mein Körper mir sagte. Beiseitegewischt, weil es wichtiger war, Ziele zu erreichen. Ziele, von denen ich nun nicht mehr sicher war, ob es wirklich meine waren.

Was fühlst du? Was brauchst du? Was willst du? Was ist dein „hinzu"?

Diese Fragen hatte ich auf dieser Wanderung neu gelernt. Sie sollten mich auch zu Hause weiter begleiten.

Ich war ein ganzes Stück an einer geschotterten Straße entlanggegangen. Diese schlängelte sich zusammen mit einem Bach durch ein Tal. Der Bach war mal breiter, mal schmaler, mal ruhiger, mal brausender. Manchmal sah ich durch die Bäume schmale, langgestreckte Wasserfälle, die irgendwo niederprasselten und den Bach mit noch mehr Wasser füllten. Kleine Stege ragten in Abständen in den Bach hinein. Daneben waren kleine, hölzerne Unterstände. Gemütliche Plätze für Angler, wo sie direkt ein Feuer machen konnten, um ihren Fang zu genießen.

Ab und zu führten mich die Markierungen des Pilgerwegs weg von der Straße. Dann konnte ich auf schmalen Trampelpfaden über Wurzeln stolpern und etwas mehr Wald atmen. Letztendlich landete ich immer wieder auf dieser Schotterpiste und hätte sie vermutlich auch einfach weiter entlanggehen können. Doch ich mochte die Abwechslung und die Abstecher in den Wald.

Meine nächste Unterkunft war ein altes, dunkles Holzhäuschen auf dem *Meslo Gård*. Vor dem Häuschen standen ein Tisch und eine Bank, wobei der Tisch aus einer auf einem Holzstumpf angebrachten Platte bestand. Das dunkle, alte Holz sah so urig aus, dass ich mich sofort wohlfühlte. Große Steinplatten ersetzten die Treppe zur niedrigen Tür, das Dach war mit Moos und kleinen

Büschen bewachsen. Das Holzhäuschen war Teil einer großen Bauernhofanlage, aus einem Stall hörte ich Kühe muhen.

Ich hatte die Wahl, selber zu kochen oder ein Essen in dem angrenzenden Haupthof zu bestellen. Das ließ ich mir nicht entgehen. Außer mir waren noch andere Gäste da. Ein Teil waren, wie ich erfuhr, Fischer und keine Wanderer. Sie verbrachten ein paar Tage am Fluss, um Lachse zu angeln. Eine kleine Gruppe aus vier Personen schien zusammen zu wandern. Wir sprachen nur kurz miteinander. Da sie sich zu kennen schienen, hatten sie kein großes Interesse an mir.

Mir war das eigentlich auch sehr recht.

Nach Suppe, Omelett und Salat ging ich zurück in meine kleine Hütte. Die anderen schliefen im Haupthof.

Da es etwas feucht-frisch war, freute ich mich über den kleinen Kaminofen in meiner Behausung. Die Besitzerin hatte mir das Feuer angemacht, sodass ich nur noch Scheite nachlegen musste. Es knackte und knisterte beruhigend, und durch eine kleine Glasscheibe konnte ich den Flammen zusehen.

Ich setzte mich auf einen wackeligen Holzstuhl an einen grob gezimmerten Tisch und drehte mich so, dass ich das Feuer im Blick hatte. Ich schaute in die Flammen.

Diese Auszeit hatte mich verändert. Oder?

Hatte sie das wirklich? Oder war ich mir eigentlich nur nähergekommen? Hatte Stück für Stück eine Martha abgeschält, die nicht ich war, sondern eine Hülle aus „musst du" und „macht man so", die ich mir angeeignet hatte?

Ja, eigentlich fühlte ich mich mehr als ich selbst. Das durfte auch Platz in meinem neuen Leben finden.

Es ging nicht darum, mich selbst als den Nabel der Welt zu betrachten. Sondern im Miteinander klar zu sein, was ich wollte und nicht wollte. Um bei allen Restriktionen, die es nun mal gab, dennoch den Blick auf mich nicht zu verlieren.

Wenn ich das im Fokus behalten würde, auf meine Gefühle hören würde, dann müsste mir das ja eigentlich gelingen. Und dann würden sich meine Entscheidungen, meine Handlungen ergeben.

„Wenn du dein Ziel weißt, ergibt sich der Weg von alleine." Ich nahm mein Büchlein und schrieb all diese Gedanken runter. All das, was ich behalten wollte, worauf ich achten wollte. Immer wieder schaute ich in die Flammen und dachte nach, schrieb, dachte nach.

Es tat gut zu schreiben und so die Gedanken zu sortieren. Ich wusste nicht, ob ich das jemals wieder lesen würde. Aber ich merkte, wie es mir half, klarer zu werden. Das Schreiben schien meine Gedanken zu sortieren.

Als das Feuer fast runtergebrannt war, klappte ich mein Buch zu. Und freute mich auf ein kuscheliges, trockenes Bett.

Als ich am nächsten Morgen den Essensraum betrat, duftete es schon köstlich nach selbst gebackenem Brot, Kaffee und Schinkenspeck. Das Brot war noch warm, die Spiegeleier sicher von den Hühnern, die ich draußen gesehen hatte, der Speck war kross. Dazu gab es den typischen braunen Käse, selbst gemachte Marmelade aus schwarzen Johannisbeeren, Kaffee und Saft. Ich war glücklich.

Mein Weg führte nun immer mal wieder an der Straße entlang, aber auch durch den Wald. Ich kam durch mehrere Orte und an einem alten Bergwerk vorbei. Ich übernachtete in schönen, urigen und einfachen Unterkünften, traf verschiedene Menschen, mit denen ich mich nett unterhielt. Mein Ziel, *Trondheim*, rückte immer näher. Den Fluß *Orkla* hatte ich nun hinter mir gelassen. Er floss in den Fjord, doch mein Weg bog ab, sodass ich das letzte Stück bis Trondheim noch einmal durch den Wald gehen konnte. Ich näherte mich meinem Ziel, dem *Nidarosdom*.

Hunger meldete sich, Zeit für eine Rast.

Meine Herbergsmutter hatte mir heute früh von einer *Gapahuk* erzählt, die ich bald erreichen müsste.

Von Weitem sah ich schon den Holzbau, der auch wieder so ein bewachsenes Dach aus Moos und Heidekraut hatte. Ein Mann machte gerade ein Lagerfeuer. Früher hätte ich gedacht „Mist, da ist schon einer", jetzt dachte ich „Oh nett, Gesellschaft". Wir nickten uns zu, ich setzte meinen Rucksack ab und streckte mich. Er sagte was auf Norwegisch, was ich nicht verstand.

„*Do you speak English?*", fragte ich ihn.

„*Of course*", meinte er. Ob ich nach Trondheim wollte, fragte er, und ich nickte. Ob ich den ganzen Weg von Oslo gegangen sei? Als ich wieder nickte, hob er den Daumen und meinte: „Wow, Respekt." Er selbst kam aus der Gegend und machte nur eine Tagestour.

Er packte ein paar Würstchen aus und bot mir welche an.

Im Laufe des Gesprächs erzählte er mir, dass er in seiner Freizeit eine Fußballmannschaft trainierte. Wir sprachen darüber, dass früher Fußballtrainer am Spielfeldrand gestanden und gebrüllt hatten, und mussten beide lachen. Ja, diese Zeiten waren hoffentlich vorbei.

„Wie machst du das nun?", fragte ich ihn.

„Kennst du Marit Breivik?" Als er mein Kopfschütteln sah, fuhr er fort. „Sie war Handballtrainerin für unsere Frauennationalmannschaft. Statt wie ihre Vorgänger zu brüllen und die Spielerinnen zu drangsalieren – nach dem Motto: Nur mit Druck leisten sie –, agierte sie anders. Ruhig. Empathisch. Überlegt. Sie gab viel Verantwortung ins Team. Die Spielerinnen entschieden gemeinsam mit ihr über die Aufstellungen. Und ein Länderspiel führten sie komplett ohne ihre Trainerin durch – so waren sie gezwungen, sich auf sich selbst zu verlassen und unabhängig zu werden. Breivik war als Trainerin bescheiden und gleichzeitig war ihr klar, dass sie nicht alle Antworten hatte und alles wusste. Und den Spielerinnen musste klar sein, was sie brauchten und was sie beitragen konnten.

Wie können die Stärken und Schwächen des anderen genutzt werden, um als Team bestmöglich zu sein? Am Anfang wurde Breivik belächelt und ihr Trainingsstil angezweifelt. Als die Mannschaft aber immer mehr Gold abräumte, hörten diese Stimmen auf.

Seitdem haben sich viele Trainer sie zum Vorbild genommen. Ich auch. Das heißt, ich stehe am Rand und beobachte. Die ganze Zeit. Das mit dem Brüllen klappt ja deswegen nicht, weil sich die Spieler dann auf mich konzentrieren und auf meine Ansagen warten würden, statt ihrer Intuition, ihrer Erfahrung zu folgen. Mein Job passiert hauptsächlich vor dem Spiel, in der Halbzeitpause und dann wieder nach dem Spiel bis zum nächsten. Aber während des Spiels würde ich mit Ansagen nur stören. Da muss ich vertrauen, dass ich alle gut vorbereitet habe, richtig eingesetzt habe.

Das Einzige, was ich mache, ist, den Mannschaftsaufbau zu beobachten und wie sie auf den Gegner reagieren können. Vielleicht habe ich jemanden an die falsche Position gesetzt – oder jemand ist nicht in Bestform. Dann muss ich handeln. Die Herausforderung ist wirklich, den richtigen Menschen an der richtigen Stelle einzusetzen. Dafür muss ich mein Team gut kennen und während des Spiels im Blick behalten. Ich muss die Stärken und Schwächen kennen. Die Stärken trainiere ich mit ihnen, sodass sie da noch besser werden. An den Schwächen arbeiten wir nur so weit, dass sie dem Team nicht im Weg stehen."

Ich war beeindruckt. Das musste eine tolle Frau sein.

Vor allem das „nicht ins Spiel eingreifen" hatte ich verstanden. Das passte ja auch zu meinen bisherigen Überlegungen.

Ich erklärte ihm meine Situation und dass ich was ändern wollte. Er nickte.

„Ja, das verstehe ich. Wenn ich immer am Spielfeldrand stehen und Kommandos rufen würde, wäre ich auch irgendwann erschöpft und würde daran zweifeln, dass ich das richtige Team habe. Ich würde aber nicht erkennen, dass ich derjenige bin, der stört. Ich würde auch nicht erkennen, dass ich eine Mannschaft geschaffen habe, die nicht eigenverantwortlich handelt. Ich würde denken, dass es an den Spielern liegt – nicht an meiner Art des Trainings. Ich würde meinen, dass sie das ohne mich nicht hinbekommen.“

„Du meinst, weil sie dann nur auf dich hören, aber nicht selber entscheiden würden?“ Ich dachte an Tomokos Spruch über das Hirn-Abgeben.

„Ja, dabei sind es ja gute Talente, die gelernt haben, Fußball zu spielen. Und sie können mitten im Spiel viel besser ihrer Intuition folgen, wenn ich nicht die ganze Zeit reinbrülle. Das braucht natürlich diese Erkenntnis. Es werden andere Aspekte wichtiger – die der Vor- und Nachbereitung. Die der Beobachtung.“

Ich nickte. Ja, als Trainer nicht der Stein sein, der im Weg zur Verantwortung liegt, machte Sinn.

„An so etwas habe ich auch schon gedacht. Wenn die Vorbereitung stimmt, ich allen erklärt habe, was wichtig ist, und sie alle wichtigen und relevanten Informationen haben, dann weiß doch jeder, worauf es ankommt. Ich weiß nur nicht, wie ich das mit dem Beobachten machen soll. Bei mir gibt es ja keinen Spielfeldrand und ich kann ja nicht allen gleichzeitig über die Schulter schauen.“

Er lachte. „Nein, das geht natürlich nicht. Aber gibt es nicht doch Dinge, an denen du merken würdest, dass was schiefläuft?“

Ich dachte nach.

„Ja, doch natürlich. Auf der einen Seite merke ich das an den Kundenreaktionen. Und ich kann natürlich fragen. Aber dann müsste ich sicher sein, dass alle ehrlich sind und mir sagen, wenn was nicht rundläuft. Schlimm wäre ja, wenn sie mir das nicht sagen, ich es hinterher oder zu spät mitbekomme …"

„Ja", nickte er. „Das wäre nicht nur schlimm, sondern würde euer Unternehmen auf Dauer auch in Schwierigkeiten bringen."

„Eine Frage habe ich noch," sagte ich.

„Schieß los", meinte er.

„In einem Fußballspiel scheinen immer alle an einem Strang zu ziehen. Den Eindruck habe ich bei mir oft nicht. Da ist es oft ein Gegeneinander statt ein Miteinander. So als ob ein Stürmer einem Verteidiger der eigenen Mannschaft das Bein stellen würde."

Der Norweger schmunzelte. „Ja, das wäre in der Tat komisch zu sehen … Es liegt wohl daran, dass alle das gleiche Ziel haben: das Spiel zu gewinnen. Würde ich ihnen sagen, versucht so viel wie möglich Tore zu schießen, würden sie sich darauf fokussieren und im Sturm ordentlich Druck machen – aber die Verteidigung vergessen und Gegentore bekommen. Würde ich dem Stürmer sagen, er würde für jeden Schuss eine Extra-Prämie bekommen, würde er anfangen, den eigenen Leuten einfach den Ball abzunehmen – ob es hilfreich für den Gewinn ist oder nicht. Wenn ich jedem einzelne Ziele gäbe oder dem Sturm andere als der Verteidigung, würden alle nur noch ihre eigenen Ziele verfolgen. Das Gesamtziel ‚Gewinnen' würde in den Hintergrund rücken."

„Du meinst, es braucht gar keine Einzelziele?"

Er schüttelte den Kopf. „Es braucht sie nicht nur nicht – sie stören sogar."

Ich stocherte mit einem Stock in den Flammen herum und sah zu, wie sich die Glut verteilte, an einer Stelle kleine neue Flämmchen entstanden und Funken in die Luft stieben. Das war ein spannender Gedanke – so hatte ich das noch nie gesehen. Ich hatte immer gedacht, dass jeder auch für sich ein Ziel braucht, hatte aber offenbar übersehen, dass dann der Blick vom Gesamtziel genommen wurde. Besonders das mit der Prämie gab mir zu denken. Dann waren Bonuszahlungen vielleicht auch nicht wirklich schlau?

Ich schaute auf die Uhr. „Du, ich muss weiter. Ich habe für heute Nacht ein Bett reserviert."

Er stand auf und klopfte seine Hände an seiner Hose ab. „Wir können ja noch ein Stück zusammen gehen, ich muss auch in deine Richtung, biege aber dann ab."

Wir kramten unsere Sachen zusammen und der Norweger verteilte die Glut so, dass kein Feuer mehr entstehen konnte. Ich goss noch etwas Wasser drauf, um wirklich sicher zu sein, dass nichts passieren konnte. Dann gingen wir los.

„Du hattest vorhin gesagt, dass du vertrauen müsstest, dass alle ehrlich sind. Wann traust du dich denn, ehrlich zu sein?", fragte mich der Norweger, dessen Namen ich gar nicht wusste. Wir hatten uns noch gar nicht vorgestellt, aber das war ich mittlerweile gewohnt.

Ich dachte nach.

Unser Weg war inzwischen recht schmal, sodass wir hintereinandergehen mussten. Das war ganz gut, dann musste ich nicht sofort antworten.

Wir gingen durch einen typischen Kiefernwald, der Boden war grün und moosig. Wurzeln durchzogen unseren schmalen Weg, ab und zu auch Steine, mal mit Moos bewachsen, mal ohne. Ich musste gut auf den Weg schauen, um nicht zu stolpern. Es ging leicht und entspannt bergauf – eine schöne Art des Gehens.

Wann war ich mal wirklich ehrlich gewesen? Wie hatte ich mich das getraut, obwohl ich wusste, dass ich Mist gebaut hatte?

Meine Eltern hatte ich oft angelogen. „Ich war das nicht", kam häufig aus meinem Mund. Darüber gab es oft Krach, weil eigentlich klar war, dass ich die Schuldige sein musste. Doch aus Angst vor den Konsequenzen weigerte ich mich standhaft, das zuzugeben.

Dann fiel mir das Gespräch mit Tomoko ein. Mit ihr hatte ich ja auch schon darüber gesprochen, wie wichtig es war, sich zu trauen, den Mund aufzumachen. Alles ansprechen zu können. Bedürfnisse anzusprechen. Diese Gesprächsrunde, von der Pedro gesprochen hatte. Schloss sich hier ein Kreis?

„Wenn ich mich sicher fühle", rief ich dem Rücken vor mir zu.

Der Norweger drehte sich um. „Ja," nickte er. „Das ist ein wichtiger Aspekt. Und wie bekommst du dieses Gefühl, dass du dich sicher fühlst?"

Da der Weg wieder etwas breiter wurde, konnten wir nebeneinander gehen. Ich erzählte ihm von den Gesprächen mit Tomoko und Pedro.

Vor uns lichtete sich der Wald. Wir waren einige Zeit leicht bergauf gegangen, sodass wir in Summe einiges an Höhenmetern gemacht haben mussten.

Ich blieb stehen. Vor uns erstreckte sich eine Weite, die anders aussah als alles, was ich zuvor gesehen hatte. Der Waldweg ging in ein paar Holzplanken über, die durch einen sumpfigen Morast führten. Es waren mehr oder weniger lose Bretter, die aneinander gereiht waren.

Gelb-oranges, teilweise fast kniehohes Gras wechselte sich mit braunem Matsch-Morast ab. Ab und zu erhoben sich kleine Hügel, die von Heidekraut bewachsen waren. Dazwischen verteilten sich Wasserlöcher, mal größer, mal kleiner. Und was war das? Manche Grashalme hatten kleine baumwollartige Büschel an ihrer Spitze, wie so kleine lustige Puschel, die in dem leichten Wind hin- und herwogten.

Diese Mischung aus Moor und Sumpf und Heide erstreckte sich in alle Richtungen und war am Horizont und an den Rändern vom Wald umgeben.

Der Norweger musste mir meine Überraschung angesehen haben. Er sagte etwas, dass sich wie „*müür*" anhörte.

„Das ist ein Moor", sagte er auf Englisch. Er erklärte mir, dass diese Moore typisch für Norwegen seien und dass diese weißen Puschelgräser Moorwolle genannt werden. „Aber das Beste an Mooren ist die Moltebeere", meinte er. „Die gibt es bei euch nicht, aber wir lieben sie. Du musst mal im Juli oder August wiederkommen, wenn sie reif sind – das ist ein Genuss!" Den Geschmack beschrieb er als fruchtig-säuerlich, konnte aber keine Ähnlichkeit zu anderen Früchten nennen.

„Ich will ja eh wiederkommen", meinte ich grinsend. „Das merke ich mir dann!"

Wir gingen über die Holzplanken weiter. Manche sanken in den Morast ein, wenn ich über sie ging. Manche lagen halb im Morast. Eine nass-matschige Angelegenheit.

„Sinkt man hier ein?", rief ich zu dem norwegischen Rücken vor mir. „Ja", meinte er. „Daher geh nicht dahin, wo es nur braun ist. Wo das Gras wächst, hast du Halt durch die Wurzeln."

Ich schluckte. Ob hier wohl schon Menschen gestorben sind? Oder Tiere versunken? Die Frage wollte ich lieber nicht stellen, sie war mir zu gruselig.

Ich genoss die Aussicht und kam aus dem Staunen nicht mehr raus. Wie kann ein Land so eine Vielfalt an Landschaften haben? Heide, Steinwüsten und jetzt auch noch Moor. Ich merkte, wie ich innerlich immer stiller wurde. Dieses Land machte wirklich was mit mir.

Irgendwann hörten die Planken auf – nicht jedoch der sumpfige Matsch. Meine Schuhe quatschten in dem Nass. Immer wieder sank ich ein, versuchte halbwegs trockene und sichere Stellen zu finden. Schaute, wo der Norweger langging. Doch es half nichts. Meine Schuhe waren nass und von Modder und Schlamm überzogen. Meine Beine mit braunen Flecken bespritzt.

Trotzdem machte es mir Spaß, ich fand es sogar ganz lustig. Ich kam mir wie ein Kind vor, das durch Pfützen hüpfen durfte. Gut, dass ich meine klobigen *Norwegian Heels* hatte. In anderen Schuhen wäre das hier nicht möglich gewesen – außer vielleicht noch in Gummistiefeln.

Zwischendurch blieb ich stehen und schaute mich um: Morast, Sumpf, Wasserlöcher. Was für ein Kontrast zu der Steinwüste, in der ich noch vor wenigen Tagen gewesen war.

Auf einmal hörten die Planken auf und ein schmaler, immer noch matschiger Weg führte uns weiter Richtung Waldrand. Irgendwann kamen wir am Waldrand an, der Weg war etwas breiter, trockener und schön weich. Ein richtig schöner Waldboden. Das Gehen wurde wieder etwas einfacher und wir konnten nebeneinander gehen.

Wieder so ein Kontrast.

Ich wandte mich ihm erneut zu. „Worüber wir eben gesprochen haben. Dieses Sicher-Fühlen. Wie machst du das? So rein praktisch gesehen. Hast du den Eindruck, dass sich in deiner Mannschaft alle so fühlen und dass sie offen und ehrlich sind?"

Er wiegte den Kopf von rechts nach links. „Grundsätzlich denke ich schon. Aber ich kann nicht einfach sagen, so, ab jetzt müssen alle offen sein. So funktioniert es ja nicht. Und es ist ja ein Gefühl, das in anderen entsteht, in manchen mehr, in manchen weniger. Ich kann das nicht befehlen, nicht steuern – aber ich kann es wahrscheinlicher machen, dass dieses Gefühl entstehen kann. Und das fängt bei mir an, bei meinem Verhalten. Wie ich zuhöre, welche Fragen ich stelle, wie ernst ich alle nehme. Auch, wie ich auf nicht gewünschtes Verhalten reagiere. Und da habe ich eine Null-toleranzgrenze. Wenn ich einmal dulde, dass jemand ausgelacht oder gehänselt wird, war die ganze Arbeit vorher für die Katz. Und ich habe auch gemerkt, wie sich das Miteinander verändert hat. Es wird nicht mehr blöd gefrotzelt, nichts gesagt, um mit einem ‚Mein ich doch nicht so' revidiert werden zu müssen. Und ich merke auch, dass die Stilleren jetzt öfter was sagen und alle zuhören. Ich habe das neulich mal angesprochen und alle fanden es gut so."

„Wow", meinte ich. „Ja, das hört sich toll an. Sehr sicher und geschützt."

Ob ich sowas bei meinem Team wohl auch hinbekommen würde? So schwer hörte es sich ja nicht an. Wobei ich mir dann natürlich auch an die eigene Nase fassen müsste. Aber wäre das so schwer? Würde mir das so viel abverlangen, mich so, wie der Norweger es beschrieben hatte, zu verhalten? Was würde das für mich bedeuten?

Letztendlich blieb mir ja auch nichts anderes übrig. Ich wollte nicht mehr so weitermachen wie vorher. Also musste ich anders weitermachen. So einfach war das. Ich stellte mir noch einmal vor, wie sich das anfühlen würde. Wie das wäre. Wie ich dann sein und reden würde.

Und es fühlte sich echt an. Fair. Menschlich.

Es fühlte sich nach mir an.

Vor uns kam eine Kreuzung. Ich sah, wie der Norweger stehen blieb und sich nach mir umdrehte.

„Hier trennen sich unsere Wege. Danke für deine nette Gesellschaft und die gute Unterhaltung!"

„Oh, ich habe auch zu danken. Und ich weiß gar nicht, wie du heißt", meinte ich.

Er grinste. „Stimmt. Ich bin Erik."

„Danke, Erik. Ich bin Martha."

Wir gaben uns die Hand und wünschten uns alles Gute. Und weg war er. Wie so viele Wanderer vor ihm, mit denen ich mich gut unterhalten hatte. Die mich zum Nach- und Umdenken gebracht hatten.

Die Ruhe dieses Menschen beeindruckte mich. Mein Job ist vor dem Spiel, nicht währenddessen. Ja, wenn doch alles besprochen war, warum dann einmischen? Warum nicht machen lassen? So ging loslassen. Und ein gemeinsames Ziel haben. Da wollte ich hin.

Schon wieder veränderte sich die Natur. Das ging jetzt ja Schlag auf Schlag. Statt Moor nun wieder Wiesen und Felder, von Wald umgeben. Der Weg führte direkt über Weiden. Das Bimmeln der Schafe begleitete mich genauso wie Gatter, die ich wieder einmal öffnen und hinter mir wieder schließen musste.

Von Weitem sah ich eine Kirche, das musste schon *Skaun* sein. In dem alten Pfarrhaus konnte ich übernachten. Vor dem Pfarrhaus stand wie so oft eine Steinstele: noch 38 km bis Nidaros. Fast da!

Ich hatte noch zwei Tage. Das war nicht viel.

Doch ich merkte, wie ich meine Gefühle und Gedanken Stück für Stück sortiert bekam. Und dass ich daraus Ideen entwickeln konnte, wie ich mein Leben, meine Arbeit und mein Chefinnen-Dasein in Zukunft anders gestalten wollte.

Endlich da

Am nächsten Tag ging es bergauf. Bergauf. Bergauf. Noch heute Morgen hatte ich gedacht: „Ha, jetzt nur noch zwei Tage, easy." Weit gefehlt. Die Rechnung hatte ich ohne das bergige Norwegen gemacht. Eine kleine steile Straße wand sich immer höher, immer höher. Ich hörte mich selbst schnaufen. Zwischendurch ging es auch wieder durch den Wald, mal dunkle Nadeln, mal lichtere Laubbäume. Mal trocken, mal matschig. Mal mit dicken Wurzeln, mal ohne. Alles wechselte sich ab – nur das Bergauf nicht. Es blieb beim Bergauf.

Bis es wieder bergab ging.

So steil, dass meine Oberschenkel zu brennen und meine Knie zu schmerzen anfingen. Aber auf einmal kam ich aus dem Wald raus. Ein gutes Stück unter mir öffnete sich eine blaue Weite. Das musste der Fjord sein. Der *Trondheim Fjord*. Ich war überwältigt.

Ich stand da und konnte es kaum fassen. Wasser, wohin ich auch schaute. Blau-grün schimmerte es zu mir hoch und bildete kleine Schaumkrönchen, die auftauchten, um wieder zu verschwinden. Kleine Segelboote glitten gemächlich über die riesige Fläche. Auf der anderen Seite, fast schon am Horizont, so breit war die Wassermasse, ragten raue Berge in die Höhe und bildeten eine natürliche Grenze.

Das sah nicht wie einer der schmalen, steilen Fjorde aus, die ich im Internet gesehen hatte. Das sah eher wie ein weites Meer aus.

Nur noch ein Tag und dann war ich da. Am Ziel.

Ich war wirklich den ganzen Weg von Oslo bis hierher gelaufen. Ich hatte es fast geschafft. Unglaublich. Es war ein komisches Gefühl, dieses Gefühl von „Ich bin fast da".

Der Berg, auf dem ich stand, führte steil nach unten. Am Fuß konnte ich in einer kleinen Bucht einen ebenso kleinen Ort mit einem Hafen, Strand und weiter rechts einem Campingplatz sehen. Kleine weiße und rote Häuser. Winzige Wohnwagen, die parzelliert nebeneinanderstanden. Da musste ich jetzt also runter.

Da ich relativ gut in der Zeit war, gönnte ich mir erst einmal eine Pause. Diesen Blick wollte ich noch etwas genießen. Meine Beine freuten sich auch. Ich kramte in meinem Rucksack nach einem Apfel.

Ich dachte an die verschiedenen Gedanken und Impulse, die ich in den letzten Wochen bekommen hatte. Die Menschen, denen ich begegnet war und die ich vielleicht nie wieder sehen würde. Menschen, die so viel in mir ausgelöst hatten, mit ihren Geschichten, ihren Fragen. Die es geschafft hatten, dass ich so intensiv über mich nachdachte, wie vermutlich noch niemals zuvor. Die mir gleichzeitig so viel Mut machten. Die mir durch ihre eigenen Geschichten aufgezeigt hatten, was möglich ist: dass man Erfolg und Freiraum verbinden konnte. Dass Kontrolle nicht nötig war, wenn die gewünschten Ergebnisse besprochen wurden. Dass Vertrauen und Zutrauen von mir abhingen, nicht von den anderen. Dass Prinzipien Regeln ersetzen konnten. Dass diese Dinge alle zusammengehörten und einander bedingten. Das eine war ohne das andere nicht möglich.

Ein gemeinsames klares Ziel – nicht zig Einzelziele. Nicht irgendein Pseudoziel – sondern das Ziel des Unternehmens. Freiraum mit Vertrauen, Dranbleiben und gemeinsamem Lernen. Ich merkte, wie ich durch diese Dreiteilung in Fahrt kam. Das fühlte sich alles logisch an. Fast schon zu logisch.

Da mein Apfel zu Ende war, stand ich auf. Richtig viel fehlte ja nicht mehr, um herauszufinden, wie ich das konkret machen wollte.

Ich begann den Abstieg. Die Straße wand sich Richtung Wasser, welches ich mal mehr und mal weniger sah. Es schien recht flach ins Wasser zu gehen, zumindest sah es am Ufer hellbraun aus und wurde erst weiter draußen blau-grün.

Der kleine Ort *Buvika* lag am Ende eines grünen Tals. Irgendeine Fabrik gab es auch, ein paar hohe Türme standen nebeneinander direkt am Wasser, was ein bisschen was von der Idylle nahm. Im Ort selbst standen die üblichen weißen und roten Holzhäuser, umgeben von Gärten, die von Blumenliebhabern mit bunten Blumenampeln und Hortensienbüschen verschönert waren. Ich musste etwas durch den Ort gehen und kam dann auf die Landstraße, die direkt am Fjord entlangführte. Einen Teil musste ich an ihr entlanggehen, einen Teil etwas abseits durch die nächste kleine Ortschaft. Leicht salziger Duft stieg mir in die Nase und erinnerte mich an diverse Urlaube am Meer. Genauso wie das Kreischen und Rufen der Möwen, die über mich hinwegflogen und sich auf Dächer und Masten setzten. Erst wunderte ich mich, aber dann wurde mir klar, dass der Fjord ja ins Meer führte. Ob das Wasser dann salzig war?

Ich näherte mich dem Campingplatz von *Øysand*. Der verführerische Duft von frischen Waffeln stieg mir in die Nase. Außer dem Apfel hatte ich noch nichts gegessen, was ein bisschen dumm von mir war. Denn ich spürte meinen Hunger nun umso mehr. Waffeln. Ich bekam richtig Appetit auf eine frische, warme, luftige, süße Waffel. Aber ich hatte ja auch meine Brote und Wegwerfen war nicht drin.

Ich stellte mich vor den Campingplatz und aß schuldbewusst eins meiner Brote. „Zumindest eins, dann kannst du dir Waffeln gönnen", dachte ich mir.

Ich ging zu dem Kiosk, der direkt vor dem Eingang zum Campingplatz lag. Was man in Norwegen wohl auf Waffeln machte? Am liebsten hatte ich ja einfach nur Puderzucker drauf. Gab es in Norwegen Puderzucker?

Die junge Frau am Kiosk lächelte mich an und sagte etwas. Ich sagte meinen Standardsatz auf, dass ich kein Norwegisch sprechen würde, und sie lächelte wieder und wiederholte ihre Frage: *„How can I help you?"*

Ich fragte sie, was sie am liebsten auf Waffeln essen würde und was sie mir empfehlen würde. Sie meinte, dass ich unbedingt eine Waffel mit dem braunen Käse essen müsse. Dann gab es noch Erdbeermarmelade und eine weiße Creme, die ich nicht identifizieren konnte.

Die Neugier siegte. Ich bestellte zwei Waffeln, eine mit dem braunen Käse und eine mit dem weißen Zeug, obendrauf Marmelade und dazu einen Kaffee.

Ich setzte mich an einen kleinen Tisch vor dem Camping-Kiosk. Die Waffeln waren super lecker. Der braune Käse wurde durch die heiße Waffel sehr weich, schmelzig und klebte mir karamellig schmeckend am Gaumen und den Zähnen. Krass! Das weiße Zeug, „Rømme", entpuppte sich als eine Art Rahm und war schön frisch. Wirklich lecker und in Kombination mit der Marmelade fantastisch. Ich winkte der jungen Frau zu und hob beide Daumen. Sie strahlte zurück.

Ich musste weiter zu der Stelle, wo der Fluss in den Fjord mündete, etwas hinter dem Campingplatz. Meine Unterkunft war auf der anderen Seite des Flusses. Ein Mann mit einem Ruderboot sollte mich in einer guten Stunde hier abholen. Ich ging zu einem kleinen Sandstrand, der neben der Flussmündung war, um die Wartezeit zu überbrücken. Dort fand ich einen angeschwemmten Baumstamm, lehnte meinen Rucksack gegen ihn und setzte mich mit meinem zufriedenen Waffelbauch hin.

Ich schaute auf die kleinen Wellen, die immer wieder gegen den Sand klatschten. Dieses Geräusch war so beruhigend. Eigentlich brauchte ein Mensch doch nicht mehr, als einem Wellenspiel zuzusehen, um glücklich zu sein.

Wie lange war es her, dass ich die kleinen Wellen am Wannsee beobachtet hatte?

Ich wühlte mit meinen Händen im Sand. Das war jetzt norwegischer Sand, nicht Berliner. Krass. Ich war tatsächlich meiner Sehnsucht nach Weite gefolgt und saß jetzt hier und spürte sie. Wie irre war das denn?

Meine Gedanken wanderten wieder zurück zu meinem Dreiklang aus klarem Ergebnis, Freiraum und Dranbleiben.

War es das wirklich? Konnte ich mit dieser Dreiteilung meine Arbeit, meinen Umgang mit meinem Team und, viel wichtiger, mein Leben so gestalten, dass auch ich mehr Freiheit hatte? Dass es auch mir besser ging?

Ging es denn wirklich um Ergebnisse? Oder eher um Ziele? Und wo war eigentlich der Unterschied?

Ein Ergebnis war richtig oder falsch. Wie in Mathe. Wie in der Buchhaltung. Das konnte, nein, das musste man kontrollieren. Doch wir mussten ja viele Sachen machen, wo es kein Richtig oder Falsch gab. Wo es nur ein Ausprobieren gab. Um dann zu schauen, ob es funktionierte oder nicht. Es gab Situationen, in denen ich nicht vorhersehen konnte, welches Ergebnis rauskam. Da musste ich anpassen und korrigieren. Weil es auch nie ein richtig perfektes Ergebnis gab. Und da brauchte es Freiraum. Den Freiraum des Ausprobierens.

Hier ging es vielleicht doch eher um Ziele, um etwas Größeres, um die Richtung.

So wie bei mir. Mein Ziel war *Trondheim*, aber ich hatte mir erlaubt, von dem Pilgerweg abzubiegen und einen Abstecher in das *Dovrefjell* zu machen.

Das war Freiraum. Selber entscheiden zu können, welchen Weg man ging, Hauptsache man kommt in Trondheim an. Irgendwann, irgendwie.

Aber stimmte das?

War irgendwann egal? Eigentlich nicht. Denn ich hatte ja einen festen Rückflug gebucht. Wenn ich den verpassen würde, müsste ich umbuchen, was zusätzliches Geld kosten würde. Wäre machbar, aber nicht gut. Das hatte ich natürlich vorab einkalkuliert und mir ausgerechnet. Aber es hätte ja alles Mögliche passieren können, als ich da so alleine auf dem Weg war. Der sicherere Weg wäre der Pilgerweg gewesen. Aber dann hätte ich nicht diesen leicht schrulligen Norweger Vidar mit seinem lustigen Hund kennengelernt, hätte mich nicht als Troll erkannt, wäre allerdings auch nicht in diesen fürchterlichen Regen gekommen. Aber ich hätte auch nicht die wunderschöne Rentierherde gesehen und wäre vermutlich auch nicht zu der Erkenntnis und dem Entschluss gekommen, dass ich mein Leben wirklich anders gestalten möchte. Also war der andere Weg trotz höherem Risiko so gesehen doch richtig gewesen. Vielleicht nicht richtig, aber sinnvoll.

Wobei ich das ja nur im Nachhinein betrachten konnte, vorher wusste ich das alles nicht. Aber wer weiß, was mir auf dem Pilgerweg passiert wäre? Nur weil er sich sicherer anfühlte, bedeutete das nicht, dass ich nicht umknicken und mir den Fuß hätte verstauchen können. *Hätte, hätte, hätte.*

Was man vorher nicht weiß, kann man nur abschätzen. Um dann seinem Gefühl zu folgen. Weil es da einfach kein Richtig und kein Falsch gab. Nur Möglichkeiten und Optionen.

Es war also eine Mischung. Es gab Dinge, die waren unverrückbar richtig oder falsch. Und es gab Dinge, die waren komplett offen.

Aber passte das auch in das Arbeitsleben? Da ging es ja um Geld, um Zahlen. Gehälter wollten bezahlt werden. Investitionen getätigt werden. Und gleichzeitig war so viel offen, so viel neu.

Da wollte ich begeistern, motivieren. Damit Eigeninitiative entsteht. Ideen entstehen.

Sinn. Es kam auf den Sinn an. Ich spürte ein aufgeregtes Kribbeln. So wie ich ja mit der App auch einen Sinn verfolgte. Der für mich im Alltag aber abhandengekommen war. Den ich aus den Augen verloren und auch an mein Team gar nicht mehr wirklich kommuniziert hatte. Weil ich nur noch in Kategorien wie „das und das muss bis dann und dann fertig sein" dachte. Ansage und Kontrolle. Da war kein Freiraum, kein Erleben, keine Motivation möglich. Nur ausführen. Da war ich wie der brüllende Fußballtrainer, der am Rand stand und Kommandos bellte – um mich dann zu wundern, dass die Mannschaft keine Verantwortung übernahm. Das hatte ich ja auch schon von Beritt gelernt.

Das Warum fehlte. Das Wofür. Es fehlte der Blick auf das große Ganze. Wenn Menschen nur noch wie ein Rädchen im Getriebe Kommandos ausführten – *frag nicht, mach* – dann entstand Gehorsam. Aber keine Verantwortung. Keine Initiative. Stattdessen Gleichmut. Keine Motivation. Kein Hirn mehr – das wurde am Eingang abgegeben.

Wenn ich Motivation, Verantwortung und Initiative erreichen wollte, musste das *Wofür* klar sein. Nicht als hartes Umsatzziel, sondern als übergeordneter Sinn. Aber auch nicht Sinn im Sinne von: die Welt retten. Sondern Sinn im Sinne dessen, was wir machen und erreichen wollten. Damit nichts, was man tat, sinnlos erschien. Und Kontrolle war nur da nötig, wo es um eindeutige Ergebnisse ging. Aber wenn es keine klare Lösung gab, dann konnten wir nur die Richtung überprüfen – oder ändern. Immer mit Blick auf das große Ganze. Es musste beides geben – je nachdem, worum es ging.

Ich musste laut lachen. Es klang wirklich logisch.

Da wollte ich einfach nur auf Wanderschaft gehen und war stattdessen zur Sinnexpertin geworden.

Ich schaute auf und sah, wie am anderen Flussufer ein Mann in ein Ruderboot stieg und mit langsamen, gleichmäßigen Schlägen auf meine Seite zusteuerte. Das musste der Mann von der *Sundet Gård* sein. Mein Taxi sozusagen.

Warum nahm er wohl kein Motorboot? Das wäre doch viel einfacher. Ich hatte gelesen, dass schon vor Hunderten von Jahren hier die Pilger mit einem Ruderboot abgeholt wurden. Und dass die jetzigen Besitzer des Hofes diese Tradition fortführen wollten. Dennoch war es mir ein bisschen unangenehm, dass der Mann sich meinetwegen so anstrengen musste.

Er kam langsam näher.

Er trug einen dunklen, schon leicht abgetragenen Strickpulli mit einem Schneeflockenmuster. Dazu eine Arbeitshose und schwere Schuhe. Strickpullis waren in diesem Land wirklich normal. Ich hatte schon so viele Wanderer mit zum Teil selbstgestrickten Pullis gesehen. Am Anfang hatte ich das noch ungewöhnlich gefunden. Inzwischen hatte ich mich daran gewöhnt und fand, dass manche auch ganz nett aussahen.

Er drehte sich zu mir um und nickte. Jung war er nicht mehr.

Schnell packte ich meine Sachen zusammen und lief zur Anlegestelle. Der Mann kam näher und ich erkannte, dass es ein wirklich altes, hölzernes, unlackiertes Ruderboot war. Ziemlich urig. Eher eine Nussschale als ein Boot.

Als der Mann anlegte, sprang er aus dem Boot und machte es fest. Er nickte mir noch mal zu, nuschelte ein *„Hei!"* und gab mir die Hand. Fest, rau und schwielig fühlte die sich an. Kein Wunder, wenn man dauernd Gäste hin und her rudern musste.

Er schmiss meinen Rucksack ins Boot, als ob der nichts wiegen würde, und half mir beim Einsteigen.

Mit kräftigen Schlägen begann er zu rudern, das Boot schaukelte sanft. Ich war froh, dass gutes Wetter war, so konnte ich diese kurze Bootstour genießen. Die Ruder knarzten und platschten. Das Wasser war sehr klar. Ich konnte den Grund sehen. Natürlich lagen da Steine, was sonst in diesem Land. Auf der anderen Seite erhob sich ein bewaldeter Hügel, mittendrin standen weiße und rote Häuschen. Eins davon musste die Unterkunft sein.

Als ich den Mann fragte, ob das Rudern ihn auf Dauer nicht anstrengte, grinste er. „Nein", sagte er. „Es hält mich lebendig." Er erzählte mir, wie er es genoss, dem Schlagen der Ruder zuzuhören. Wie jeder Tag anders war – nicht nur wegen des Wetters, auch wegen der Menschen. Nichts davon sei eintönig. Und wenn er ein Motorboot hätte, würde viel davon verloren gehen.

Ich nickte. Ja, das verstand ich. Und ich bewunderte ihn etwas neidisch. Er wirkte rundum zufrieden. In sich ruhend.

Den Eingang des alten roten Hauses zierte eine norwegische Flagge. Neben der Tür, deren Rahmen weiß getüncht war, hing eine Blumenampel, aus der einladend buntes Allerlei hervorquoll.

Das Innere des Hauses war genauso urig alt wie das Ruderboot. Die Decke und die Wände waren aus groben Balken gezimmert. An den Wänden standen und hingen alte Holzschränke mit Glastüren, in denen altes Porzellan stand. Alles schien hier alt zu sein. „Meine letzte Unterkunft", dachte ich wehmütig.

An der Seite des Hauses war eine Terrasse mit Blick auf den Fluss und den Fjord. Da saßen auch schon andere, zu denen ich mich gesellte. Es war einfach nur idyllisch. Um uns herum sattes Grün, der Fluss, der große Fjord, die sanft geschwungenen Hügel und auf der anderen Fjordseite die Berge, von denen ein paar sogar noch kleine Schneeflecken hatten. Ich war entspannt und fühlte mich pudelwohl. Wir unterhielten uns über die Wanderung, wer woher kam. Die üblichen Pilgergespräche.

Bevor ich schlafen ging, ging ich noch einmal kurz zum Fluss hinunter.

Ich dachte noch mal über meinen Dreiklang nach und die Unterscheidung, dass es beides brauchte. Freiraum und Kontrolle. Und dass der Dreiklang eben gut zum Freiraum passte. Dass es aber in beiden Bereichen um das große Warum ging. Den Sinn. Die Sinnstifter. Und vielleicht sogar auch ein bisschen um Sehnsucht, auch wenn das jetzt sehr pathetisch klang. Vielleicht mehr Motivation als Sehnsucht.

Schaffte Sehnsucht nicht auch Motivation? Tatendrang?

„Wenn du möchtest, dass Menschen mit dir einen Berg ersteigen, musst du Sehnsucht wecken", hatte ich irgendwo mal gelesen. Wenn die Sehnsucht nicht von innen kommt, nimmt niemand freiwillig Strapazen oder Anstrengungen auf sich. So wie bei mir und dieser Wanderung. Ich hatte die Bilder gesehen. Hatte Sehnsucht bekommen. Und wirklich viel dafür getan, das auch machen zu können. Blasen und Muskelkater in Kauf genommen. Strömenden Regen und nasse Klamotten ertragen.

Es wäre komplett anders gewesen, wenn mir jemand gesagt hätte, du musst das machen. Dann wäre ich bestimmt maulig geworden, als alles nass war. Da hätte ich bestimmt eine Pause verlangt, als ich die ersten Blasen hatte. Aber mit meiner Sehnsucht habe ich das als notwendiges Übel abgetan. Gehörte halt dazu.

Ja, es machte Sinn, über den Sinn zu sprechen. Das große Warum hinter allem – das Warum der Sinnstifter, der Kunden.

Beobachten. Dranbleiben. Richtung gemeinsam prüfen. Schauen, ob der Sinn wirklich erfüllt wurde. Ob die Sinnstifter das bekamen, was sie erwarteten und brauchten. Und wenn nicht, dann ging es ans Anpassen. Wenn sich alle darauf fokussierten, musste ich keine direkten Anweisungen mehr geben.

Dann würden meine Mitarbeitenden, so wie der junge Kellner im Restaurant, selber auf Ideen kommen und selber entscheiden, was jetzt gebraucht wurde und richtig war. Mit eingeschaltetem Hirn. Und könnten so Verantwortung übernehmen. Weil ich ihnen den Raum dafür ließ.

Dann musste ich mich gar nicht ändern. Ich musste nur die Art ändern, wie ich mein Team führte. So wie Wuschelkopf es gesagt hatte: das System ändern. Ich hatte mir selber ein System geschaffen, in dem ich die weniger schönen Seiten von mir zeigte. Ich konnte nicht anders handeln, wenn ich nicht einen anderen Raum dafür schaffen würde. Das war unmöglich. Als Chefin hatte ich die Möglichkeit, die Position, mein Unternehmen so zu gestalten, wie ich es wollte. Da hatte Beritt total recht. Wenn ich nur Anweisungen gab, dann musste ich die auch kontrollieren. Und dann lag die Verantwortung bei mir.

Wenn ich aber einen Raum schaffte, in dem Menschen Verantwortung übernehmen und damit ihr Bestes zeigen konnten, dann würden sie es auch tun. Das war mir inzwischen glasklar. Es lag nicht an den falschen Mitarbeitenden – es lag an dem Raum, den ich geschaffen hatte und nun ändern würde. Wenn ich ein Verhalten beobachten würde, was mir nicht gefiel, konnte ich mich fragen, welcher Stein wohl im Weg lag und diesen aus dem Weg räumen. Denn ich war für die Steine verantwortlich. Wenn Steine im Weg lägen, dann wären wir nicht erfolgreich. Wenn wir nicht das, was wir eigentlich erreichen wollten, im Blick hätten. Dann war das meine Hauptaufgabe: den steinfreien Blick zu schaffen. Denn weder ich noch sie waren verkehrt oder mussten sich ändern, sondern ich hatte nur unwissenderweise eine falsche Struktur geschaffen.

Ich war Gestalterin. Raum-Gestalterin.

Das fühlte sich auf einmal richtig gut an. Und frei. Und dann hatte ich auch Raum für mich. Zeit für meine Freunde. Für ein Hobby. Und vielleicht auch wieder für einen Freund.

Es war nicht einfach, all diese Gedanken zu strukturieren, aber so langsam entwickelte sich ein wirklich gutes Bild. Das machte mich zufrieden. So konnte ich schlafen gehen.

Am nächsten Morgen regnete es. Nein, es pladderte. Ich hörte den Regen auf das Dach prasseln. So gemütlich wie es klang, so unangenehm war der Gedanke, dass ich da rausmusste. Viel schöner wäre es ja gewesen, ich hätte einen Tag hierbleiben, mich gemütlich vor den Kamin setzen und etwas schmökern können. Aber die Zeit drückte. Ich hatte nur noch diesen einen Tag. Und ausgerechnet am letzten Tag musste es regnen. Norwegen halt.

Bei aller Zuversicht, bei allen Vorsätzen: Der Gedanke an meine alte Welt fiel mir schwer. Zurück in die alte Welt, zurück in die alte Gewohnheit. Eine Gewohnheit, die ich nicht mehr wollte und von der ich wusste, dass sie rasant nach mir greifen würde, wenn ich nicht gut vorbereitet wäre. Ich brauchte etwas zum Festhalten. Etwas, das mir Sicherheit gab, was mich erinnerte.

Statt mich zu den anderen zu setzen, winkte ich ihnen nur zu und setzte mich mit meinem Kaffee in eine ruhige Ecke.

Mir fehlte noch etwas.

Wie konnte ich denn wirklich sicherstellen, dass ich das tatsächlich so machte? Dass ich wirklich mein Team-System ändern würde? Es durfte kein Zurück geben. Kein langsames Zurückschleichen in das Alte. Ich musste dranbleiben, egal wie schwierig es wurde. Die Zeit, die ich hier verbracht hatte, durfte nicht umsonst sein. Die Gedanken, die ich mir gemacht hatte, nicht vergebens. Die Gespräche, die ich geführt hatte, nicht nur *Blabla*. Viel zu viele Gedanken sind durch meinen Kopf gegeistert, viel zu viele Erkenntnisse sind mir gekommen, als dass ich diese nicht einsetzen, nicht nutzen musste.

Das durfte alles nicht wieder so verschwinden. Egal, wie anstrengend und schwierig es wurde. Und auch egal, wie viel Widerstand ich bekam. Denn nur weil ich davon überzeugt war, mussten es nicht automatisch alle anderen auch sein. Vielleicht konnte ich ein paar überzeugen. Ein paar begeistern. Aber es gab bestimmt auch Zweifler und Kopfschüttler. Und vielleicht würden sich auch manche Wege trennen. Dessen musste ich mir auch bewusst sein.

Im ersten Schritt musste ich natürlich darüber sprechen. Meine Gedanken teilen. Meine Erkenntnisse teilen. Ich musste das alles meinem Team erklären. Nicht einfach vorgeben. Und wir mussten bereit sein, gemeinsam diesen neuen Weg zu gehen. Um gemeinsam was Neues auszuprobieren. Um gemeinsam zu lernen.

Ja, das war es: *gemeinsam lernen*. Das war wichtig. Nur wenn wir gemeinsam lernten und ich nicht wieder anfing mit „So muss es sein", dann konnte auch bei den anderen etwas Neues entstehen.

Und letztendlich würde ja alles, was wir gemeinsam lernten, wieder in diesen Dreiklang einfließen: *Sinn, Freiraum, Dranblei-*

ben – daraus gemeinsam lernen. Dafür mussten wir offen sein. – So in etwa konnte das gehen. Ich merkte, dass ich zuversichtlicher wurde.

Ich nahm einen letzten Schluck vom inzwischen lauwarmen Kaffee und machte mich bereit für den Aufbruch.

Der Regen hatte noch nicht nachgelassen, daher schlüpfte ich in meine Regensachen.

Mein letzter Tag.

Ein letztes Mal die Schuhe schnüren. Ein letztes Mal den Rucksack auf den Rücken schwingen. Ein letztes Mal mich für die tolle Unterkunft und Gastfreundschaft bedanken. Ein letztes Mal losgehen und mich von dem Ort und den Menschen verabschieden.

Trotz Zuversicht, trotz meiner Ideen und Gedanken, trotz all dem, was ich in mir festgehalten hatte: Diese letzten Male machten mich schwer. Im Hals, im Herzen, in den Beinen.

Dieses Land, diese Natur, diese Erlebnisse: Sie hatten mich verändert. Sie hatten Gedanken und Gefühle aus mir geholt, von denen ich nicht wusste, dass ich sie hatte. Sie hatten in mir eine Sehnsucht geweckt, die nur ich mir selbst erfüllen konnte. Eine Sehnsucht, die nur ich in mir stillen konnte. Eine innere Sehnsucht, die ich auch nur im Innern bearbeiten konnte. Und ich wusste nun, wie ich das machen konnte.

Es ging steil bergauf. Ein letztes Mal ins Schnaufen kommen. Ob ich das auch vermissen würde? Vermutlich schon.

Mein Weg führte mich in einen fast schon verwunschenen Wald und schlängelte sich munter bergauf und wieder bergab. Der Regen ließ nach und die Sonne kam durch, sodass ich meine nassen Regensachen einwickeln und wegpacken konnte. Dafür war der Weg ziemlich matschig geworden, aber das machte ja nichts. Zwischendurch wurde es jedoch so morastig, dass ich dankbar für die Holzstege war, die mich halbwegs sicher dadurch führten.

Nicht nur mich, sondern auch zahlreiche andere Wanderer, die offensichtlich das gleiche Ziel wie ich hatten. Viele schienen hier Tagestouren zu machen oder hatten zuvor woanders übernachtet. Alleine und beschaulich war vorbei. Aber es war eine angenehme, freundliche Stimmung, alle grüßten sich mit dem üblichen „*Hei!*". Ich meinte aber, Pilger, die schon länger unterwegs waren, von den Tageswanderern unterscheiden zu können. Nicht am Geruch, eher an der Größe des Rucksacks und den dreckigen Schuhen.

Die ersten Häuser tauchten auf, dann wurden es immer mehr, immer dichter standen sie. Ich musste mich Trondheim nähern.

Da ich bisher nicht stark bergab gegangen war, musste ich mich oberhalb der Stadt befinden. Und auf einmal blitzte auch der Fjord wieder auf. Auf einmal konnte ich Teile der Stadt unter mir sehen. Ein Häusermeer schaute zu mir auf. Mein Herz klopfte. Fast da. Nun wirklich fast da. In Kürze würde alles vorbei sein.

Ein unvorstellbares Gefühl. Freudig und traurig zugleich.

Der Weg mündete in eine Straße, die ich ein Stück entlangging. Autos fuhren geschäftig an mir vorbei. Fahrradfahrer flitzten schnell und zielsicher am Straßenrand. Stadtgefühl, wie ich es schon lange nicht mehr hatte. Ungewöhnlich und trotzdem vertraut. Ich ging die Straße weiter entlang, betrachtete die ganzen Häuser rechts und links, die immer noch aus Holz waren, Gärten mit schmucken Blumenarrangements hatten. Die Menschen wollten es schön haben, das sah ich deutlich.

Ich bog von der Straße ab und ging durch einen kleinen Park. Dort musste irgendwo ein Aussichtspunkt sein, der *Feginsbrekka* hieß. Von anderen Pilgern hatte ich erfahren, dass das so viel wie „Glücksbach" hieß. Der Ort, von dem du das erste Mal den Dom, dein Ziel siehst.

Und auf einmal sah ich ihn. Groß ragte der Nidarosdom mit seinem grünen spitzen Dach und den zwei wuchtigen Türmen aus dem Häusermeer auf, umgeben von grünen Bäumen.

Mein Ziel. Da war es nun. Sichtbar, aber noch nicht greifbar.

Fast fünf Wochen war ich unterwegs gewesen, nur um zu diesem Gebäude zu kommen. Schon etwas irre.

Es fühlte sich alles surreal an, irgendwie nicht echt. Totales Gefühlschaos.

Anders als die kleinen Kirchen, die mir auf meiner Wanderung begegnet waren, war dieses riesige Gebäude komplett aus Stein. Die beiden großen Türme hatten keine Spitze, sie waren oben abgeflacht und erinnerten mich irgendwie an Notre Dame. Dieses Gemäuer hatte nichts mit den kleinen Holzkirchen zu tun, nichts mit der nach Teer riechenden Stabkirche, nichts mit den kleinen Steinkirchen. Diese hier war majestätisch und erinnerte an andere europäische Kirchen, Münster oder Dome.

Was hat ein Volk wohl dazu bewogen, so einen Koloss zu errichten, der so gar nicht in das Bild der damaligen Zeit passte? Ein Land, das karg und arm war? Kleine Häuser aus Holz baute und krampfhaft versuchte, der Natur Essbares zum Überleben abzuringen?

Nachdenklich sah ich mir die Stadt an. Ein Fluss durchzog sie. Ich erkannte, dass der Dom und der Stadtteil drumherum wie eine Insel zwischen einer langen Biegung lagen. Auf allen Seiten kletterte die Stadt die angrenzenden Berge hoch. Häuser sprenkelten sich hinauf, auf der einen Seite erkannte ich noch etwas, das wie eine alte Festung aussah. Ein weißer Wachtturm, umgrenzt von einer weißen Mauer.

Richtung Fjord erkannte ich den Hafen, ein großes Schiff fuhr gerade ein. Auf dem Fjord waren mehrere Boote unterwegs. Kleine weiße Flecken auf dem blau-grün-braunen Wasser. Mein Ziel zum Greifen nah.

Der Weg führte mich hinab, hinab, hinab. Zwischen den Straßen und Häusern verlor ich zwischendurch den Blick auf die Stadt, auf den Dom. Nur ab und zu konnte ich das Ensemble zwischen engen Häuserfluchten erkennen.

Mein Herz begann zu klopfen.

Nun war ich wirklich fast da. Mein Weg führte mich am Fluss entlang. Ich wusste, dass es irgendwo eine Quelle gab. Es war quasi Pflicht, dort zu halten und von dem Wasser zu trinken. Der Sage nach war Olav zunächst hier begraben, dann aber ausgegraben worden, um im Dom beigesetzt zu werden. Bei seiner Ausgrabung habe man gesehen, dass seine Haare und Fingernägel weitergewachsen seien, obwohl er tot war. Die Quelle sei erst nach seiner Ausgrabung entstanden. Und hier lag wohl auch sein Schild von seiner letzten Schlacht, bei der er getötet wurde. Die Schlacht musste gar nicht weit von hier stattgefunden haben. Natürlich musste ich von dem Wasser trinken.

Direkt neben dem Weg sah ich eine Steintreppe, die zu dem Dom hochführte. Von Nahem sah er noch größer, noch mächtiger, noch imposanter aus. Wie einer der riesigen Berge im *Dovrefjell*. Wie der *Snøhetta* überragte er alles.

Neben der Steintreppe war, in einem Steinrund eingefasst, die sagenumwobene Quelle.

Ich sah, dass dort andere Pilger standen und von dem Wasser tranken, sich unterhielten und lachten. Sie mussten sich ähnlich fühlen wie ich. Aufgeregt, aufgekratzt, fast schon albern, pures Gefühlschaos. Als die drei Pilger sich umdrehten, blieb mir fast das Herz stehen …

Ich schaute in zwei Augen, die ich kannte. Die ich lieb gewonnen hatte. Ein Schrei, ein Kreischen und wir fielen uns in die Arme. Wir gerieten ins Wanken, da wir beide unsere schweren Rucksäcke aufhatten: Tomoko. Wir plapperten durcheinander, fielen uns aufgeregt ins Wort und umarmten uns immer wieder. Sie erzählte mir, dass sie, nachdem ich ins *Dovrefjell* abgebogen war, leicht krank geworden war. Ich lachte und meinte: „Ha, krank vor Sehnsucht nach mir! "

Deswegen hatte sie beschlossen, ein paar Tage in *Oppdal* zu bleiben und hatte ihren Flug verschoben. Ihr Arbeitgeber war wenig begeistert gewesen. Sie grinste breit: „Aber ändern konnte er es ja nicht, also hat er es zähneknirschend akzeptiert. Ich glaube, er war auch ein bisschen froh, dass ich überhaupt zurückkomme." Wir mussten alle lachen. Vermutlich hatten wir alle diese Frage, ob zurückkehren wirklich eine gute Idee sei, mehrfach in uns gedreht und gewendet.

Fast hätte ich vor lauter Wiedersehensfreude vergessen, von dem Wasser zu trinken. Mit meiner hohlen Hand schöpfte ich etwas in meinen Mund. Kalt und klar.

Dann erzählten die anderen beiden, ein belgisches Pärchen, dass sie gelesen hatten, dass es Sitte sei, dreimal um den Dom zu gehen, bevor man ihn betrat.

Ich tat so, als ob ich stöhnte: „Waaas? Noch mehr laufen? Jetzt ist mal Schluss damit!"

Wir lachten albern. Der Dom war von einem alten Friedhof umgeben. Windschiefe, düstere Grabsteine standen quer verteilt auf dem Rasen. Kreuze aus Eisen und Stein, Steinplatten mit rostigen Griffen daran. Ob das Eingänge zu Gruften waren?

Alles sah richtig alt aus und hätte gut in eine Gruselfilmkulisse gepasst. An manchen Stellen standen Schalen mit frischen Blumen, woanders lagen welke, vertrocknete Sträuße. Wir waren natürlich nicht allein. Trondheim und der Dom waren offensichtlich ein beliebtes Touristenziel. Ich schnappte spanische, englische, französische und deutsche Sprachfetzen auf und auch Sprachen, die ich nicht ganz einordnen konnte.

Einmal rum. Zweimal rum. Beim dritten Mal dachte ich, jetzt ist aber wirklich gut. Was sollte dieser Brauch? Das letzte Quäntchen Energie rauben? Oder noch mal so richtig demütig machen? Beides funktionierte auf jeden Fall bei mir.

Nach dem dritten Mal stellten wir uns auf den Vorplatz. Riesig ragten die beiden Türme vor uns auf. Eine große Rosette prangte über dem Eingang. Kein Wunder, dass ich von oben schauend an Notre Dame gedacht hatte. Neben der Rosette waren in Reih und Glied diverse Statuen aus Stein aufgereiht. Ob der berühmte Olav auch dabei war? Bestimmt der mit dem Waffenschild. Eine der Statuen hatte einen Wanderstab bei sich. Ob das ein Pilger war? Dann fanden wir auch den Kilometerstein:

0 km til Nidaros.

Wir waren tatsächlich da.

Wir hatten es tatsächlich geschafft. Ich ging zu der Steinsäule und fasste sie an. Wie viele Hände vor mir hatten dies wohl schon getan?

So viele solcher Steinsäulen hatte ich auf dem Weg gesehen. Immer mit der Kilometerangabe „*til Nidaros*" darauf. Auf dem ersten stand 643 km. Jetzt 0.

Die Ehrfurcht, die ich beim Start gespürt hatte, wandelte sich hier in eine wilde Mischung aus Ergriffenheit, Erschöpfung, Demut, Dankbarkeit, Zufriedenheit und noch viel mehr.

Natürlich musste es Fotos geben. Tomoko und ich ließen es uns nicht nehmen, viele Daumen hoch, Strahlen, Grinsen und auch ein paar blödelnde Grimassen zu verewigen.

Obwohl ich mir dreckig und stinkend vorkam und das vermutlich auch war, ich musste in diesen Dom. Den anderen ging es ebenso.

Im Café nebenan konnten wir Eintrittskarten kaufen. Dort gab es auch allerlei Schnickschnack für Touristen. Kleine Ausgaben vom Dom, Magneten für den Kühlschrank – ich entdeckte sogar welche mit den berühmten Nordlichtern. Auch wenn ich keine gesehen hatte, es war ja auch nie dunkel gewesen, kaufte ich mir einen. Die wollte ich auch mal sehen. Und ich wusste eh, dass ich noch mal in dieses Land wollte.

Als wir den Dom dann betraten, entfuhr mir ein inneres *Wow*. Was von außen mächtig und wuchtig wirkte, entpuppte sich innen als Raum und Weite. Grau. Schlicht und dennoch reich. Leicht dunkel, ohne düster zu sein. Aber nicht überladen. Irgendwo am Ende dieses langen Raumes hing ein Kreuz über einer Art Sarkophag. Ob da der heilige Olav drinlag?

Ich drehte mich um und sah eine riesige silberne Orgel, über der in schillernden Farben die Rosette erstrahlte. Bunte Farbkleckse in dem Grau-in-Grau. Ich ging und schaute und atmete ein. Die Stille, die Weite, die Ruhe. An einer Seite entdeckte ich eine kleine Nische, in der eine Holzstatue war. Diese wurde von mehreren, mit Schnitzereien verzierten, halbrunden Hölzern eingefasst. Davor lag ausgebreitet ein grau-braunes Fell. War das ein Rentierfell? So etwas hatte ich noch nie gesehen. Neben dieser so andersartigen Zusammenstellung war eine kleine Schautafel mit einem Erklärungstext. Es handelte sich um einen Altar, der der samischen Minderheit gewidmet war, da deren Kultur jahrelang unterdrückt worden war. Davon hatte ich bisher weder gehört noch gelesen. Wie konnte ein so friedliches Volk ein anderes unterdrücken? Nachdenklich ging ich weiter. Betrachtete die Bilder, die Steinreliefs und ließ alles auf mich wirken.

In einer Nische sah ich eine kleine Kapelle. *„Kapell for takknemlighet"* stand da. *Takk* hieß danke, das wusste ich inzwischen. Den norwegischen Erklärungstext verstand ich nicht wirklich, aber es schien um Dankbarkeit und das Mysterium Leben zu gehen. Es war ein kleiner Raum, eingefasst in Säulen, die gegen die Steinmauer lehnten. Zwei kleine bunte Fenster, die aber nur wenig Licht hereinließen, leuchteten über dem Altar. Die Front des steinernen Altars schien aus Holz zu sein und war bunt bemalt. Erst dachte ich, dass das Jesus sein müsste, doch dann entdeckte ich Schwerter, Waffenschilde und Helme. Das musste die Geschichte des heiligen Olav sein, der ja hier begraben war. Und weswegen es überhaupt diesen Dom und den Pilgerweg hierher gab. Grund genug, ihm zu danken. Ohne ihn hätte es den Pilgerweg nicht gegeben und ich ihn nicht im Internet entdecken können. Ohne ihn wäre ich nicht diesen Weg gegangen. Ohne ihn hätte ich mir nicht diese Gedanken gemacht. Ohne ihn hätte ich nicht beschlossen, mein Leben zu ändern. All das konnte er damals natürlich nicht wissen. Trotzdem wollte ich ihm danken. Ich stellte meinen Rucksack in eine Ecke. Neben dem Altar standen rechts und links zwei Holzstühle, aber ich traute mich nicht, einen von ihnen zu nehmen. Also blieb ich stehen.

Ich schaute auf den Altar, auf die Malereien von diesem Olav.

„Danke, Olav", sagte ich leise. Ich spürte in mich rein. Ich hatte in den über vier Wochen gelernt, in mich hineinzuspüren, meinen Gefühlen zu folgen. Diese Gefühle, die meine Gedanken formten. Und diese Gedanken, die mich beschließen ließen, mein Leben verändern zu wollen. Gefühle, Gedanken, Taten. Das fühlte sich wie eine gute Reihenfolge an.

Viel zu oft denken wir, ohne etwas zu tun. Viel zu oft tun wir etwas, ohne zu denken. Und noch viel öfter denken und tun wir, ohne zu fühlen. Bei diesen Gedanken wurde ich innerlich weit. Ich merkte, wie ich innerlich aufging, ich mich mit Leichtigkeit füllte. *Frei*. Das war es. Mein Gefühl.

Dreiklang

Zum zweiten Mal musste ich Abschied von Tomoko nehmen. Doch ich wusste inzwischen sicher, dass wir uns wiedersehen würden. Vielleicht sogar noch einmal hier in Norwegen.

Und dann saß ich im Flugzeug, schaute hinaus auf den grauen Betonboden der Startbahn, hinter der sich ein paar Berge erhoben. Der Motor vibrierte schon und ich hörte nur undeutlich die Stimme der Flugbegleiterin, die die Sicherheitsweste erklärte.

Waren wirklich nur knapp fünf Wochen vergangen? Es kam mir wie eine Ewigkeit vor. Wir rollten los, gaben Gas und das Rumpeln ging in leichtes Gleiten über. Ich liebte dieses Gefühl. Unter mir sah ich Wasser, wir flogen ein Stück über den Fjord, bis wir in den Wolken verschwanden.

„Tschüss Norwegen", sagte ich leise. „Ich komme wieder." Tränen stiegen mir in die Augen und eine schaffte es, mir die Wange hinunterzukullern.

Auch wenn ich immer noch Martha hieß, war ich doch ein anderer Mensch.

Die Ankunft in Berlin war seltsam. Ich kam mir wie ein Alien vor. Es war schön, wieder alle Menschen um mich herum von der Sprache her zu verstehen. Aber es war mir merklich zu viel. Zu viel Trubel, zu viele Menschen, zu schnell, zu hektisch. In der S-Bahn schloss ich die Augen. Ich sah Wälder, Trampelpfade, Schafe, rote Häuser und Bäche an mir vorbeiziehen. Die inneren Bilder füllten mich mit Ruhe. Ich saß wieder im *Dovrefjell* mit meinem Tee und sah die Rentiere, fühlte mich leicht und frei. Und ich merkte, wie ich lächelte.

Als ich die Augen öffnete, sah ich in das Gesicht einer alten Frau. Sie schaute mich aus einem runzligen freundlichen Gesicht an, ihre kleinen blauen Augen leuchteten. Sie lächelte und meinte: „Es muss schön gewesen sein, wo du eben warst. Da solltest du öfter hin." Dann stand sie auf und stieg aus.

Ja, sie hatte recht. An diesen meinen inneren Ort sollte ich öfter reisen. Und das Schöne war, ich hatte ihn immer bei mir. Ich tastete in meiner Jackentasche. Da war er, mein Stein. Und der Kiefernzapfen. Und das Holzstück. *Freiheit, Innehalten, Veränderung.*

An meinem ersten Arbeitstag stand ich früh auf. Ich machte mir einen Kaffee und goss ihn in einen Thermobecher. In dem Park bei mir um die Ecke setzte ich mich auf eine Bank. Ich schloss die Augen und lauschte. Zwischen den Autos und dem Hupen konnte ich Vögel hören. Sie zwitscherten unbeschwert vor sich hin, erzählten sich Geschichten, flatterten umher. Ich trank den Kaffee in Ruhe aus und machte mich auf den Weg.

Ich war nervös. Mein Herz klopfte. Mein Magen rumorte. Meine Knie zitterten. Mit jedem Schritt, mit dem ich mich dem Büro näherte, wurden meine Beine schwerer.

Ich hatte mein Team zu einem Meeting bestellt. So richtig wusste ich noch nicht, was ich wie sagen wollte. Ich war nicht vorbereitet und das war neu. Normalerweise hätte ich die Nacht vorher an einer Präsentation gesessen. Aber nicht in meinem neuen Leben.

Kurz vor dem Büro klopfte mein Herz so schnell, dass sich meine Kehle zuschnürte. Ich blieb stehen. Konnte kaum noch atmen. Japste nach Luft. Ich schloss die Augen. Versuchte ruhiger zu werden. Atmete aus. Meine Hand glitt in meine Jackentasche. Da war er. Mein Stein. Ruhig, glatt und kühl. Ich merkte, wie seine Ruhe auf mich überging.

Nun entschied sich, ob ich in mein altes Leben zurückfiel oder ich mein neues gestaltete. Ob ich das Alte mit dem Neuen verbinden und somit etwas komplett Neues schaffen konnte. Ich ballte die Faust um den Stein.

Kein Zurück.

Ich betrat das Büro und ging mit klopfendem Herzen, aber festem Schritt in den Meetingraum. Ich nahm Gesichter wahr, ohne sie wirklich zu sehen. Ich spürte, wie sie meine Jeans und Turnschuhe musterten. Sie sahen mich erwartungsvoll an. Ich hörte ein Rauschen in meinen Ohren. Meine Hände zitterten. Alle waren schon da und saßen um den großen Tisch.

Ich lächelte in die Runde. Ging zum Whiteboard und nahm einen Stift. In großen Buchstaben schrieb ich drei Worte untereinander.

Sinn.

Freiraum.

Dranbleiben.

Mein Dreiklang. Ich drehte mich um und sah in die stillen, aufmerksamen Gesichter. Ich holte tief Luft. Vor mir lag ein langer Weg. Doch ich wollte ihn gehen. Und ich wusste, dass ich das schaffte.

© Sylvie Gagelmann, Goodfeelography

Über die Autorin

Susanne Ringen lebt und arbeitet in Norwegen, Berlin und an anderen schönen Orten. Sie hat Geisteswissenschaften studiert und arbeitete unter anderem als IT-Projektmanagerin und Personalleiterin. Seit 2016 ist sie als Coach und Beraterin selbstständig. Sie begleitet ihre Kund*innen dabei, persönliche Visionen und Ziele zu erreichen. Gemeinsam mit Unternehmer*innen arbeitet sie an modernen Organisationsstrukturen, in denen Menschen zufrieden und erfolgreich sein können. Sie ist verheiratet und wohnt mit Mann und Hund in einem roten Holzhaus am See, etwa eine Stunde vom norwegischen Trondheim entfernt.

Mehr unter: *www.susanne-ringen.com*

Danke

Dass dieses Buch entstanden ist, war nicht wirklich geplant. Manchmal braucht es Zufälle und Möglichkeiten sowie ein beherztes Zugreifen und Chancen-Wahrnehmen, damit etwas Neues entsteht. Daher danke ich von Herzen Stephan Meyer von der rauchzeichen.agentur, dass er mich angeschrieben und mir zugetraut hat, diesen Weg zu gehen.

Ich danke ebenso Ralf Markmeier und Stefan Rüth für Zutrauen und Vertrauen, insbesondere Stefan Rüth für die großartige Begleitung bei der Entstehung, sowie dem gesamten Team des Bonifatius Verlags.

Ohne dich, Vidar wäre dieses Buch nicht entstanden, denn du hast mich in deine Welt eingeladen.

Meinen großartigen Schwestern Ulrike und Bettina danke ich für den Zuspruch, die Unterstützung und gemeinsames Brainstorming.

Beatrice Möller und Thomas Jentsch danke ich fürs erste Gegenlesen und Feedback, Markus fürs Rücken-Stärken, meinen Knallerfrauen, Claudia, Vera, Siren und Franzi fürs An-mich-Glauben, Andreas für die immer tollen und inspirierenden Gespräche, Anna und Henrik fürs Aufnehmen in meiner neuen Welt.

Rune Ulvnes danke ich insbesondere für „Tight Loose Tight", den Austausch, die Inspiration und die großartige Zusammenarbeit.

Ich danke all meinen Freund*innen, Bekannten und Kund*innen sowie meinen Gesprächspartner*innen aus dem „Führungsfragenkarussell" wie auch den Teilnehmenden des „Café der Fragen" für den inspirierenden Austausch.

Und Marlon, dem besten Sohn der Welt – ich vertraue deinem Weg!

Die Erzählung wurde inspiriert durch eine Vielzahl von Methoden und Modellen, Büchern und Gesprächen. Sie enthält Ansätze von:

- Tight Loose Tight – ein norwegisches Führungsmodell, entwickelt durch Rune Ulvnes, *https://www.cowork.no/*
- Modell der Systemtheorie nach Niklas Luhmann.
- Modell Future Leadership von Mark Poppenborg und Lars Vollmer, *https://intrinsify.de/*
- Pink, Daniel: „Drive: The Surprising Truth About What Motivates Us", Penguin US, 2009.
- Pink, Daniel: „The Power of Regret – How Looking Backward Moves Us Forward", Penguin LCC US, 2023.
- Marquet, David: „Leadership Is Language: The Hidden Power of What You Say and What You Don't", Portfolio Penguin, 2020.
- Marquet, David: „Turn The Ship Around! A True Story of Turning Followers Into Leaders", Penguin, 2015.
- Modell „Psychology Safety", Amy Edmondson, *https://amycedmondson.com/*
- Modell „Delegation Poker" nach Jurgen Appelo, *https://management30.com/practice/delegation-poker/*
- TED-Talk „The power of believing that you can improve", Carol Dweck, *https://www.ted.com/talks/carol_dweck_the_power_of_believing_that_you_can_improve*
- Modell „Growth Mindset", Carol Dweck